太极解秘十三篇

祝大彤 著

人民体育出版社

大日本歴史十二講

菅　政友　著

大日本図書株式会社

序一

我从体院毕业后离京赴保定工作，很难在双亲膝下尽孝道，七八十年代返京探亲时常见大彤师弟在父亲身边习拳，有时协助家母做些家务，这使我减少了许多牵挂，更安心于工作。

家父住北池子，祝弟家住朝外二环路以东，在酒仙桥工作，很晚下班。他不能每天来习拳，但逢节假日准到家中服侍家父左右。家中之事如理发、修脚、请医……他总是不辞辛苦跑前跑后。师弟不但尊重家父，对家母也十分敬重。父仙逝后，我将家母接到保定颐养天年，他几次专程来探望，令人感动！

家父对师弟也是情深义重，精心传授太极拳拳理拳法。师弟深刻领悟，将尊师之情贯于学习中，潜心钻研，将家父拳艺之精意，以神意不用力，脚下阴阳变转，手上松柔轻扶"八方线"，空腰虚松于胸，大小关节，节节贯串，松肩、垂肘等做到"身上明白"，也就是"体悟""身知"，达到心脑修炼之功。

自 1996 年在报刊上有他的太极拳理论文章面世，字里行间表述对太极拳拳理有正确的理解和较深的造诣。他发表在《中华武术》《武魂》《精武》上的文章《话说太极脚》《浑身皆手的杨禹廷》《太极无手》《怎样练好太极拳》等文在国内外受到太极拳界的关注。

祝师弟尊师敬业，潜心研习家父之拳艺，在家父诞辰 110 周年之际刻苦完成一部太极拳理论专著，为弘扬民族文化，开展太极拳活动，提高太极拳运动整体水平作出贡献，实为难能可贵，书成之日谨以为序。

贺大彤师弟《太极解秘十三篇》诞世。

杨家樑[①] 于河北大学
2007 年 6 月

[①] 杨家樑为京城太极拳大师杨禹廷之次子，河北大学教授。

序二

大彤兄是我的学友、道兄。登堂入室成为吾孙家遗后之弟子，赐号继明。他的年龄大我许多，尊称他为大哥，他敬我为师兄，我们之间情谊甚笃。道哉，问道之道，道也，术也，技也，问道是成真之初也。它既是开始，也是巅峰。何况，谈到"太极拳"三字，其道之道，远不是字面上解释的那么简单。太极拳的道，同少林术的禅，同佛学秘宗小乘的四加行，或曰四加持、阿弥陀佛，都会有浅层的广义性与深奥博大的学术性。

太极之道是有玄机、玄关的。那么想掌握它、利用它，用到自己益寿延年的快乐生活里，先剖析它、了解它，是一个明智而正确的开始。大彤兄的《太极解秘十三篇》，就是努力由此善行的。他用自己修炼多年的悟得，虔诚地多年寻师访友，谈真诚的实感，这是难能可贵的，颇具学术性。

据我所知，太极拳这个讲法，是元末明初才见于文字，行于武林人士的口中的。他的创行人物，是武当门的创基人之一张三丰。而张三丰是先在陕西宝鸡龙门寺出家为僧，后又以道士的身份显名的。学佛悟道，是他思想成熟立派的基础之一。但这并不应该成为我们寻根溯源的障碍。因为道学之道，早在春秋战国初年就已经成宗在道成派了。那是代表人物王诩、李耳及鬼谷子少阳先师聚众讲学的结晶。其术说："离合于混沌之气，与三光为终始，观天作识，升降斗星，随日九变，与时消息。规矩三光，四象在旁，存想丹田，太一紫房。道成身化，蝉蜕渡世，自羲农以来，世为圣者作师。"此一段学说，不仅是讲道的基本修炼心法，也讲了道的另一始源。羲农，就是作伏羲八卦——易学的神农氏。而其又是《周易》之易的根。刨根问底，道学之道，渊源于中华传统文化数千年，而太极拳，也在其中孕育了数千年，那是不言而喻的。说其博大精深，绝不是故弄玄虚吧？

　　精通中国玄学形成的人也还会知道，自汉代末年到北魏、隋唐年间，中国的道学家们陈玄奘等，不满足于国学的达观身心到宇宙的学说，访天外之天、道外之道，以求真谛，又不惜跋山涉水到西域求取真经，经十数年之艰辛，学习佛学——小乘、大乘而成，立说译经于长安。而佛学的优秀人物，也不满足于释学的菩提悟法之境，为求真学、真身、真义，不远万里迢迢闯走荒漠、雪山，来到西天，佛陀、达摩是他们的代表人物。佛道西东互渐，形成了新的文化景观。何况，有史记载，佛陀驻锡白马寺，奉命帮助译经的中国文化官员、饱学之儒、医学大家，前后不下五十余众。故后来饱学的清朝皇帝乾隆曾御赐少林寺一座法碑，即有名的三教合一法王碑，乃是老子、释迦牟尼、孔子三像合一铭刻于石上。这应该是一种文化互融互易现象的佐证。植根于此的太极拳，是拳，也是一种文化，否则,其就不能称之为道与术,更不是学了。那就是降格为武夫浑蛮之事了。虽然太极拳的创法人还是要学其术之人,在冷兵器年代显术于格斗场或生死搏击之战中,但试想一下:练此拳之人,甭管是古今的何宗何派,近现代的孙、吴、杨、陈几大家也罢,依人有天、地、人三才之象,其术还是仿宇宙之力的仿生学。也就是说,根基还应归在医文化这个总道上才是正宗。古今的太极大家们教人学习其艺,都要求徒众深通人的脏腑经络穴位学问,以求其艺显能在人的阴阳气血功能上,是逆向学习,以造病造伤为能也。虽是逆向学习,却要求练其术的人本身要超常健康,并且具有抗其伤病的能力。这是一种多么高的境界啊。收、发自如,是行话,能做到此,其人定是一个超级医学养生大师啊。现代人习练太极诸术,当然已然易化为主要在自维上,不再是渴求外向功利发展,专以技击别人为目标雄视天下了。这样,拳师们更注重姿态的优雅,内气的顺畅,而不像古拳师那般注重医道之根基了。这当然是一种善易,但也出现了新问题,因不注重医功,似成盲练,自身气血的因时易转之学就被忽略、淡化,或成了绝学。有人盲目地认为,只要坚持拳不离手,技不离身,照式走乾坤,就可以受益等等。结果许多大师、能手名声显赫,却疾病缠身,或者短寿猝死。把太极拳也搞成了极限运动,使旁观者难知根底,对之敬而远之。长此以往,太极拳这个运动性文化艺术会不会也成为现代人直呼"抢救"的项目之一呢?很难说。特别是"文革"中,祭起了名曰反"封、资、修"的旗帜,将文化精萃当成了"垃圾",中医、易学遭了劫难,各种武术流派包括太极拳,都一时转入隐藏隐蔽喘息状态,沉默了十几年后,使许多有真传的大师级人物含恨终身,带绝学入了灵柩,致使浩劫后复出的艺术也带有了肤浅的成分,一方面陷入美好的回忆中,

● 序 二

言昔时大师前辈们如何如何超凡入化；一方面自叹弗如，使其带上了玄味神秘色彩。这样下去，很容易误入歧途。

大彤兄在此时刻毅然挺身立起，要恢复太极拳医道养生之宗，去糟粕、留精粹，显然是有真知灼见的，用心用意也是颇值得赞赏的。唯此，读他的书，字里行间，用心良苦，也堪称呕心沥血。

当然，寻觅真谛，宣讲真谛，解秘传世，冰冻三尺，非一日之寒，这是个了不起的题目。他不可能做到极为详尽，字字珠玑，但作为一个有意义的探索，他是当之无愧的。至少，也是一家之言。

故此，笔者极愿向大家推荐，愿读者开卷受益，和他一起做一个有趣也值得的探索，使太极拳在当代成为具有养生健身要义及科学味道的好运动。

孙继光[①]（檀林）
作于北京西峰脚下小书斋
2007年4月

---

① 孙继光先生为中国郑州系药王孙思邈第三十六代传人。

前言

2008年将在我国首都北京举办第29届奥运会，而且也恰逢邓小平同志"太极拳好"题词发表30周年。

邓小平题词因果是这样的：1978年11月中旬，以日本众议院副议长三宅正一为团长的日本国会议员代表团访华。11月15日，邓小平副总理举行欢迎午宴，招待代表团一行。午宴上宾主畅谈中国传统文化的太极拳，三宅副议长说他喜爱打太极拳。邓小平同志也谈了很多太极拳的好处。经常打太极拳对人的健康长寿有益，使日本友人受益匪浅。为了纪念这次会见，为了在日本普及和发展太极拳运动，三宅副议长请求邓小平副总理题词，为日本太极拳爱好者留作纪念。邓小平副总理欣然接受了三宅正一先生的请求。几天后，一幅隽美出色的"太极拳好"题词，送到了正在杭州友好访问的三宅正一团长手中。

三宅正一先生将题词带回日本，并在太极拳团体的刊物上刊登了出来。日本太极拳界将题词奉为宝物加以祝贺。

其实，题词何止为日本朋友的宝物，也是中国以及世界太极拳爱好者的宝物。说起来无独有偶，早在20世纪50年代，新中国一代伟人毛主席曾挥笔号召中国人民为增强体质"打太极拳"。在四十多年间，当代两位伟人为中国一个拳种题词，这在中国武术发展史上是绝无仅有的。中国拳种很多，只有太极拳受到国家领导人如此厚爱，两代领导人挥毫题词，只有太极拳有此殊荣，从太极拳的历史、功能、作用和理论渊源来看是不难理解的。

借此良机，我们应该进一步认识太极拳，学练太极拳。对一种事物不是一次认识可以完成的，要不断地认识、反复认识、认识再认识。笔者在一篇题为《习拳明理方得道》的文章中，有一个学拳的公式，即"认识—理解—明白—懂"，单从认识这一概念讲，要从三个方面初步去认识。首先从直观去认识，在公园看到人们打太极拳便认识了，多看几次，练太极拳在松、柔、圆、缓、匀中进行，对拳有了全面的认识；再从他人讲解中去认识，再去读有关太极拳的书和文章，从而对拳理拳法从文字理论上有了进一步的认识。到此认识并没有完成，还要不断地认识再认识，如果你学拳并想深入研究，可能要用一世辛劳去认识。认识是学习，学无止境，认识也没有止境。过去我们对太极拳的认识，只限于"体用"结合。"体"就是练拳，以此健体强身，"用"是技击自卫。练太极拳可以练出一身好的功夫，可以自卫防身，像电影、电视上的太极拳师功夫高强、击败众多的对手。但是练拳三年五载出手不但打不过人家，反而被人家击败，中途折返者不计其数。以为学练太极拳可以"无敌"，这种认识是片面的，结果挨了打。太极拳拳理拳法高深，圈内人有一句话："太极十年不出门。"十年是否能出门还要看学子是否刻苦用功，悟性如何，否则20年也不一定功成。经过一段挫折，对博大精深的太极拳有所了解，于是认识上会有一个飞跃，认识到学练太极拳不是为了打人、为了逞强斗胜，而是为了养生，达到健体、强身、祛病、延寿之目的。有了正确的认识，打太极拳的人多了，很多人从中获得健康；康复中的患者，得益于太极拳的作用病体痊愈，身体强壮，体质增强。然而对太极拳的认识并没有终极，学练者体悟到经常练太极拳不仅可以益智、修身、养性，还可以提高一个人的政治素质，使之看待事物较为全面，处事做人更为成熟，到此有了进一步更为深刻的认识。笔者认为，对于武术中的一类拳种，几十年来两代伟人题词，伟人对太极拳的看法一定高于常人，这是毋庸置疑的。

太极拳拳理源于老子的道，《周易》的变，博大精深。《拳经》曰："太极者，无极而生，阴阳之母，动静之机也。"由于拳理精深，不是一世可以完成终极修炼的，所以要承师追求，习而不辍。太极阴阳变化万千，修炼者修炼得当，可以增强智慧，开发潜能。大家都知道潜能是无限的。太极拳对开发智慧的作用是任何其他功法都无法替代的。遵循太极阴阳之道，掌握阴阳变化，按照太极学说规范行动，日久您便会得到一种新的感觉，您的大脑会变得比以往更聪颖，身上产生一种健康的、不知疲倦的、过去从来未有过的新的体验。您将牢牢把握自己的生命运动！

如果今天习练太极拳仍停留在原有的"体用"认识上，似乎太"小学生"了。太极拳从诞生至今，不断完善，拳理博大精深，公开出版的拳论、拳经、拳诀、拳歌等等，数以百计。"小学生"是难以驾驭如此繁而多的理论，更难以向高层次功法攀升的。博大精深的太极拳是我们民族的瑰宝，民族的也是世界的。太极拳没有国界，全世界人民喜爱太极拳，接受太极拳，习练太极拳，学练的队伍之庞大，用老子的一句名言形容十分恰当："随之不见其后。"

目录

第一篇　为什么写太极解秘篇 ……… （1）

　　一、太极拳有没有秘传 ……………… （1）
　　二、太极拳艺术 ……………………… （6）
　　三、还太极拳的本来面目 …………… （9）
　　四、博大精深 ………………………… （11）
　　五、改革太极拳教学 ………………… （17）
　　六、我的教学计划 …………………… （19）
　　七、太极拳师 ………………………… （21）
　　八、太极呼唤学者 …………………… （25）
　　九、对技击的认识 …………………… （28）
　　十、民族魂 …………………………… （31）

第二篇　太极松功修炼篇 ……………… （33）

　　一、什么是太极松功 ………………… （33）
　　二、太极拳的含金量 ………………… （37）
　　三、为什么必须练松柔功夫 ………… （38）
　　四、太极大师的松柔功夫 …………… （40）
　　五、如何修炼松功 …………………… （44）
　　六、九松 ……………………………… （46）
　　七、十要 ……………………………… （53）
　　八、虚灵神顶 ………………………… （58）

九、中正安舒 …………………………………… (59)
　　十、周身松柔的检查 …………………………… (60)
　　十一、太极拳的最高境界 ……………………… (60)
　　附：杨禹廷：太极峰巅——寿翁 ……………… (61)

第三篇　太极脚修炼篇 …………………………… (67)
　　一、话说太极脚 ………………………………… (67)
　　二、脚下的虚实变化 …………………………… (71)
　　三、太极功夫在脚下 …………………………… (73)
　　四、太极脚下论毫厘 …………………………… (76)

第四篇　太极手修炼篇 …………………………… (78)
　　一、太极手 ……………………………………… (78)
　　二、病手明示 …………………………………… (79)
　　三、躯干周身之病 ……………………………… (80)
　　四、太极拳对手之要求 ………………………… (81)
　　五、练成空手 …………………………………… (83)
　　六、太极无手 …………………………………… (86)
　　七、浑身皆手 …………………………………… (88)

第五篇　太极揉手艺术修炼篇 …………………… (91)
　　一、推手的几种称谓 …………………………… (91)
　　二、推手就是推力 ……………………………… (93)
　　三、揉手 ………………………………………… (94)
　　四、太极拳功夫在拳里 ………………………… (98)
　　五、揉手的自我练习 …………………………… (99)

六、松柔训练……………………………………（100）
　　七、触觉训练……………………………………（102）
　　八、推手还是推脚………………………………（104）

第六篇　太极技击修炼篇……………………………（106）
　　一、太极拳技击功能探究………………………（106）
　　二、从技击视角看太极拳………………………（107）
　　三、什么是太极拳的技击………………………（109）
　　四、太极拳技击…………………………………（111）
　　五、太极技击的几种手…………………………（116）
　　六、关于太极劲…………………………………（119）
　　七、技击训练……………………………………（123）
　　八、孙子与技击…………………………………（126）
　　附：孙子兵法第六《虚实篇》…………………（129）

第七篇　太微拳学修炼篇……………………………（131）
　　一、什么是太微拳学……………………………（131）
　　二、关于"点"…………………………………（132）
　　三、在什么状态中有"点"……………………（133）
　　四、科学的太微拳学……………………………（133）
　　五、太微拳学的运用……………………………（135）
　　六、如何修炼太微点……………………………（137）
　　七、太微点的形成和发展………………………（138）

第八篇　太极养生修炼篇……………………………（141）
　　一、初识养生……………………………………（141）

二、人，为什么生病 …………………………………… (142)
　　三、运动与养生 ……………………………………… (143)
　　四、强身必须运动 …………………………………… (145)
　　五、太极与养生 ……………………………………… (147)
　　六、阴阳平衡 ………………………………………… (148)
　　七、动静相兼 ………………………………………… (150)
　　八、健脑益智 ………………………………………… (152)
　　九、清静养性 ………………………………………… (155)
　　附：唐·药王孙思邈三养歌 ………………………… (156)

第九篇　太极与性养生篇 …………………………………… (159)
　　一、绝色不可取 ……………………………………… (159)
　　二、性养生 …………………………………………… (161)
　　三、性在运动中的作用 ……………………………… (163)
　　四、太极与性养生 …………………………………… (164)
　　五、性观念 …………………………………………… (167)

第十篇　太极"八方线"修炼篇 …………………………… (171)
　　一、八卦 ……………………………………………… (171)
　　二、太极"八方线" ………………………………… (172)
　　三、轻扶"八方线" ………………………………… (175)
　　四、手脚不离"八方线" …………………………… (179)

第十一篇　太极拳修炼篇 …………………………………… (184)
　　一、要有百折不挠的毅力 …………………………… (184)
　　二、太极拳是艺术 …………………………………… (185)
　　三、要有追求，要有精神 …………………………… (186)

四、排除一切干扰………………………………(186)
　五、太极拳有多种练法…………………………(187)
　六、眼神（视线）………………………………(191)
　七、不要主动……………………………………(192)
　八、用心脑练太极拳……………………………(194)
　九、严谨细腻……………………………………(196)
　十、太极病………………………………………(197)
　附：三十六病手…………………………………(198)

第十二篇　太极拳架深研篇………………………(201)

　一、再认识太极拳………………………………(201)
　二、习练前的准备………………………………(203)
　三、练拳…………………………………………(205)
　四、重心…………………………………………(211)
　五、关于有力……………………………………(212)
　六、忌快贪多……………………………………(213)
　七、打拳…………………………………………(213)
　八、盘拳…………………………………………(222)
　九、精研拳理拳法………………………………(225)
　十、精妙八练……………………………………(239)
　十一、人体结构变化……………………………(242)

第十三篇　《太极拳论》浅析篇…………………(244)

　一、太极者，无极而生，阴阳之母，
　　　动静之机也……………………………………(246)
　二、动之则分，静之则合，随曲就伸，
　　　无过不及………………………………………(248)

三、人刚我柔谓之走，我顺人背谓之粘…………（250）
四、由着熟而渐悟懂劲，由懂劲而阶及神明………（253）
五、虚领顶劲，气沉丹田，不偏不倚，
　　忽隐忽现……………………………………（256）
六、左重则左虚，右重则右杳…………………（258）
七、察四两拨千斤之句，显非力胜……………（260）
八、每见数年纯功不能运化者，率皆自为人制，
　　双重之病未悟耳……………………………（262）
九、本是舍己从人，多误舍近求远。所谓差之毫厘，
　　谬以千里，学者不可不详辨焉……………（263）
十、欲天下豪杰延年益寿，不徒作技艺之末也……（265）

外一篇　太极浑元入道篇………………………（267）
参考书目………………………………………（277）

第一篇 为什么写太极解秘篇

太极拳有秘吗？有秘，也没有秘！有秘解秘，无秘解什么秘？

近一二百年来，公开发表或传抄的太极拳拳经、拳谱、拳诀、拳歌……成百上千首。特别是近五十年来，国家重视，印刷先进，出版的拳术经典著作，内容丰富，公之于众，何秘之有？拳论经典，传道不传技。然而，同奉一种拳论，各家各派传功的拳师对拳理认识不同，理解不同，也就有了秘传。有秘就有追求者，顶礼膜拜入门求秘。

今天向公众公开解修炼之秘，诚恳告诫拳友好汉，若想在太极拳领域中探求个深浅，用常人的思维去想、用常人的眼光审视，想上几十年，看上几十载，什么也想不深，什么也看不透

一、太极拳有没有秘传

在谈太极拳有没有"秘"之前，先要探求人类文明史的发展。从出土文物计算，中华民族的文明史，也有六七千年以上。在研究太极武学文化的发展时，暂且从中华民族上下五千年的文明史说起。

武术随着人类文明史的发展而诞世，随着我们祖先的发展和进步而发展进步，随之松柔武术出现在群落中。随着《易》和老子学说的传播，在《易》之阴阳变化、老子道法自然及空无之道的影响下，松柔武术有了质的变化和飞跃，到后来的后来，也就有了太极拳。经先辈考证，从春秋时代武术有了理论。孔子曰："有文事者，必有武备。"经太极拳理论家吴图南大师考证，大约在公元500年程灵洗有太极拳说，后传韩拱月，以后再传程珌，改太极拳为十五式的"小九天"，其中有"揽雀尾""单鞭"拳势名称。唐代许宣平恢复太极拳名称，又称长拳，以表示习练滔滔如流水也。其拳势名称与今太极拳大同小异。

许宣平传三十七式拳势名称如下：

(一)云手　　　　(十)倒攆猴　　(一九)高探马　　(二八)金鸡独立
(二)弯弓射雁　　(一一)搂膝拗步　(二十)单摆莲　　(二九)泰山升气
(三)挥琵琶　　　(一二)肘下捶　　(二一)上跨虎　　(三十)野马分鬃
(四)进搬拦　　　(一三)转身蹬脚　(二二)揽雀尾　　(三一)如封似闭
(五)簸箕式　　　(一四)上步栽捶　(二三)山通背　　(三二)左右分脚
(六)凤凰展翅　　(一五)斜飞式　　(二四)海底珍珠　(三三)挂树踢脚
(七)雀起尾　　　(一六)双鞭　　　(二五)弹指　　　(三四)推碾
(八)单鞭　　　　(一七)翻身搬拦　(二六)摆莲转身　(三五)二起脚
(九)上提手　　　(一八)玉女穿梭　(二七)指点捶　　(三六)抱虎推山
　　　　　　　　　　　　　　　　　　　　　　　　(三七)十字摆莲

以拳经传授心法，有《八字歌》《心会论》《周身大用论》《关要论》《用功歌》等。

许宣平之后，有唐人李道子、胡镜子。至宋，张三丰有太极拳十五势。明代平倭将军戚继光在军中传播太极拳，著有《纪效新书》，在太极拳发展史中应浓墨重彩大书特书。明人王宗岳，著《太极拳论》。清代蒋发、陈长兴、杨露禅等人，使太极拳运动代代相传，兴旺发达。上世纪30年代，吴鉴泉承父全佑奠基建业，将吴式太极拳从京城传播到长江以南各省，渐及香港。从国内到国外，传播至世界各个角落。吴图南大师于20世纪30年代在他的名著《国术概论》中，针对武术太极拳走向世界一事写道："固有国术，占一重要地位，成为真善美之体育活动。推而广之，渐及全世界，全人群，岂不伟欤！"

太极拳发展到清末，是鼎盛时期，北京聚集了太极拳众多名师，学术研究的气氛十分活跃，对太极拳拳理的探讨很有成就。因为当时印刷有所进步，太极拳的拳谱、拳经、拳论以及手抄本广为流传。南、北派武术人相互交流活动频繁。当时商业往来交通不便，全国和各省市通商靠镖局派镖师武装押运。此举，大大推动了武术活动在全国的传播和交流，各种版本的拳理、拳论流向全国。

杨露禅在太极拳运动的发展史上占据重要地位。他到河南学艺，从此太极拳从村野山沟传播至京城，继而又向全国辐射。而他最大的贡献是继承发展了传统拳艺，诞生了杨式太极拳，将太极拳体用结合内外双修向前大大推动了一步。此举，震惊了武坛，震惊了全国，使太极拳运动得以蓬勃发展。而杨式太极拳的诞生和发展，在武林界打破了几千年传统的封建思想对武术人头脑的束缚。在杨露禅时代，虽然世界列强已经有了热武器，但冷兵器在中国仍然是主要的战斗武器。这时，封建王朝日渐走向没落，工业、制铁业不发达，是冷热兵器交替的时代，此时，中华武术仍有用武之地。

太极拳运动在近代的发展史中，由于拳家文化背景不同，文化修养有差异，对太极拳的拳理拳法理解有差别，拳家的身高、体质不同，教学对象又不一般齐，在教学方法上也出现了差异。虽然拳理"理为一贯",结果"变化万端",在太极拳发展史上,逐渐发展成为陈、杨、武、吴、孙等各式不同风格、不同练法的五家拳式法门。有差异便有了派别,这是事物发展中的正常现象。特别是近五十年来,国家昌盛,太极拳运动得到了蓬勃的发展。各门派教学方法不同,也就有了门派机密。武术行规、门风约定俗成,入门拜师方可得到秘传。这种传统入门学艺模式,在武林界各类拳种中颇为盛行,几千年因袭而来,一时还难以打破。这一封建传统不能像当代教育,全国统一教学、统一试卷。只能是自家发展自家门派之特长的封闭传播,对找上门来学拳的外国人,也是这个模式。国家编的太极拳简化二十四式,使全国统一教学,得以广泛的推广。这是新中国成立后对太极拳教学的改革,这一教学改革很见成效,是武术教学中的一次很成功的尝试。

传统太极拳的发展得到国家的重视,否则没有今天的广泛推广。但由于门户之见,门风行规也推而广之,这也是喜忧参半的结局。还给太极拳教学改革增添了些困难。

那么,到底有没有祖传、家传、秘传呢?祖传、家传是有的,如果没有家传,怎么会有多少多少代传人呢?关于秘传,上文已经提到有"门派机密",这种门派机密不过是拳法上或手法上传些老师的心得体会而已,至于老师多年的教学经验、几十年的技击临场应变能力,是难以下传的。在太极拳界,甚至在武林界,是很难将老师之功夫机密传播下来的。如果有秘传,为什么杨家没有再出现一位"杨无敌"呢?笔者相信,武林高手拳师对自己的儿孙一定会尽心传播。儿孙后辈也想早日拿到父辈和祖宗的功夫,这是两厢情愿。但功夫不是存折,也不是钱票、金银首饰和房地契,父辈交给你,你放进保险柜里,就能被你继承下来全部归入腰包,一分钱也落不到口袋外边。但传艺不是这样的，血统不是拳艺，着急也无济于事。传说某位太极拳先贤曾用大棒子赶着儿子学艺，儿子已经有了逆反心理，想去跳井。可见，老子在真传，儿子年幼不懂深刻的拳理和学练的意义，等到自己有了儿孙悟出来道理，为时晚矣！我们左顾右盼看看健在的太极拳大师们，他们的子女哪一位能达到父辈的成就呢？道理浅显，前辈先贤身经百战的实战经验是无法下传的。有一位蜚声中外的太极拳大师，是当代一流的太极高手、太极拳技击家，打遍天下无敌手。他如今已80高龄，自18岁执掌教鞭，至今有62年的教学技击经历。这62年技击经历怎么个传？不要说秘传，明传也难以学会。如果有秘传，我们可以拭目以待，看看高手们的传人今天和将来在拳场、在擂台上的表现，可以得出结论来。

在这里要探讨一个在学术上很有价值的课题，是不是所有太极拳家一定是太极高手、技击专家，天下无敌手？不一定！也不该要求他们一致。同是一师之徒，千差万别；一娘生九子，性格不一样。同班学练太极拳，历史背景不同，文化修养有差异，爱好各有所长，对太极拳的认识和理解层次不一，对技击的认识和要求有差别。不一定所有学练者，都能成为技击家。他们之中有偏重理论和实践研究者；有的在拳架修炼上成绩显著；有人是出色的组织者，在普及太极拳运动方面显露组织才能。如果要求他们都是太极拳技击家，就是抹去人的个性和差异，这是不可能的。

太极拳博大精深历史久远，太极拳理，源于《易》之变化和老子的道。千百年来代代相传，是一代一代太极拳修炼者共同的智慧结晶。这一古老深奥的拳术延续至今，是全体太极拳修炼者共同努力才使之达到今天的规模和拳艺的高层次。如果不是共同努力，仅靠张姓、李姓的祖传、家传、秘传,太极拳运动不会有今天的成就。从中华民族的文明史评估,也不属于哪家哪户,准确地说,太极拳学是我们全民族的珍贵文化遗产。

将科学太极拳学比作一片竹林,我们苦练几十年,不过只摘取一片竹叶而已。对于太极拳学之博大,未知的东西太多太多。一个人一生的学练很难把握全面,还得代代人去努力,去完善和完美。个人修炼,能保持自己的平衡持盈保泰,不去练人家,自己能修养达到人生的冲淡平和,已经是很好的境界了,能得以养生长寿就很好啦。平时待人和善,"秀若处女,不可带张狂气,一片幽闲之神,尽是大雅风规"。

太极拳学和太极拳功夫,是傲之不得的。将全民族放在心里,便不会争个张家、李家,太极拳是中国的,太极拳是民族的,民族的也是世界的。

二、太极拳艺术

太极拳是什么?太极拳是艺术。

太极拳被视为艺术,是因为其品位所决定的自身价值,也有人说"味道"。太极拳有一种动态艺术的美,是动中有静、动静相兼的艺术,是高品位的松柔动态运行艺术。

(一) 太极拳艺术

太极拳是艺术,是形体美的松柔动态艺术。先辈拳师杨澄甫曾提到太极拳是艺术,太极拳乃柔中寓刚、棉里藏针之艺术。先贤吴图南大师在《国术概论》中说道:"武术(太极拳)是真善美之体育。"真善美是完美的艺术。杨禹廷大师说:"我们没有学问,也说不出高深的大道理,'咱这太极拳是玩艺儿'。这是'艺术'的通俗解释。"上海已故太极拳家傅钟文先生提到,太极拳是一门高级艺术;太极推手是一门高级艺术。

我们在理论和实践中发现,在盘练太极拳修炼的过程中,躯干腰腹空松得似乎不存在了,只有两只脚、两只手和一个顶。头脑空白一片,无我无他,这是一种在排除杂念后心神意念专注的修炼,是在动静、松柔、阴阳的变化中的动态运行过程中文化的、艺术的、审美的体验,也是生命的体验。

大师们演练太极拳,他们的神意气与太极阴阳浑为一体,上下相随,虚实分明,动态运行似行云流水。每个动势均为弧形线。大师空松双手,轻轻扶着环形路线,有手似无手,手在空中飘浮,运行在环形套路路线中,飘来飘去似描画着一个个圆形环。将观摩者带入松空的境界中去,这是最佳的动态运行艺术。

看艺术大师推手是极大的艺术享受。

大师的推手艺术,不是古代力士角斗,也不是跤手技巧和力量的较量,更不是在公园看到的撕皮掳肉的所谓"推手",而是在松、柔、空、圆的阴阳变化过程中的表演。

太极高手与人较技,拿放对手的一瞬间,是任何拳术、任何戏剧、舞蹈艺术也无法达到的境界。如果是两位大师交流拳艺,他们之间没有动作可看,只是在接触点之间极为微小的阴阳变化,然后双方抱拳握手哈哈一笑,甚为潇洒,令观摩者感叹!如果弟子辈与大师学习,可看的东西就太妙啦。对方攻来,只见大师视线所到之处,对方已失重,身体前倾,继而向下蹲去,尚未蹲下被对方拿起一米多高,将落地又被拿起来,似老叟戏顽童,被拿起一米多高,放下,又拿起一米多高,放下……令人叫绝。这是高品位的拿放艺术，其他门类艺术，如戏剧、舞蹈是无法与之媲美的。

拳人在高品位的松柔动态运行艺术中，陶冶情操，在阴阳变化中净化心灵，体能也得到松空的修炼，躯体离虚透空，从中深刻理解拳的文化品位与内涵。太极拳艺术，将大大提高习练者的层次，修炼者再也不是"练拳的"了。拳友在一起切磋拳艺，将是太极拳修炼界交流和探太极拳讨功法艺术，是品位高雅的学术活动。

(二) 太极拳美学

太极拳修炼离不开太极图。

太极图是美的，一只黑鱼一只白鱼紧紧互抱，挂起来就是一幅美丽的图腾，有一种迷人的魅力，给人一种忽隐忽现的美，神秘莫测之美。

太极拳虽然属于武术，但它与戏剧、舞蹈一样，有一种立体变化之美。太极拳有它自身的规律，太极拳套路动作由不同方向、不同大小的环行圈组成，它的运行路线为弧形。盘拳行功循太极拳的弧形线，以松、柔、圆、缓、匀的速度运行，似行云流水，有一种流畅的艺术美，任何艺术都有如此圆活流畅之美吗？太极拳具有难以言表的迷人魅力，一招一式极有吸引力，有动、静相兼之节奏美；有圆活趣味之美；有松柔之美，松沉之美，松空之美，舒展之美；拳人盘拳，有潇洒之美，又具阴柔虚无之美。

我们太极拳人不可低估太极拳的美学价值。《太极拳论》是以最富魅力的语言所组成，"一举动，周身俱要轻灵""极柔软，然后极坚刚""不偏不倚，忽隐忽现""阴不离阳，阳不离阴，阴阳相济""随曲就伸"等等，拳论是诗，是歌，是火，独具魅力，有极具吸引力的语言节奏美、韵律美。

太极美学，是被人关注的美学领域内的一个值得研究的课题。太极美学地位、美学价值，应引起关注。

三、还太极拳的本来面目

太极拳的本来面目是什么模样，谁也没看见过，为什么提出还太极拳本来面目这么个古怪的问题呢？

在探讨还太极拳本来面目的课题之前，先请练家到各个公园走一走，看一看传统太极拳练家形形色色的练法。所谓传统，是几千几百年来，从我们老祖宗层层传递、代代相传继承而来。继承传统不能像吃涮羊肉。传统涮羊肉是紫铜质锅，空心，中间烧木炭，圆形锅围着炭火，便于将水烧开涮肉。涮羊肉锅的制造十分科学，底座大，通风，氧气充足，木炭便于燃烧，上端为烟筒，细尖助燃、拔烟。涮羊肉锅造型优美，为食具最佳造型艺术。而今，这种火锅日渐淘汰，现代化煤气锅、电锅取而代之。食具外观已经失去涮羊肉的传统外观美，调料也是众人一口统一味道，不像传统调料，佐餐调料集中在一张桌子上，自助调料，喜欢什么口味自己调，而锅底也减去口蘑，失之传统口味。

如今，传统太极拳也似现代涮羊肉，从外形到内涵变了味道。

有人练太极拳不听师教，不读拳论，不遵太极拳阴阳学说之规范，出手拙力，不知"一举动，周身俱要轻灵"是怎么回事。不是遵道而修，歪斜着身子练拳，将"中正安舒"丢得一干二净。或者少练拳多推手，凭着自己本力加招法，闪腰挪胯，横冲直撞，推拉硬搡，全然没有太极拳拳理拳法的松柔、虚实、开合。失去以心行意，以意导体，以体导气，以气运身，用意不用力的"味道"。

何为太极拳的本来面目？从拳理讲，除了上文举例说明的"一举动，周身俱要轻灵"外，拳理还要求"意气君来骨肉臣""阳不离阴，阴不离阳，阴阳相济""极柔软，然后极坚刚""一处有一处虚实，处处总此一虚实""关节要松，皮毛要攻，节节贯串，虚灵在中"，以及"用意不用力""无形无象，全身透空"。反映在练家盘拳修炼的正体，并体现在一招一式之中。

太极拳理的要求不是拳师发明创造出来的，是根据太极阴阳学说及太极拳学传递下来几代拳人臻于完善的松柔为魂、阴阳为母的拳法。笔者在《太极松功修炼篇》中谈到这一层道理，太极拳不是刚拳，太极拳是松柔之拳。太极文化是极为博大精深的，学练太极拳者，对太极机理要了解清楚，领会要领。学练，不可用刚劲，不可用拙力。你的身体以及一切动作，将成为太极拳的一个载体。作为学练者，作为载体，首要的是必须按照太极拳的拳理要求，规范你的动作，否则，就不是太极拳。

拳经要求习拳者先要学习领会太极拳学的特点和要达到的目的。太极拳机理要求太极拳习练者将体能训练成为松柔之体，最终达到修炼者无处不舒展、无处不轻灵、节节贯串，阴阳变化运用自如。这一切一切，都从习拳第一步始，从太极起势到收势，要习惯轻灵的举动。唯有轻灵，方可达到无形无象全身透空的层次；唯有轻灵，方可消除习练者后天之拙力，使身体松柔灵活，随意肌可随意支配，不随意肌亦应舒松下来，周身轻灵顺遂；唯有轻灵，方知"意气君为骨肉臣"，用意不用力，舍己从人之奥之妙。

可是，有人练拳用力不知用意，入道不深的出手拙力，就是修炼多年的练家，不相信用意不用力者也大有人在。为什么？他们练拳习惯于用力，用意练着不习惯，从来都不按拳理拳法修炼。从起步始，不去研习太极拳学、太极拳阴阳学说，身上脱不掉拙力。他们人云亦云，云里雾里，不求甚解。每天盘拳从不研究一招一式的阴阳动静机理，而是随心所欲，以自己的歪理去解太极拳理。

还太极拳本来面目，是个大题目、大工程，是修大道。提倡太极拳人学习太极拳学和太极拳理，注意阴阳学说的学习和研究。有了正确的拳理指导，按太极拳理、拳法规范自己的动作。笔者将这一想法贯串全书十三篇始终，从多角度、多侧面阐述太极拳的本来面目。使正体太极拳运动提高到新的层次。按太极拳学的规范动作练拳，盘拳注意阴阳、虚实，注意中正安舒，每势安舒，每动中正，处处轻灵，关节要松，节节贯串，皮毛要攻，虚灵在中。按照太极拳的拳理拳法规范自己的思维和动作，太极拳的本来面目将展示在各个拳场和比赛场上。

四、博大精深

修炼太极拳的朋友经常说一句话："太极拳博大精深。"提到博大精深便怯步不前，又说："太难。太极拳太难了，不练了。"是不是因为博大精深就不练了，不去深入研究了？如此实不可取。

(一) 博大精深

用常人的目光去看"博大精深"，不得了，极博极大极精极深，难学难懂。一叶障目，看什么也不会全面，请将目光穿透盲障，再去审视博大精深，定觉头脑清醒，眼前一片明晰。

博是让你博采众长。练太极拳，不但学习拳论、拳经、拳谱、拳诀以前人和今人撰写的拳理论，还要涉猎百家，读些文学、地理、数学以及科普知识，中外名著、历史、拳击、格斗以及博学武术各门类的一切知识。多读书，知之越多，越有助于对太极拳拳理的理解和学习。

大，大是大自然，道法自然。练拳盘架越自然越符合太极拳的拳理拳法。练拳像穿衣服系扣，像吃饭用竹筷，似妇女织毛衣时双手轻松持毛衣针那么自然、轻松、随意。以自然的心态，自然的肢体练太极拳，还会有力吗，还会僵紧吗？

精是在自然状态下盘拳，要循规蹈矩，行功分清阴阳、虚实、开合、一招一式，似钟表的表心，齿轮相合，一环套一环，丝丝相扣，细腻严谨。

深是深入研究太极拳之特性，循拳理拳法修炼，不可瞒天过海，稀里糊涂，得过且过，又不可拘谨僵持浑身肢体僵而不开。总之，应以自然的心态、自然的动作，投入太极拳的修炼。

（二）习拳明理

国家昌盛，为习武者开辟了学拳练功的广阔天地。太极拳理论经典丰富多彩。当代太极拳人、太极拳修炼者要读书明理方可得道。

学习拳理明白拳之道理。我们的先贤比我们早明白近三四百年。清人陈鑫大师《学拳须知》明示后来学子："学练太极拳先读书，书理明白，学拳自然容易。"京城太极拳松空艺术大师杨禹廷说："打拳打个理。"这是先辈拳人给我们后继学子的至理名言，不可不悟。

太极拳拳理源于《老子》《易》学。不理解拳理，难以练好太极拳。一般健身无须过高苛求，如果深入修炼则必须读书，懂得拳理。笔者认为，习拳有一个公式，即认识—理解—明白—懂。认识，可以到各公园看人练拳，这是直观认识；还可以问拳师，请教教练，这是听中求认识；读太极拳理论书、拳书，以及对名拳师专访的纪实类文章，从中体会太极拳的拳理拳法，这是理性认识。通过看、听、读以后，对太极拳有了初步认识，就开始学练，从实践中去理解。但是有些拳友往往不注重读书，不注重学习拳理。有一位拳友练拳十几年，没有一册拳理书，没读过全文的《太极拳论》，道听途说记住几句拳诀，练拳常出病手，也不明身形之病。还有甚者，每天在公园与人较技"推手"，浑身是劲，两臂拙力，不知拳论要求的"一举动，周身俱要轻灵"。你介绍他读理论书，他说："那是虚的。"其实，他的"实"，通俗理解，就是本力加招法。说"虚"者不是浅薄，就是对太极拳的无知。

《拳论》云：天地为一大太极，人身为一小太极……此不用拙力，纯以神行功效著矣！主张"实"的朋友不可不悟这几句拳之精论。太极为阴阳，阴不离阳，阳不离阴，阴阳相济。太极拳理阴阳为母，讲究虚实，没有虚就没有实，不少拳人十年二十载练不好拳，找不到感觉，原因之一，不是虚的多了，而是虚得不够。松柔是太极拳的拳魂，松柔就是阴虚，没有虚，就没有太极拳，这是太极拳的特性所决定的。太极拳学的阴阳学说源于老子《道德经》。老子说，"弱之胜强，柔之胜刚""无有入无间"。没有虚就没有实，太极功夫通俗解，是松柔、松空，是虚灵，是松无，是阴阳相济。拳人立志要深层修炼太极功夫，不可无阴，不可无虚，离开虚，将空忙一场，空忙一生，最终也不知什么是太极功夫、太极拳是什么"滋味"。《太极拳论》《十三势歌诀》《十三势行功心解》《五字诀》《打手歌》《太极懂劲解》《太极图》《虚实诀》《阴阳诀》等等数以百计的拳诀、拳论，都是虚的。没有拳理的虚，也就没有太极拳了。试问，哪位拳家能离开这些拳之经典，能练出一身功夫来？所以，学习太极虚学，是十分重要的。

老子说"虚其心，致虚极"，是很有道理的。

（三）外求学和内求学

太极拳学习是一辈子的事。因为太极拳博大精深，拳理深奥，拳艺难求，如果摸不到太极拳之规律是难以学好的。太极拳学极为深广，靠一个人去学，如果不得要领，一世盲练。到各公园走走看看，习练二三十年未入门者并不鲜见。这里说的"入门"不是拜名师，而是身上有太极内功。

太极拳难求，一个时代要靠众多学子拳人共同努力去完善和完美，一个人很难达到什么高度。太极拳学学无止境；练一趟拳有一趟拳的体会，终身追求，常练常新。而太极拳学的层次性极分明，如初始学练，教练天天讲，上课说，练拳不要用拙力，但初学者出手提足四肢便僵紧有力。即使初学者心里想着不用力，但出手便用力，一时很难松下来，这似乎是规律。我在杭州讲学，有这样一件事：

拳友："老师，用力不用意对不对？"

我答："对！"

拳友："教练说，用意不用力对吗？"

我答："对！"

这位拳友表现惊讶不知所措，用怀疑的目光望着我，他有很多疑问和质疑都表现在眼神中。

我进一步向他解释，解除他的疑惑。我详尽讲述，太极拳学练虽然没有像现代学校一样，以年分班，有严格的分班升级制，但学练层次是很清楚的。我们将太极拳教学，除去托儿所和硕士、博士生不计算在内，以小学、初中、高中、大学分为四个级别。在小学级别的学练者认为，太极拳用力不用意；而大学生当然认为是用意不用力，这是层次所决定的。所以我在回答提问时，太极拳行功，用力不用意和用意不用力都肯定是对的，因层次不同会得出相反的结论。所以，笔者讲课或在拳场说拳常习惯以小学生、大学生、初中生的称谓评论某种拳艺。像经典著作中的"妙手空空""无形无象""全体透空"，肯定是大学生的应知课程。

我以四个级别来形容，但并不等于小学六年、中学六年、大学四年，学练十六年太极拳，便拿到毕业证书，达到全身透空的境界。圈内有一句"太极十年不出门"的术语。这个"十"，不一定是十年，也许是十年，也许是二三十年。因为学练传统太极拳，没有统一的教材，更没有科学的学制。如果学子遇上一位明白拳理拳法的明师，本人有灵气，悟性好，功成的时间会缩短。可以在短期内采用科学的方法，将身上空松下来，关节能松开，且节节贯串。不但能将拳理论说明白，还能从身上反映出来，这种境界已经达到太极拳学要求的"轻灵""阴阳变化""妙手空空""无形无象"等太极拳高境界水平。

在短期内达到高境界，要有一个很科学的学练方法，也就是拳法。笔者认为最好的学练方法是"外求学"和"内求学"两种，也就是学练太极拳两个阶段。

外求学为第一阶段。从初入太极拳场学拳始计算，到初中为外求学。这时应该认认真真、老老实实、诚诚恳恳、扎扎实实、一丝不苟地向老师、向教练学练，要循规蹈矩，遵道而修，按规矩一招一式修炼。到高中便是第二学练阶段，也就是

第一篇 为什么写太极解秘篇

15

"内求学"阶段。

外求学阶段大约要十年左右。这时,如果外界的客观条件对学练有益,自身条件够了,要及时转入"内求学"阶段。如果自身条件具备内求学阶段,自己还不转,仍然不离开老师,自己错过一个良机,再在老师门下学练下去,学拳将变成古板、僵滞,也不会超越前人,一生学拳不会有太大的突破,也不会有太大的出息。

内求学是自己学习,也是悟。这种学练方法不是笔者的奇想,先贤早有明示。拳论云"由着熟而渐悟懂劲",这个"悟"便是内求学。所谓内求学,是将你学练的一套拳,与太极拳学的规范相印证,如阴阳变化,一举动,周身俱要轻灵,极柔软然后极坚刚,松柔,中正安舒,用意不用力,关节要松,节节贯串等一系列太极拳拳理拳法规范的所有太极拳之特性,从身体结构变化中悟出拳理在身上的反映,将理性认识变成为感性认识。将那些抽象的、玄奥难以理解的,通过修炼,"身知""体悟",使之变成能看得见,摸得着,能表现出来,具有说服力的功法,进而可以学练、传播的拳艺。

在内求学阶段不是不再向外学习,我们太极拳修炼者对待学习应该持学无止境、活到老学到老的老老实实学习的态度。对待自己是验证所学的知识在身上的反映。"活学活用"也是学练太极拳的重要的学习方法。著名的国画大师齐白石先生有一句名言,他说:"学我者死。"他反对生搬硬背,一语双关,提倡活学活用。我们太极拳修炼为什么要对我们还不熟悉的东西认定是绝对呢?先贤在拳论中告诫后来学子,"变化万端,而理为一贯""斯技旁门甚多""差之毫厘,谬以千里",我们应该详辨。先贤的忠告,笔者有所领悟,在文中多处反复论述,以求拳友共识。

周围有些拳友多年修炼未能领悟拳之真谛,这是一个学练拳法未解之结。归根结底是对太极拳学和太极拳之特性认识、理解不够,应该对所学练的最为珍爱的太极拳功法,认识再认识,反复认识;理解再理解,反复理解再理解,不久的将来会从内求学中悟出真谛,在功法上有所突破。

五、改革太极拳教学

自有太极拳以来,千百年间没有一套完整的、科学化的教学方法。一个老师一种传授,口传心授。学艺圈里有句俗话"师傅领进门,修行在个人",这句话的意思,要求学拳者须勤奋、吃苦、靠自己的聪明和灵气。

太极拳学博大精深难以理解,学成有相当难度。拳师告诫学子,"太极十年不出门"。这个"十年"不是时间概念,而泛指学拳之难。这门,是指什么门?家门、村门、乡门、县门、市门和国门,每个门有每个门的标准。如果十年一个门,到国门,须学练五六十年,归根结底,还是活到老学到老的拳艺界的老话题。君不见,在太极拳圈子里,有学拳十几年还不得要领者;学拳二十几年,本力还去不掉,出手拙力,谈不到轻灵;三十年,周身仍然松不下来,说玄一点,三十年还在云里雾里。在一本书中看到,一位太极拳人练拳五十载,云里雾里五十年,欲弃拳学习别的功法。这是拳人在学拳道路上的悲剧。

原因很多,说到底,仍然是老师的责任。世界在前进,我国的田径、水上、球类等各项运动,已经在聘请合格的教练执掌帅印。体育科研部门经常、及时地向运动队提供科学的研究成果和先进技术。以乒乓球为例，乒乓球拍、乒乓球的颜色也有改变，足球的改进频率更为迅速。回过头来看太极拳，怎能允许和容忍太极教学千古不变呢？太极教学改革应该提到议事日程上来了。

笔者为什么将责任加在老师头上呢？俗话说"名师出高徒"，弟子不成，老师有责任，起码要负一半的责任。"教不严，师之惰"么！老师糊涂学生永远也明白不了，基于此，拳师是首要的，是培养太极拳人才的决定因素。老师的责任，就是授业、传艺、解惑，学生学不好，乃教者失职。

（一）中国的武术教学

1. 武师在家设馆。学生到武馆习武每年交一次学费，师父师母三节两寿要送礼。由武师上课，传授武术基本功、套路、刀枪器械、双人对练等等，但不传"绝活"。

2. 向武师递帖子。拜师帖子上写明拜师入门学武，从师学艺，师徒如父子，任师打骂，打死由个人负责。收徒后，为入室弟子，是"自己人"，将来可以教授绝活。

以上两种弟子在武馆习武，老师教什么弟子学什么，没有选择的余地。在学习中，各武馆将弟子打断胳膊、腿的事常有发生，不足为奇。学子随师学武十年二十载，有的不满足已学的功夫，另投师习武的例子也不少，以满足自己的求知欲。此举开明的老师可以接受，否则，背上跳槽的欺师灭祖之罪名。

（二）互相学习交流切磋

从古至今，在武术门中传下来带有封建色彩的不健康的治学歪理很多，其中之一是"门户之见"。

"门户之见"只允许本门人之间交流武艺，不能与外门人交流拳技。要交流只有打擂台，一比高低。这种传统传至现代，就是各种武术比赛。太极拳分为五家门派：陈、杨、武、吴、孙，流传至今。在国家政策宽松之下，五家均建立了拳社。五家社长可以坐在一起开会，研讨全民健身，发展武术事业。但是，不能相互学习，交流拳艺。如果在一起交流拳艺，也是各家拳师带各家之弟子表演。中国武术门派很多，各门派之间绝对不在公开场合互相交流，深恐交手有所闪失，影响门派之名声或结下恩怨。

不能交流，怎能提高？不相互学习，怎能取长补短？都说各家的拳法高超，如果各家都走出国门到国外传播太极拳，结果只有各家各派的太极拳，没有中国统一的太极拳法，也算是一桩怪事。

多年修炼不及格，如何继承，没有继承谈何发展。我们的邻国太极拳界曾扬言，十年超过中国。有一位资深的传统太极拳大师，一生忙碌在教学场上，她说过一句气话，令人深思，她说："以后学太极拳要到日本去学。"看来不改革太极拳教学是没有出路的，太极拳教学一定要改革。

六、我的教学计划

已故太极拳艺术大师汪永泉先生，一生关心武术事业，对推动太极拳运动的发展作出了应有的贡献。在耄耋之年挺身而出，提议选派十名青年学生由他教导，并且坚信只要采取他的教案和练法就可以在三年内培养出确有功夫的人才。

汪老垂暮之年，首先想到的不是自己的健康和颐养，而是请战，再披战袍到前沿教学，这是何等的高贵品德，心灵之美令人敬慕。这就是太极修炼到最高境界、有极高修养的美丽平和的人生境界！

伟人邓小平题词"太极拳好"，给太极拳运动注入青春活动。我们处在祖国繁荣昌盛的时代，我们这一代拳人是幸福的。但是，我们也曾渡过动乱的年代，练拳热情被抑制，被剥夺了修炼时光。当前经过"冬眠"的太极拳运动又开展起来。经过苦练，得到太极拳大师的点拨，到懂劲之时，年已花甲。笔者虽明白太极拳的道理，但身体健壮的鼎盛期已过，仅仅是养生保健而已，发、拿、打、化的太极功夫只能是纸上谈兵了。然而太极拳艺术大师传授的功夫，不能据为己有，为祖国太极拳事业的继承和发展，笔者愿步汪永泉大师后尘，完成他老人家的遗愿，改革太极拳教学，发展太极拳运动，认真地、快速地培养接班人。

（一）目　的

培养太极文化的推广者和传播者。继承和发展太极拳艺术，培养懂太极功夫相当于高手水平的接班人。

（二）封闭式教学

学制四年，入学者需大专学历或同等学历，粗知、稍知太极拳理论。

（三）理论课程

现代哲学、爱国主义课程、人体解剖学、养生保健课程、太极养生与性养生学。

（四）古典哲学课程

易经，老子道德经，孙子兵法，太极拳论（十三势歌诀、打手歌、十三势行功心解、走架行功要言以及歌诀、俚语等），中国围棋（棋经、实战），中国武术课（中国武术史、武术种类、特点）。

（五）美　学

中外美学（绘画、风景画、油画、雕塑），中国书法。

（六）要　求

1. 认识太极拳、读懂太极拳。
2. 学拳的人是载体、空净身体后太极功夫进入人身。

（七）动作课程

1. 武术（形意拳、八卦掌、少林拳、长拳、孙膑拳）；
2. 无极桩功；
3. 杨禹廷八十三式太极拳；
4. 太极松功；
5. 太极揉手功；
6. 技击功。

七、太极拳师

太极拳师备受尊重，他们不但在中华大地教授拳艺，还走出国门，登上发达国家的议会讲坛，受到极高的礼遇。但是太极拳拳师就不像别门学科那么按部就班,从师范、师专、硕士、博士到登上讲坛。有太极拳学历者并不多。对太极拳师是否应该分出等级呢?笔者认为:应该!不然也会有以假乱真者或以次充好者,误人子弟。

笔者认为太极拳师应分为:太极拳教练(普及);太极拳师;功夫太极拳师;太极拳导师四类。

(一) 太极拳教练(普及)

太极拳教练经过短期培训,掌握了简化太极拳套路的练法,发证上岗在公园"挂旗"授课。这类教练数量大、分布广,全国各地只要有公园、有人群的地方,就有他们教拳的身影。他们对全民健身,对启蒙和推广太极拳运动,增强人民体质,具有积极的作用。

(二) 太极拳师

太极拳师,学拳教拳一二十年,他(她)们会练多种套路拳势,有的拳师也会练多家的传统太极拳,教学经验丰富。但是,他们由于长时间在基层推广、普及太极拳活动,很少时间进修,没有进一步深层次研习太极功夫。各个关节以及周身松柔功夫不够,只教套路不能教授技击。

(三) 功夫太极拳师

功夫太极拳师是指他们身上已经明白或者已经懂劲。所谓"身上明白",是指从理论上理解太极阴阳、虚实后,身上能反映出来,了解对方,知道自己劲路的来路去向,身上处处有阴阳,周身松柔,身上大小关节,节节贯串,基本达到太极高手的水平。学生拜这类老师学艺，不会走弯路，因为拜在明师门下。

话说回来，太极拳师很多，不知哪位是明师？这个问题很好解决。太极拳教学与兄弟拳种不同，弟子跟老师学几年拳后，为了使弟子掌握太极拳阴阳学说这门功夫，时时让弟子"听劲"，就是讲腰，让弟子用手摸老师的腰，这叫听劲，触摸老师的腰是怎么变动的，以便理解和提高太极功夫的质量。能不能请功夫太极拳师先让学子听老师的劲？先将各个部位的太极功夫的反映，或者暂叫"指标"公布于众，按公布的标准，请学生听老师的劲。符合的，就拜师学艺，不符合或是身上没东西的，只好另寻明师。

笔者将功夫太极拳师应知应会以及身上的所谓指标，也就是无极状态公布于众，以供参考。

太极功夫"其根在脚"，从脚到顶，各部位有各部位的反映和太极功夫的状态，从上而下，从顶说起：

顶——虚灵，精神在顶上（百会）。将手放在头顶上一寸至半尺间，感觉有一股热劲往上冲。如果下按便失重，脚下虚空。

眼——站在师前两米之内，师视线收回，有被拿起的感觉，往你处一看，身体自然向后有被打出去之感觉。

肩——手扶在师肩上，有往下沉到地下的感觉，用力扶，力反回到脚下，失重站立不稳，或被打出去。

胳膊——平伸着，师膊上的汗毛立起来，所谓的"皮毛要攻"，用手轻轻在汗毛上抚摸，汗毛有往上的冲力，如果用意力按即有被打扎之感。

肘——扶肘，感觉空一片而没底，松沉，托不起来，脚下已失重。

腕——掰腕，反关节，师腕是空腕或似钢腕撼之不动。

手——轻轻捏住师指尖，脚下恍惚站不稳失重，胸憋闷，用力，被反作用力打回来。

如果将师的一只手搬紧，力压师肘的反关节，师关节是虚松着的，自身失重，有被打出去的危险。

胸——用手推在师胸上，有一种摸不着、追不上、极深远的感觉，脚下失重。

腰——在腰上听劲，腰是一个没头的深洞，什么也摸不着，也打不进去。

胯——扶住师胯，有扶空的感觉；或推不动，像推一棵根深叶茂的大树。

膝——扶住膝，扶空，有脚下失重感，有前摔之感，脚下旋转。

脚——师脚下阴阳变化，这种变化是无形无象的，踩不上，有升起的感觉。

全身——全身松柔，节节贯串，以一个指头触摸师腰、背、胸及全身各部位，捅在哪里，哪里空松，在接触点上用力，空点变成为一个坚刚点，坚刚点的周围是柔软的肌肉。在接触点上，加多么大的力就反回到脚下多少力，用指、用掌、用拳，多么大面积的接触点，便有多么大面积的松空。用力接触部位就变得坚刚。

当前，在太极拳教学前沿，具有身上如此松柔，身上"明白"的拳师并不多见；或者大有其人，散落在民间教学圈子里少为人知。应该像刘备求贤那样，深入山野三顾茅庐。我国真正懂得太极拳的人不是多，而是太少太少了，宜将这些太极高手请出来参与科学研究和充实教学队伍，以提高太极拳的整体素质和水平。

(四) 太极拳导师

太极拳导师，是培养指导太极拳高手的导师。他们是太极拳理论家、太极拳教育家、太极神明高手，讲出的拳理，身上都能反映出来。太极拳的基本原理阴阳、松柔、松沉、开合、虚实、极柔软、极坚刚……他们身上、手上都能反映出来，并且可以讲解。

八、太极呼唤学者

现在还有不少人认为，练武者武夫也，头脑简单，四肢发达。其实，太极拳博大精深之处，恰恰不是拳脚功夫，而是头脑、心灵高境界的思维活动。太极拳不是练功练出来的吗？这仅仅说对了一半。太极功夫是"悟"出来的，也就是头脑、心灵悟出来的功夫。

从习练太极拳者的学历评估，当前大学以上学历的太极拳爱好者逐渐增加。过去知识界中，不少人不喜欢舞刀弄棒打拳踢腿的。天天趴办公桌，钻进科研室出不来，体质下降，很多著名科学家、文化艺术界人士英年早逝。中科院武协有个统计，学术界人士平均寿命低于五十岁，这个数字是惊人的。看来知识界人士参与体育活动是迫在眉睫的大事。经过多年体育健身的宣传，很多知识界人士投入到各类体育锻炼中来。他们也积极参加太极拳运动，这是一个好的征兆。

过去家境贫寒的人练武的多，辈辈相似，练武的人没有文化被人贬之为武夫。在太极拳领域内，京城最负盛名的要数号称"杨无敌"的杨露禅大师。相传杨大师只身进京打败各路英雄豪杰，与清廷武将比武独占鳌头，八旗教练亦都败在他手下，被清廷器重，官拜清廷八旗营总教练，可见他的太极功夫已达到出神入化、炉火纯青的最高境界。可惜杨露禅没有文化，身后没有留下只言片句的经验总结、拳理拳法的文章，我们听到的"杨无敌"的故事，不过是演义、传说而已。

　　无独有偶。20世纪京城太极拳松柔艺术大师杨禹廷，拳艺水平达到巅峰，他是太极功夫"用意不用力"的倡导者，"无形无象全身透空"高境界太极功夫世纪高手。可惜他文化水平不高，不能将自己学拳、教学、行功走架的精华以文字留示后人。只是在20世纪20年代写过一个教拳讲义初稿，40年代又修改过一次，增加了八方线和意念。50年代末经过修改，由他的弟子执笔完成《太极拳动作解说》一书，为学子提供学拳的材料，书中有三十条问答，详尽解答了拳人学拳中遇到的难题。但不是老拳师亲笔所写，也嫌重点突出不够。对老拳师八十三式拳的精华之处也着墨不多，为拳人留下遗憾。另一位太极拳大师汪永泉老前辈，身后留下一册《杨式太极拳述真》。这册书中讲了太极拳修炼中的真谛，可惜不是老师所著，不免一些遗漏，不能不说是件难以弥补的憾事。

　　一位美籍华人，他是太极拳热心的传播者，来京学习交流拳艺。在席间他介绍，在美国收学生，不是大学学历者不收。理由十分明白，太极拳是聪明人练的拳，是高文化人练的拳，否则对博大精深的太极拳拳理难以理解。看来中国太极拳亦应呼唤学者。我们曾在公园练拳者中调查过，有的练拳十几年没有读过一册有关太极拳的专著，不少拳人没有读过《太极拳论》或拳诀、俚语，只是人云亦云说几句拳诀而已。这种状况，拳艺水平怎么可能提高呢？

太极拳人需要有一个"太极拳科学研究所",所内集中国内最负盛名的真正懂得太极拳的理论家。研究和发展太极拳学、太极阴阳学说,规范一套中外太极拳人都能接受的中国太极拳套路,将阴阳、虚实、松柔、松沉、松圆、松舒、松空以及轻灵,极柔软,关节松、节节贯串、皮毛松攻和揉手发放艺术,无形无象、全身透空等等技艺,及一系列阴阳学说都要规范到体用结合的要求中来。对学练者的体能也应规范。

没有科学研究人员以科学的方法,准确的理论指导太极拳运动,提高太极拳技艺水平就是空谈。太极拳,呼唤更多的学者参与高品位的松柔动态运行艺术的研究中来。提倡太极拳精神,探求松,求虚、求空,宣扬传播松柔、阴阳,以还太极拳的本来面目。

我们太极拳修炼者应在理论修养上有所作为,吸引更多的学者参加到太极拳运动中来,太极拳呼唤学者!

笔者在《改革太极拳教学》《我的教学计划》《太极拳师》《太极呼唤学者》等篇中的论述,目的是还太极拳的本来面目,使后来学者不走弯路,培养知阴阳、明虚实、懂开合的、练拳中正安舒、技击用意不用力的接班人。

在当前的太极拳圈子里调查一下便能了解到,练拳二三十年,浑身是力,不明阴阳、虚实,练拳身形歪斜者大有人在。一个人有几个二三十年?在电脑、航天火箭的高信息时代,没有也不可能拿出二三十年,去练一套练来练去也练不明白的拳。要快出人才,多出人才,"太极十年不出门",时间嫌多了。封闭式教学四年、业余十年就应该达到懂劲的"大学生"水平。四年、十年这两个年限,是合适的、科学的,也是培养太极拳人才的最好年限。

第一篇 为什么写太极解秘篇

九、对技击的认识

世人皆知，对真理的认识不是一次完成的，要认识再认识，反复认识。对太极拳和太极技击也是运用这个模式去认识的，我们在习练中认识到，太极技击是修炼太极拳多年的综合功力，技击是个大工程。

对太极技击有个认识再认识、理解再理解的过程。在认识的过程中去学习、去练；在理解中去学习、去悟。运用这个公式，认识中学，认识中练，反复认识；理解中学，理解中悟，对待技击，理解再理解，反复理解；在认识理解中认识到太极技击是太极拳综合功力的大工程。太极技击有三条原则，第一，太极者，无极而生，阴阳之母，动静之机也；第二，一举动，周身俱要轻灵；第三，用意，不要用力，上下相随，其根在脚，形于手指。离开了这个太极三原则，就不是具有太极拳特色的技击。

拳论云："外面之形，秀若处女，不可带张狂气；一片幽闲之神，尽是大雅风规。"这是先贤在一二百年前，在实践中、在实战中体会出来的盘拳和修炼的风采。这个外形与上面我说的技击三原则是相吻合的。临场实战，用意不用力，方可秀若处女；动则阴阳变化，方可一片幽闲之神；周身轻灵，方显现大雅风规。

空

笔者有幸在习练太极拳的过程中，受到京城太极拳界三位大师吴图南、杨禹廷、汪永泉的点拨。三位太极拳巨匠身上手上的共同点是空，透空。他们的身体状态符合《太极拳论》说的"形于手指"，陈鑫论"妙手空空"，《授秘歌》"全体透空"。太极功夫的最高境界是身体练松练空"中空道通"，一羽不能加，极静极空，空为无，什么都没有。

去拽大师的衣服时，将衣服拽起来，再也拽不动了，感觉衣服与人身一体，人与地是完整的一体。拽不动仅仅是拽的部位拽不动，而衣服松柔，如果身上有力，揪起衣服是直角，衣服也有力，那就是身上不松不空。

劲

有的老师有几十种劲，不知劲从何来？太极拳的最高境界是空，"妙手空空""全体透空"，练劲身上永远也不能练空，身上空无就什么都没有了，老子说："有生于无。"

无即是有。学生、弟子向师扑来，劲没发出来，劲路被堵，脚下浮起被发出。弟子便传出，师拿劲好，堵劲好，其实师站立着一动不动。欲求太极真谛在技击场有所建树，练劲不会有太大的突破，练劲是练棍，越练越僵，关节僵而紧。练家不可不悟，拳家不可不察。

说准确点，推手不是练的太极八法的八种劲，而是训练身上、手上皮肤的触觉神经的灵敏性。

根

拳论云："其根在脚。"太极拳真谛在脚，阴阳变化在脚，拳家没有一双太极脚莫谈拳。先贤在《授秘歌》，请注意是"秘"歌中明示，"无形无象"者为师，身体没有任何动作，手上没有任何动作，你便被击飞身而出，或脚下飘浮六神无主极想寻一根拐棍救驾，或头晕气截极有逃意但动之不得。所谓能达到无形无象，来自于空无，心脑有动意身上的空无也就不存在了。

　　脚开得大不是真根，两脚一肩宽为好。京城杨式拳代表人物汪永泉大师，站立两脚一肩宽。两脚开大，脚下变动不灵活，易受人制。

　　技击场上不是随便就上去的，技击是大工程，要潜心修炼，经过苦修酷练，习拳明理，将自己从里及表，练静练松练空。百人练拳不一定百人可以技击。由于性格、个人爱好、文化背景、道德修养不同，所以百人修炼，不可能百人都是技击高手。并非太极拳种不完善。

　　太极技击是艺术，只谈技论打绝非全面的技击，因为没有韵味，唯有松空可称为艺术。"一片幽闲之神，尽是大雅风规"，这是迷人的艺术，醉人的艺术。

　　评估当前太极拳和太极技击的总体水平，不是看哪一家、哪一门派，或者哪一位专家、大师的作用。当代拳家对"杨无敌"望尘莫及，自叹不如。以京城太极拳家而论，吴图南、杨禹廷、汪永泉、崔毅士等大师，我们只有仰望。

　　改革开放以后，国家昌盛，政治稳定，有了一个安定的练功环境。至今已有三十个年头。当初的练武人已经五十岁左右。他们从少年到中年，以工资为生，始终没有一天苦练十几个小时的条件，基础功不扎实。而已故大师们，年轻时每天练功习武十二个小时以上。杨禹廷顶着星星爬城墙到郊外练功，搂膝拗步进，倒撵猴退，以公里计算。崔毅士在桌子底下盘拳，功夫可见一斑，那时的崔老师已近不惑之年。

　　从教授学生静功推手到动功技击，要有一个相当层次的升越。突破静功层次有相当的难度。拳家运用太极拳的松柔、开合、虚实、轻灵的特性，对弟子拿、化、打、发，运用自如，身上放松，手上也有分寸。一旦遇生人较技，便浑身僵紧，手上有力，剩下的只有着法和本力。当代擂台上，对付武术高手、洋人搏击家的擂主，只有辛劳公安、武警的散手队，我们太极拳家是没有份儿的，似乎是个遗憾。

太极拳家应该聚在一起研讨、切磋、交流提高技击水平和技击质量。循太极拳的拳理拳法，以阴阳学说规范动作，以太极拳之特性完善和完美技击工程，演出太极拳特有的松柔、阴阳的动态技击艺术，打出当年"杨无敌"的威风。

十、民族魂

太极拳是什么，笔者剖析了太极拳的本质和对太极拳的认识。太极拳是阴阳变化，拳魂为松、为空、为无。太极拳是艺术，是高品位的阴阳动态运行艺术等等。但仍难以概括太极拳之深邃、雄浑、博大。

太极拳阴阳、虚实、开合、动静、松柔、轻灵，其大无外，其小无内，最能体现我们的民族精神。

太极拳是什么？是民族魂？

中华民族文明史上下五千年，《易经》为五经之首，为我国传统文化之排头文化，太极文化源于《易经》。有生于无，无极生两仪，两仪生四象。人世间，大到宇宙大自然，小到人体细胞、原子、分子、中子，无不包容着阴阳变转。太极文化是中华民族最为珍贵的文化遗产。

太极文化底蕴丰富，老子的道，孕育着博大精深的太极拳，影响着我们的民族，是我们民族的瑰宝。民族的也是世界的。太极拳没有国界，全世界人民，从平民百姓到上层人士，都喜爱学练太极拳。太极拳已经融入全世界平民百姓的生活之中，学练的队伍之庞大，用老子的话说，"随之不见其后"。

太极拳以阴阳为母，松柔为拳魂。

刚可以凝聚巨大的力量，柔可以化解千钧压力；刚可以坚韧不拔，松柔可以化解艰难困苦。

太极拳的品格，代表着中华民族魂！

第二篇 太极松功修炼篇

练太极拳要求心神意念松、周身松、关节松、肢体松。太极拳与其他兄弟拳种不同，从学练第一步就要进入松柔功夫的习练。练拳和松柔功夫不能脱节，如果脱节，久而久之，动作僵滞，身上松不下来。回头再练松功难度很大，短期内很难奏效。

什么是太极拳的拳魂？松！

太极拳是内家拳，它具有与兄弟拳种不同的特性。它的特性要求凡练太极拳者，"一举动，周身俱要轻灵""用意，不是用力"。拳家应该具备周身松柔的品格，首先要以自然的心态修炼太极拳，心神意念放松，周身大小关节松，周身全体松，肢体松。松是太极拳的灵魂，没有松就不是太极拳。通俗讲，松是"含金量"，一位拳家松功如何，也就是含金量的高低。松柔是太极拳的特性，这是拳理，不明理就是盲练。

一、什么是太极松功

我们的先贤在几千年的技击保健养生的实践中认识到，练太极拳不同于其他拳种，应该在松柔的状态中行拳，代代相传，不断完善与完美。有文字记载的可以上溯至唐代先师李道子之《授秘歌》，有"无形无象，全体透空"之句。后人注释为"忘其自己，内外如一"，也就是我们今天所说的"心神意念松，周身肢体松净空无"。

太极拳尊崇道家的学说，拳理源于《易经》和老子的《道德经》。《易经》之"易"是阴阳变化，阴为隐、为虚、为松、为无。老子论及松柔，有"致虚极，守静笃""骨弱筋柔""天下莫柔弱于水""柔弱处上""柔之胜刚""无有入无间"等等。《易经》《道德经》的理论，我们太极拳人必须尊道而修，松柔，自然成为太极拳的拳魂。没有松柔就没有太极拳，没有松柔就不是太极拳。什么是太极门松柔功夫？当代太极拳大师们有精妙之论，请听他们对松柔之见解。吴图南大师在他的《松功论》中讲道：

"凡练太极拳者，皆知松、沉为太极拳之主要条件。"

"松者，蓬松也。宽而不紧也。轻松也。放开也。轻松畅快也。不坚凝也。含有小孔以容其他物质之特性也。凡此种种，皆明示松之意也。"

京城太极拳松柔艺术大师杨禹廷在《太极拳系列秘要》一书中云：

"全身自然舒松、节节贯串，头脑安静，神经不紧张""身心松静，自然舒展，柔、圆、缓，胸腹松净，周身血液流动畅通，神经末梢活跃，体肤感觉灵敏。"

我们后来学子得知松之要义后，已经是经过了太极拳松柔功夫的洗礼，是明理的拳人，就应该循规蹈矩，在明师指导下，一招一式习练太极拳，按照太极阴阳学说和太极拳松柔之特性修炼。太极拳与兄弟拳种不同，学拳起步就要从周身放松开始，"一举动，周身俱要轻灵""用意，不要用力"，在练拳中要将身上手上的拙力、本力慢慢退掉。武术门中各家各派的兄弟拳种的训练跟太极拳大有差异，外家拳的各类拳术，他们训练学子从勇猛坚刚入手，讲究踢、打、摔、拿、击，较力、格斗、搏击、打出威风。但是，各类拳种到上乘功夫，也将是阴阳相济、内外结合、用意不用力的境界，而最终归于松柔。内家拳和外家拳的心态不同，训练的拳法、拳艺不同，太极拳人不可不察。

由此可知，松功不是我们太极拳独家追求的功夫。各行各业，各门派艺术，以及体育项目等都是如此，就连在考场上师长也劝导学子放松。我们的民族先贤，谈松论柔的玄妙之语，惊世警人：

大道以虚静为本。　　　　　《丹经》

恬淡虚无，真气从上。　　　《素问·上古天真论》

心静可通神明。　　　　　　《养生名言》

虚极又虚，静之又静。　　　《炼虚歌》

心虚而神一。　　　　　　　《阴符经》

身心玄妙，此内清静也。　　《遵生八笺》

淡然无为，神气自满。　　　《千金翼方》

心和则气和，心正则气正。　（宋·张载）

打开中华民族的文化遗产宝库，关于松柔的经典熠熠生辉，令子孙后辈目不暇接。这些松之宏论使我们茅塞顿开。可以说，松柔学说为我们子子孙孙，为开发人类智慧，增强人类体质，提高人类品德，抵制邪恶，增进人类和平、平等、和平相处做出了很大贡献。虽然从事各行各业，都需有放松的心态，放松的肢体，放松可以操胜券解大难。但是，唯有太极拳人特别看重松柔，对松柔的认识和理解与众不同。所以在踏入拳场的第一天起，便认真地不厌真烦地隐于不被人

第二篇　太极松功修炼篇

注意的角落，没有花环和掌声，没有门庭若市，而是甘于寂寞和枯燥单调，反反复复重复着同一动作，刻意去修炼。从训练便可以看出，我们太极拳人对待松柔的心态更为神圣，更为坚定不移，将松柔作为拳魂，向"全体透空"的最高境界苦行修炼。

相反，追求习练博大精深的太极拳，是一种审美体验。在高品位的体验中，常练常新是一种精神享受。将自身融入大自然，融入天地宇宙的阴阳变化之中，也就不会有寂寞、单调之感；而且是松在其中，虚在其中，玄在其中，空在其中。

可见，松柔功夫是太极拳人共同追求的，没有终极的空无世界。掌握松柔功夫，您将会有一种新的感觉，您的大脑变得比以往更为聪颖，身上反映出一种健康的、不知疲倦的、过去从未有过的、人类用之不尽取之不竭潜在的能量，那时您将牢牢把握自己的生命运动。这是最独具特征的太极拳之特性，是印有太极拳独特标记的太极拳之特性。在评价太极拳师的时候，松柔当为首要条件。对太极拳松柔功夫高深者的评价，往往以松得好"摸不着东西"，加以肯定他身上含金量的纯度高，给予口碑褒奖。这"东西"是什么呢？是拳家身上的松柔、松沉，是化解，是以柔克刚，也是空松、空无的代名词。凡立志修炼太极拳者，修炼松柔功夫是主修课，别的什么功都是弯路。拳论警示后人"斯技旁门甚多"，我们在修炼的道路上，不能遇门便入，需要观察一二，以免入旁门。唯有松柔才是正确的修炼方向，唯有松柔才能登堂入室进入最高境界的修炼之门。如果松功不佳，将永远不知道太极拳为何物，更不知太极拳的"味道"，拳艺水平也就停留在一般的状态中。永远打不开松柔奥妙之门，难以得知门里面的世界，永远不知太极拳阴阳变化的绝妙。

二、太极拳的含金量

松功，即太极拳的松柔功夫，长期困惑着众多拳人。信奉松功者、太极拳执著的追求者，为了得到松柔功夫，有的苦苦追求一辈子，白了头，最后带着不明"何为松"的遗憾，踏上黄泉之路。有的拳师，虽收了弟子，被尊为大师，但过不了松柔关，仍然原地踏步。更有的甚至曾著书立说，但即使是空洞地抄写先辈拳论经典，也是唇嘴不对，说不清楚"松"，道不明白"柔"。全然没有松柔在身上的感性论理，不能从自家拳式动作中，肢体、关节的松柔中身知体悟，不能从身上反映的松柔感觉中说理，这又有什么意义呢？自己弄不明白的东西，写给他人看，不过是云里雾里而已。

没过松柔关的朋友周身发紧，大小关节僵滞。如果将松柔功夫比若"含金量"，他们身上缺少的就是这些最为珍贵的东西。

在当今太极拳圈子里，不少练拳多年者，不能与人比手较技，遇对手全身紧张肌骨僵硬，将太极拳的"轻灵""松柔"，以及阴阳变化的上乘拳法丢得一干二净，剩下的只有本力加招法了。正如《老子》所言："人之生也柔弱，其死也坚强。"活人变成僵骨死肉，能不败下阵来吗？这是什么原因？因其身上不具备松柔功夫，周身大小关节没能松开，拳家仅练一套太极拳的套路，或者说拳里"含金量"低。

太极拳好学难修，其意易解。学套拳一年半载，悟性好的三五个月，拳势大方，脚蹬得高，表演、比赛受好评，但"含金量"低。太极拳属于武术，但练法别于武术。太极拳有它自身的特性和规律。以阴阳学说规范动作，拳法套路由不同方向的环形路线组成，一招一式循环形路线走弧线，动则分为虚实、阴阳。故《太极拳论》开篇第一句："太极者，无极而生，阴阳之母，动静之机也。"拳论还要求"极柔轻""周身轻灵"。不轻灵就违背了太极拳的理法，没有阴阳也不能算是太极拳。太极拳的根基在脚，故拳论云："其根在脚，形于手指。"其意告诉习拳者，太极拳的手是形，形于手指，就是手指不着力。脚为根，脚下的阴阳变动，反映在手上，如果用树形容练拳的人，脚是树根，那么脚神经则为根系。随着年深日久功夫深厚，脚神经深深扎入地下，身子稳如树干，如果有人去推，相当稳固，像浇灌入地的水泥柱桩，撼之不动。手呢？形于手指，手是不着力的树叶，轻轻抚摸极为柔软。手上功夫不是孤立的，劲起于脚下，一动无有不动。周身关节不分大小都自然松开，且节节贯串。老辈拳家的关节之间有"气"，手指的关节亦如此，此时周身处于浑圆松柔之无极状态。

如何提高拳者的含金量呢？在给从学者讲第一节"明理"课和学练第一个拳势时，应该像教婴儿学语、幼儿学步一样，要准确、认真，从规矩入手。在明理课中讲松柔为拳魂，拳势动作要轻灵，用意不要用力。在今后的训练中，拳师要牢牢把握"轻灵""松柔"之关要，使学生从容走上修炼太极拳松柔的道路。从而一克一克地提高自己身上的"含金量"。

三、为什么必须练松柔功夫

太极阴阳学说规范太极拳为阴不离阳、阳不离阴、阴阳相济的拳种。学练太极拳，松柔功夫是必修课，开蒙第一课就应对弟子宣讲练拳必须松柔，"一举动，周身俱要轻灵""用意，不要用力"。

太极拳的拳理拳法规范从学者必须修炼松功。太极拳经典教科书的教旨，开篇便是松柔，"极柔软""关节要松，虚灵在中"，法理阴阳，阴阳是开合，虚实。前文已经讲过，阴为隐、为开、为虚、为松、为柔、为空、为无。身上不具备松柔功夫，难以把握阴阳变化。只阴不阳不可，只阳无阴也不成其为太极拳。世界万物从无到有，一生二，二生三，独阴不生，单阳不长。我们走路，也是左一脚，右一脚，阴阳互换。当前在每个公园里都可以见到太极拳爱好者练拳或两人推手，全民健身重在参与，动便受益，练可强身，无可非议，只能鼓励更多的人投入到全民健身的运动中去。但他们的动作远远不够规范，如果向深层次修炼，就不符合太极拳学的要求了。

过去有一句"两军对阵勇者胜"的话，大家都认为是真理，无人对它的真理性提出疑议。但是，绝对不能以常人的眼光去看待太极拳学。太极拳学有太极拳学的语言和目光。两位武者站在比武场上绝不是勇者胜，而是松者胜。两位拳师放对，也绝不是本力加技巧取胜，仍然是周身肢体放松者执牛耳。两个人掰腕子，拿住反关节也还是放松者占上风。这是太极拳人的语言和眼光，也是拳之理。练太极拳，修炼松功同一个道理，以常人的目光审视松功，以常人的思维去认识、理解太极拳的松功，是练不成松功的。认识在一般水平上难以把握松功的度，不能把握度，谈何练呢？所谓"度"，就是在对松的认识、理解的理论基础上，对周身松、局部松的感觉，也就是常听人说的"找感觉"，如果找不着感觉怎么练松功呢？

具体将这一问题说明白，涉及到太极拳的理论研究。从拳理论述，太极拳具有三大功能，概括为体、用、养生。

第二篇 太极松功修炼篇

体，是练拳。通过拳术运动，得到心理的满足，通过拳术锻炼获得健康，增强体质。

用，是技击。也是防身术，遇有突发事件，挺身而出，以太极拳的技法和招数自卫、制敌。

养生，通过练拳得到身体健康，祛病、延寿。还要有一个健康的心态，心平气和，不贪荣华富贵，不为钱财奔命，平衡阴阳与世无争，人生境界平和。不论做什么事心灵和头脑都是放松的，真正达到养生之目的，很自然的就能开发大脑智慧。

我们说了这些有益于身体健康的话，前提都不是以僵滞、紧张、强悍得来的。万事归复于自然，身心不放松什么也得不到。松功于拳家是克敌制胜的重要条件，于普通人，健体、保健、祛病、养生，是绝妙的手段。唯有心静体松，才能使经络通活，大小血液管道畅通，活跃脑细胞，开通心脑微细血管循环系统，使消化系统通顺正常。习练太极拳就是掌握自身的生命运动。

四、太极大师的松柔功夫

谈到太极大师的松柔功夫，在京城太极拳发展史上有多位大师在京城设武馆授拳，有很多脍炙人口的动人故事。我从师学吴式太极拳，只能介绍吴式拳大师们的功夫。

吴式太极拳开山鼻祖当属全佑（1834—1902），满族人，姓吴福氏。

全佑在清神机营当差，得太极神拳"杨无敌"杨露禅真传，后又拜露禅之子班侯为师，得杨氏父子之传授。有杨氏之功，加之自身所长，遂将太极拳小架在京传播，名噪京城。后将功夫传给其子鉴泉和得意门徒王茂斋。

吴鉴泉（1870—1942）为吴式太极拳开山奠基人。以太极拳小架在京传播，从学者众多，全身空无到绝妙之处。多么强悍有勇之士，在鉴泉老面前难以出力，没有用"武"之地。1928年赴沪建馆教拳，将吴式太极拳传播到江南和海外。1933年鉴泉大师在沪创建"鉴泉太极拳社"，从此，吴式太极拳正式正名，在海内外定型传播。鉴泉大师出类拔萃的弟子有十余位，而其中最优者有沪人徐致一、蒙古族人吴图南。

王茂斋（1862—1940），山东掖县人。少时来京，在砖灰铺学徒，后经营此业。他尊师重教，功底扎实，空松自如，深得全佑大师拳之真谛。与鉴泉师弟情义极深，在拳理认同上十分默契。深研太极拳艺，敢于突破前人，大胆改进教学，独具松柔之奥妙，在创研发展吴式太极拳教学中，成为北方创业奠基的掌门人。吴鉴泉和杨澄甫南下在上海、江南各省发展，时有"南吴北王"之雅誉。茂斋大师留京发展，名声大振，在京宗于吴式太极拳者皆为其传人。王老师为人忠厚老成，热心助人，凡南来北往路经北京的名士，多去拜访交流拳艺，互相切磋。有从学者，也毫无保留，如腰中缺少盘银，尽可在大师家中吃住。也常有投学试功者。相传有一人到铺店来买筐，王茂斋正在柜内支应，王给他拿几个筐他都不上眼，一定要架顶上的，王遂蹬凳拿下来，往柜台一放，这位买家扶筐而入劲，王老师在瞬间松空后看他一眼，此人被飞身发放至门外跌于街上。此事在京城圈内传为佳话。

王大师在京学生、弟子众多，其子王子英、弟子杨禹廷为佼佼者。

王子英松柔功夫极佳，较技无形无象，以意、气、神赢人。与人交手，对方有泰山压顶之惧，绝对不知力点在何处，

第二篇 太极松功修炼篇

达全身透空之境界。

杨禹廷（1887—1982）九岁习武。先后拜周相臣、赵月山、田风云、高克兴等诸位名师学艺。他精于回汉两门弹腿、少林拳、黑虎拳、形意拳、八卦掌及剑、刀、棍、戟、镋等器械。自拜王茂斋为师入门学练太极拳以后，专心一意习练，用功勤苦，发奋图强，技艺精湛。习练"搂膝拗步"和"倒撵猴"以公里计算，勇攀太极拳拳艺之巅峰，达到全身透空、无形无象、出神入化之境界。

杨老师在京城素有"松柔艺术大师"之美誉，可见禹廷大师已进入太极拳静心、净体之佳境。他坐在老式木质太师椅上，你不去碰他，他像一位普通的老人，没有一点特殊的样子。你用神去看他，他像一个人影儿，或是像一个衣服架，挂着一件衣服。如果想去推他或打他，脚底下便有十分奇妙的变化，感到无根发飘，眼前似有一个无底大深坑。笔者有幸在禹廷大师门下学艺，得到老拳师的点拨，也幸运地能感受到老拳师身上松柔轻灵，全身透空的"味道"。老拳师在身上，从脚到腰，从腹到手，从背到顶，周身上下，听劲遍全身。能摸触的地方面积大，大空洞，面积小，小空洞，太神奇，太玄妙，太极拳松柔艺术真的使人叹为观止。听劲遍全身，摸到哪儿哪儿空，什么也摸不着，也就是圈里人常说的"摸不着东西"。一只手扶他的手，两手相接，在他脚下左边、中间、右边便出现三个无底大深坑。使你有脚站坑沿欲跌入坑内之惧，不敢迈步，不敢越雷池半步，感觉到头重脚轻失去重心，胸中憋闷，呼吸困难，他的胸是一个无尽头的大深洞，他的腹也是一个无底的深洞；小腹并不是实而硬像扣一口锅，而是空空的；腰更为玄妙深奥难测，手（或掌或拳均可）放上去听劲，一个窄洞，似磁石一样，从手到脚吸你，手便难以动得，如果心里想抽手逃去，小深洞变成极大，大而超过腰围成为大深洞，从洞中出来一股难以抗拒的力量。

松功粘黏连随，在杨老师身上反映得更为绝妙。他坐着不动，你去轻扶他的衣服，也仅仅是扶衣服，无法深入到肌内和筋骨，再通俗一些，也就是扶老拳师的皮肤和汗毛，身体已经失重，感觉被粘住，六神无主，胸中"闹心"憋闷。他让你扶上身体，扶肩没底，两肩突然松沉下去，吓你一大跳。如果老拳师不松双肩，他双肩在松的状态中，从肩到脚一米多的高度，似扶上一张薄薄的纸。

我们在他身上听劲，试着找周身全体放松的体验。掌扶，便有掌大的极松极空什么也摸不着的空松片。用力或是想用力按，这块掌大面积的空松片立即变成坚刚无比的坚硬片。用拳压在任何部位，拳面的接触面，从你而松柔，用力打则坚刚；用手指轻按和实按，同样在接触点的同等面积上有空松和坚刚之感。更值得我学习和研究的是，无论我们用力猛打还是轻轻进扶，老拳师的表情平和，在接触点都有同样的粘黏之感。

通过向老拳师学练和体验松柔功夫在进攻者身上的反映，说到实质，是太极拳在瞬间的从里及表，心神意气以及肢体上的阴阳变化的反映。如果立志走进太极之门，意欲在博大精深的太极拳学中进行学习和研究的人，不得不在松功学上下一番苦工夫，这要有坚毅的恒心，要有百折不回的精神。而这种百折不挠的精神不是海底捞月，不是在两军阵前冲杀，不是在世界大赛中搏斗，而是循拳理拳法，遵道而修，心神安静，在寂静中一遍一遍练拳，在阴阳变化中漫游，将血肉之躯练空、练松，练成无形无象的全身透空之体。

吴图南（1884—1989），蒙古族人，姓拉汗，名乌拉布。吴图南大师精于骑射、轻功、摔跤以及各种兵器，明医理、通

第二篇 太极松功修炼篇

经络学，研究太极拳拳理拳法，著述颇丰，有《太极拳之研究》《国术概论》等太极拳理论专著。老拳师健在时，尚有《松功论》未能出版面世，这是读者之遗憾，也是中华民族武文化宝库中的巨大损失。

吴图南大师是多所大学的教授，是原北平故宫博物院的专门委员，在太极拳的研究上独具慧心。因为他通医学经络学，在太极拳学领域里造诣极深，精华著作《松功论》也便不足为奇了。笔者在"松功篇"中曾引用《松功论》之句，吴老说："松功之要，首在提举，提举越高，下落越速。学者宜深切体会之，方自得也。"老拳师讲的是松之根本，领悟它的精髓，会从中获得教益，从此练拳，拳艺通畅，豁然贯通焉。

笔者从学吴老师是在上世纪60年代末，那时我对太极拳理知之甚浅，又不懂在拳中修养阴阳变化。只要老师高兴，我便伸手往老师身上放力，不要说触到他身上，出手碰到他手指，脚下便立即飘浮，只想抓根稻草逃跑。有一次掌按上他左胸，老爷子看看我，吃吃一笑，我已被发出四五米之外，一口气平息，蹦跳着才停下来。还有一位受宠爱的徒孙，两手插入老拳师左右两个腋下，他立刻感到两只脚踝发软，根本就站立不住，几乎瘫软在地，吴老爷子轻捋美髯哈哈大笑。这不是正像老前辈说的向上松的下松功吗？"有上即有下"，正是拳经教旨。吴图南老师功夫极佳，摸在哪个部位哪儿空，扶哪里哪里翻，一根羽毛之力也不让你往他身上放，可谓全身透空也。

五、如何修炼松功

如何修炼松功是十分诱人的话题，从古至今太极拳人代代相传。松是太极拳的拳魂，太极拳人要刻意去追求、去修炼。

如何习练松功呢？

（一）练拳。京城太极拳松柔艺术大师杨禹廷，积八十余载的学拳练拳的教学经验，他有一句至理名言："太极拳功夫在拳里。"这是老拳师一生教学生涯的极为宝贵的太极拳学实践总结。笔者引申开，将抽象难解的拳论"上下相随人难进"，通俗解为两句拳诀："太极拳功夫拳里找，阴阳变化根在脚。"两句话道出太极拳根本的修炼法则，练拳练什么部位，手脚最能说明天、地、人三才合一的大道，修太极大道，练拳是唯一的通往太极大道之门。除此，将精力投入到练单操手或站桩的功法上，是一条弯路，到达终点要花更为长的时间，且没有螺旋弧形线。

太极拳是圆，套路路线要走弧线，单操手和站桩没有圆也没有弧线，尽量少练。但是，可以练单势子，因为单势由阴阳动作组成，如一套拳仅有一个"金鸡独立"，以一套拳45分钟为限，练拳45分钟才做一个"金鸡独立"，难度大的拳势很难出功夫。如果每天拿出15分钟光练这个势，在这个时间内可以反复习练25个金鸡独立，相当于练25遍拳的单腿支撑的运动量，反复练对这个拳势，体会更为深刻，熟能生巧。

杨禹廷老师有一套十分科学的练法，他将拳势按规律分为单、双动。单动为阴，双动为阳，这样分出奇偶数便于阴阳变转。一套太极拳由不同方向的环组成，这些或上正下斜或横平竖直等的环组成一个个看不见摸不着又确实存在的架子，你只要练拳，你的四面八方就有一个立体的拳架子。练拳者行拳开始也就是盘架子的开始，盘拳的过程就是轻轻扶架的过程。以松、柔、圆、缓、匀，意形并重，一切动作，由脚下阴阳变动，一阴一阳反映在手上，大小关节贯串到手的梢节，再从手梢节，一节节回到脚下，周而复始，不急不躁。这种盘架子的拳法，绝妙地体现着拳论要求的"由着熟而渐悟懂劲，由懂劲而阶及神明"，天长日久便能体会到习拳修炼也并不难的道理。只要按照阴阳学说规范自己的动作，就不存在太极拳好学难修的问题了。

拳势的修炼要遵道而修。道法自然用意不用力，这是松功的成功之路。

（二）身体状态。太极拳人的身体状态是决定能否练拳成功的十分重要之条件。那么，应该具备什么状态进行修炼呢？练拳须有心理和肢体的准备。

（三）心理和肢体的准备。在练拳之前要安安静静站立几分钟，排除杂念，心神意气都要安静，所谓肢体松就是这个道理。也是清源洁流，源头不洁净，流出的水一定混浊，心理放松下来，肢体也随之而松弛。

六、九 松

经过以上探讨，都知道了松是太极拳的拳魂，太极拳学决定了松为拳之特性，所以凡习练太极拳的人，一定要尊道而修炼松功。

松是太极拳的含金量，"练拳不修松，到头一场空"。练拳练松是不言而喻的，怎么练松功，是我们将要探讨的问题。前文已经谈到练太极拳和修炼松功的辩证关系，不是先练拳后修炼松功，也不是一面练单操，更不是练多年拳后，再去站桩。按照太极拳规范，循拳艺之道，练拳的同时即可掌握拳的松柔功夫。我们不能不重视先贤为我们开辟的修炼之路，先贤告诉我们后来学子,"太极拳功夫在拳里",这是十分明白、十分贴理、十分重要的拳理。

　　练拳和干其他事情一样,首先要对太极拳有明确的认识和理解。干什么事情都不可人云亦云,自己缺少主见,跟着别人盲练。练太极拳要充分认识拳理拳法。太极拳拳理体现道家哲学,理解了"中空道通",再去学练松柔功夫,便有理可依。思想、身体要有准备,为什么?你要修炼博大精深的太极拳,是不是应该有个认识博大精深的思想,身体各个部位、器官,也应适应太极拳学的要求。再说得细一点,天地大宇宙,人体是小宇宙,你要有一个太极拳的身体可以接受太极拳,欲学太极拳之人,人的身体将是太极拳的载体。所谓载体,如一张白纸,你可以在上边洒上各颜料,便成为一张很美的画,写上字便是书法艺术,白纸便成为美丽图画和书法艺术的载体。练太极拳身体是载体,身体从表及里应该也是一张白纸去接收太极拳。如果这张纸不是白色的,或者上边画着什么,写着什么,如何能接受别的什么呢?再细说,你是一个空瓶子,可以装进美酒佳酿,瓶中有水,要将水倒干净,否则,瓶中留下半瓶子水,装进的酒纯度不够,进去的美酒也是一瓶子不满,半瓶子乱晃荡。练太极拳要以一个"空瓶子"之身作载体,这是东方文化之特点。你不遵循太极文化的轨迹,不按照太极阴阳学说的规律,不适应太极拳学的特点,是很难"装进美酒佳酿"的。

　　所谓"空瓶子",是心神意气要松弛下来、安静下来排除杂念,以安静无为的心态,去学练太极拳。对身体的要求更为严格。太极拳学对头、肩、肘、腕、手、腰、胯、膝、踝、脚、颈、胸、背、腹、臀等部位都要适应太极拳学的规范要求,综合为"九松",是从脚到手、踝、膝、胯、腰、肩、肘、

第二篇　太极松功修炼篇

腕松九大关节。

太极拳其根在脚，足为根。我们从脚而上一个部位一个部位讲述它的状态与功用。

脚

脚为周身九大关节之根基。拳论曰"其根在脚……由脚而腿而腰，总须完整一气""劲起于脚跟"。可见脚为根基，太极拳习练者不可不重视脚的训练，不可不重视脚为根之地位。习练太极拳必须有一双"太极脚"（在"太极脚修炼篇"中有详述）。

踝

踝与脚相接，也叫踝子骨、脚腕子。松脚不松踝，管道不通，影响周身放松，不能松贯到顶，不能节节贯串松到手指。松脚的同时，踝不着力，有热胀感，证明踝部位得到放松。

如果踝关节僵硬不松，堵塞上行通道，势必影响周身放松。我们常见周围朋友走路不小心跌跤，主要原因就是没有松踝关节，致使崴脚。踝关节松周身松的重要作用，拳家不得不察，平常应重视踝关节的放松训练。在脚平松落地后，意领松踝即可，有热胀感。习练推手，脚和脚踝不放松受制于人，踝不松周身僵。

膝

膝是太极拳家多关注的重要关节。膝在拳术中的应用也十分关要，它是大腿与小腿之间承上启下、阴阳变动之枢纽。各门各派拳家多有著述谈论膝关节之练法。

膝在拳套路里势势负重，各种步法缺膝难成，像坐步、弓步、马步、歇步等等。还有的拳势扭动双膝,长此以往膝关节不堪重负要出毛病。吴式拳对膝的训练是合理的,要求弓步和坐步屈膝不过足大趾的大敦穴(趾甲根部)。臀部尾闾"坐"在后脚跟。这个姿势很难做,关要是收腹股沟,形成脚、腹股沟、顶三点成一线,膝有上提之意,又不是刻意去提,以松脚自然提为准确,如此行功,膝不负重。有的拳家,弓坐步膝部前突一拳或半拳,这是跪膝,靠膝支撑身体,截断了脚松松全身的通路,也促使膝关节的病痛早日降临。

胯

松胯是拳家之常识,凡练拳人都要注意松胯,也应互相提醒松胯。胯不松,两人较技,搭手便输,这是最好的检验。

拳家不可不研究松胯之功法,往下松比较困难,找不到放松点。人体结构,大腿骨的股骨顶端股骨头有突出的部位,即在髋臼穴部位,俗称"胯尖"。松胯的方法是,两边胯尖意往两侧突出,然后意往下松裆开一线,这个动作看不到外形,是在意念支配下运动。松胯动作完成后,由别人轻扶听劲,有扶空之感,用力推,推之不动,似铸入地下之水泥柱桩。但是,松胯要与提膝、扩踝、松脚贯串在一起,同时放松才有效果,孤立去松胯效果不佳。拳论告诫拳家"一举动,周身俱要轻灵""一处有一处虚实,处处总此一虚实,周身节节贯串,勿令丝毫间断耳"。

切忌技击时闪腰移胯,随意扭动双胯。左右旋转貌似灵活,若不能放松双胯,扭动也是僵滞,易受人制。

腰

先贤的经典著作中关于腰的论述,为我们后来学子在学习

第二篇 太极松功修炼篇

太极拳的道路上提供了依据，使我们一目了然，知道腰在太极拳中的地位和作用。

关于腰，先贤的经典论述有：
"心为令，气为旗，腰为纛。"
"活似车轮。"
"命意源头在腰隙。"
"刻刻留心在腰间。"

腰为太极拳体用结合之主宰，是体内"九曲珠"中间那颗大珠子，位居中央，是承上启下沟通上身下肢联系的枢纽。拳家无不将其奉为主宰刻意修炼，但多摸不到要领，从而苦恼着不少拳家。

腰是拳之主宰，也是人类日常生活劳动、行动坐卧走之主宰。不练拳习武，有一个板腰，缺少灵活性，遇意外之事往往受制。练武之人刻意重视腰部的训练是有道理的。

如何进行腰部的训练，是拳家练好太极拳之关要。经过多年实践，从身知功夫中悟到一点腰在拳术中的变化和应用。拳论中谈论腰的论述是经典要言，绝无差异，我们练不好是我们理解有误。在行功练拳时，一味在腰上用功，举手提足以腰坐之带之，拳难以练好，周身也很难松下来。我们进行双人对练推手时，聪明的拳家都知道"抢中""藏中"。所谓"抢中"，有"脚踏中门裆里钻"之功法，就是双方接手，聪明的拳家抢站对方中央部位，"吃"住对方，给对方以威胁。所谓"藏中"，是两人较技，将自己中央部位的腰藏起来或者移开，移到离开对方进攻腰部的劲头。如果此时你还教条地搬用"主宰于腰"，等于送给对手一个实实在在的身体躯干，也会实实在在被打翻在地。由此可知拳家不应该有腰。准确地说，空腰，也就是没有腰。拳论说的"腰隙""腰间"，腰隙前加上十分重要的形容语"命意源头",让后来练家"刻刻留心",留心什么"腰间"？隙者,空也；间者,没有也,空间、时间、房间,都是空的,练家不可不察,拳家不可不悟。空腰是命意源头,源头乃是发源地。写到此使我想起京城太极拳松柔艺术大师杨禹廷老师,他的腰是一个没头大深洞、无边的大深坑。高明的拳家不应该有腰,你也永远摸不到他的腰。拳家的腰是隙是间,是空无。按照太极阴阳学说,拳家行拳只有五个点,即顶、双手和双脚。躯干呢,按照拳理拳法要求,没有躯干,准确地形容,肩以下膝以上,胸腹部位空,拳者感觉没有躯干,对方触摸也确实摸不着东西。

拳友接受空腰的理论以后,要解决如何将腰练空的拳法拳艺。首先,练拳时不想腰,不要腰。在遇有上下、左右、转身的动作时,不要以腰带手脚,以坐腰转身,而是以松脚松腰解之。转身时不转腰转不过去,请不要转,以松脚转身,转不过去不转,在重心上找问题。拳论有一句要言："有不得机得势处,其病必于腰腿求之。"怎么求,松腰转胯周身就活了。健身转腰、腰带可随意,如要敲开松柔功夫太极之门,不以松腰松腿求之,难以进入太极之门。其次,腰应有隙,下以溜臀上脊椎节节往上升松,是空腰修炼的必经之路。每日盘拳练功时,还要注意每个拳势动作,动之先开合,如果做不到,每动之前先松腰也是修炼松腰的拳法。

肩

在太极拳套路中没有肩的单独拳势,在技击训练中,有肩靠一技,外三合之首肩与胯合。拳论中谈肩之论难以寻觅,但不能说不重要。

在太极拳套路中,无肩难以成为拳,每势每动也离不开肩，肩之重要显现在拳套路之中。拳家在盘拳实践中深深体会到肩寒全身僵，肩紧全身滞。肩也是呼吸的总"气门"，寒肩气上浮，腰紧受制。太极拳不像外家拳对肩训练在技击运用，拳法有靠、压、倒、缠、耸以及七寸靠、八面肩。太极八法中有靠，但太极拳法里多提倡松肩。

训练松肩不是短时间可奏效的，要天天注意松肩，盘拳势势松肩，在阴阳变转时松腰的同时也应松肩，一招一式肩松沉不着力。在预备势时，双肩从夹脊左右意松至肩，然后双肩下松。经常注意动则松肩，是可以达到松肩之目的的。

肘

太极拳没有单挑出来讲肘，肘在套路中无所不在。肘在肩腕中间，肘滞上肢僵，在技击上吃亏，练拳肘僵也难以将拳练好。

太极拳要求松肩、垂肘，肘自然下垂，不可着力，在拳套路"弯弓射虎"势中有掩肘出拳之用，除此在套路和技击中，垂肘，就是肘不着力。外家拳用肘之技法颇多，像靠身肘、撑肘、盘肘等百种肘法。太极拳修炼中以垂肘为佳，练拳垂肘，日久，肘自然下垂，有"一肘松到脚，巨力难进身"之说。像"十字掌""金鸡独立"等势，手高举过头，肘形上提，但仍有下垂之意，不可着力。

腕

太极拳的腕骨均应松开，腕应灵活，还要虚松，不能着力。如与人掰腕亦不可用力，以松腕取胜，腕有力全身受制。

腕不能孤立松柔，要配合松肩、垂肘，展指松腕。指不展腕不好松，垂肘先展指，手松开，腕自然舒松。

图1　接待美国内家武学研究会代表团，演示松腕。中立者程平真会长

手

以太极手修炼太极拳。按拳理拳法的要求，拳人的手应为"形于手指""妙手空空"。

在武术中手的运用变化多端，分为拳、掌、勾、爪、指等五类，五类手法中，演变出百余种用法。太极拳手法有四：掌、拳、勾、指。

七、十　要

"九松""十要"是指练太极拳之前放松周身，以进入修炼状态。九松，是松身体的九大关节，身上其他部位当然要放松。十要，是要求下收臀或溜臀、裹裆、收腹、吸收腹股沟、空胸、圆背、内吸肩胸窝、弛颈。

太极拳对身形十分讲究，一定要规范到太极拳的拳理拳法所要求的松柔身形。身上的九大关节松开后，身体的各个部位亦应配合，相适应放松。如松腰与溜臀、裹裆、收腹、圆背密切相联系，孤立地去松腰是困难的。在讲述放松臀部等十要部位时，还是从下往上，一个部位一个部位论述。

臀

臀部在太极拳的身形中主中正的部位，拳论有"尾闾中正神贯顶"的教旨。尾闾是脊椎的根部尾骨部位，位于长强穴。

身不正而尾闾歪斜，影响身形中正，摆尾必定摇头，破坏身形的整体中正。太极拳要求身形中正，臀部下收，或称溜臀，方可保持身体正直。臀部下收，呼吸自然深沉，会阴部位自然上提，身体易于放松，直接影响松腰、圆背、拔脊、裹裆等部位的修炼。翻臀、翘臀破坏全身的松柔关系。

图2 在香港心一堂讲授太极松功——溜臀，学员听劲

滑臀动作并不难，是摸得着看得见的部位，动则臀下溜，手扶有下溜感。

溜臀有阴溜阳溜。阳溜直下，阴溜臀部有一个向前弯曲的小小前曲。在操作中，各部位没有动作配合，要保持松空状态。在体用双修中，臀不溜内功不上身。学习溜臀可试二人较技，双方搭手，一方溜臀，一方便会失重，脚下轻飘，此法要在周身放松九大关节，手脚四梢空的状态下，方可有些效果。由于溜臀处在体用中的关要地位，故称为"后中心"。

裆

裆是任督两脉的交会处。练家裆的功夫以掩裆、裆开一线为佳。裆在会阴穴两侧，会阴与百会穴上下呼应相对，自然疏通任督二脉，有"虚领顶劲""尾闾中正神贯顶，满身轻利顶头悬"之先贤拳经。可见裆在全身中之重要地位，练家在身形拳法中应刻意修炼，技击较技常被对方"脚踏中门裆里钻"得势使自己失败。

在拳势中坐步与弓步的虚实变转，裆圆胯松步法自然变转，稍一用力即受人制。练家要警惕，裆不可着力，以虚为要。松裆的关要是裹裆，似裹婴儿以三角巾从臀部两胯自下而上，从左右而中包住，而完成溜臀、裹裆动作。

收腹

《十三势歌诀》云："胸腹松净气腾然。"体内轻松不瘀不阻，呼吸顺畅深沉，都来自松腹。

溜臀、裹裆、收腹是紧密相联的三个中部部位。臀、裆松活，腰空，背圆灵活不滞，使全身松开，虚实变转，开合自

图3 香港心一堂授课，收左右胸窝。左立者林跃东先生

然，这是收腹之功效。腹松静与气沉丹田是否协调？太极拳家一般不提气沉丹田。久练，气沉丹田小腹似扣着一口锅，看着圆鼓鼓，摸着硬梆梆，影响练家在技击场上操胜券。聪明的拳家在修炼身形的过程中，循拳理拳法遵道而修，使小腹松静灵活周身。练气不存气，练意不存意，练劲不存劲，使腹式呼吸顺畅，兼有养生作用。

先贤太极拳家有"气卸到足底"之说，近代拳家有"劲起于脚""其根在脚""上下相随人难进"之说，都论及到气到脚。京城太极拳松柔艺术大师杨禹廷有"用脚呼吸"的教旨，他的腹部是一个大深洞，小腹也是一个深不可测的洞。老拳师也从来不说"气沉丹田"，可见，气沉丹田，不一定是上乘功法，拳家不可不察。

腹股沟

小腹左右两侧部位各有一条向下走向的沟，此沟名叫腹股沟。行功练拳宜收吸左右腹股沟。

腹股沟对吴式太极拳的身形、重心的变转十分重要。吴式太极拳的特点之一是重心，经常以一只脚支撑重心，两脚双重仅仅是瞬间的过渡。弓步和坐步，单腿是实脚，不着力的为虚脚，功法规范不容虚实不清。拳法要求，弓坐步"三尖相对"，即弓膝无过不及，不得超过大趾甲根部，鼻尖与脚尖上下遥相相对。脚尖、膝尖、鼻尖成三尖相对之势，尾闾"坐"于弓、坐步后脚跟部位。这个动作难度很大，只有收吸腹股沟方可准确完成这一动作。

胸（左右胸肩窝）

胸部放松有关周身松之大局，拳论有"胸腹松净气腾然"之要求。松胸的操作难度很大，如何习练松胸是极为重要的拳法。含胸可以吗，不是不成，前人有"含胸"之说，但我们对前人的身法理解不透。练含胸者，又都松不下来，从外形可以观察到两肩前倾或两肩前合，胸部仍松不下去，一触即滞。

胸部放松与松肩关联，在胸部放松时，含胸动作把握不准确，影响背部的放松，胸背不松，影响周身松净。通过实践，笔者认为空胸为佳，空胸与松肩、垂肘同时进行。如此操作胸部仍然不净，这时应轻吸胸肩之间胸肩窝的部位，胸部自然展松，听劲有追不上的感觉，似有一个深洞。

杨禹廷大师胸部是一个摸不着的无底大深洞。一开一合，以空胸对初学者更能接受。注意空胸一定要与松肩相配合，肩与胸之间要有轻灵之感。

第二篇 太极松功修炼篇

背

　　背与空胸相关联。空胸，背部自然圆活；空腰，脊椎自然节节上拔，注意，不是力拔，是用意不用力节节上引，是督脉从会阴向百会的自然走向。空腰，脊椎自然节节上松至顶，有"气遍周身""满身轻利"之感觉。技击运用有"力从脊发"克敌制胜的威胁力。

　　空胸、圆背的过程中，空腰、脊椎骨节节上松的同时，若脊椎有胀热的感觉，脊椎有粗大的感觉，你的背部功夫就已显现出来。请注意，圆背是练拳过程中，周身九松十要而得，不是单找此功，单找单练难以如愿。

颈

　　虚松胸、腰、背之后，最后是"十要"的上端，要松颈部，松颈部也称为弛颈。

　　弛颈以灵活头部，有"猴头弛颈"之说。不要刻意"竖腰立顶"如此意大力过，影响空腰、圆背，不利周身放松。颈部以自然虚松为好，为了找到弛颈的感觉，以收下颌、两眼平视为准。

八、虚灵神顶

　　"精神能提得起""虚领顶劲""顶头悬"等有关顶的拳法使初学者难掌握。

　　腰、背、颈部紧张僵滞，不利中枢神经系统对全身各个系统和器官的调节。头部僵紧不利脑平衡，心脑僵紧影响全身放松。对初学者来讲拳法简单易于习练，顶上以虚灵精神为佳。使顶上有虚灵的感觉，将精神意念虚灵地想象在顶上已经够了，不要再去"提""领""悬"。对于修炼多年的练家，能做到顶上虚灵，自有一种新的感觉和"味道"。

九、中正安舒

凡是练家没有不明"中正安舒"之拳理的，多有练家不够重视修炼，以为站直双目平视便做到中正安舒了。

站直是对的，是否中正安舒，待研究。中正是外形，安舒是心神意气，中正和安舒是相关联的内外双修的拳法。尾闾中正，还不是中正安舒，中正安舒应以心神意气的安静，精神放松，影响外形的体净。体净表现在练拳盘架子的行功中的中正安舒。静中的中正不一定在动中做到安舒。在太极拳的训练中对身法的要求是极严格的。太极起势的无极状态中，要求练家站立中正，从脚到顶九松十要一虚灵，不可有前俯后仰猫腰等病。身上的随意肌和不随意肌群都一一松开，这要花一定的时间去自我调整、师长纠正去完成。

拳论要求"立身须中正安舒，支撑八面"，静立比较容易，动中就比较困难。随盘拳行功，在拳势的阴阳变化中，重心变转不到位，往往出现身形左右歪斜、前俯、后仰、凸凹、断续、缺陷之病。这是因为心神意念僵紧之过，要调整心态，顺畅呼吸，恢复心神的安静。练拳是周身放松重要的训练拳法，练家一定要重视练拳。练一套拳一段拳或练习单势都可以，注意势与势之间的阴阳变转，重心脚与顶上下成为一条线，有人担心做"栽捶""白鹤亮翅"等身躯前倾的势子而丢顶。如果随势不低头猫腰，头和脊椎保持中正，就不存在丢顶的缺陷。正可以按照"九松""十要"之要求站无极桩。站桩，心神意念易于放松。站桩、练拳、双人对练推手，顶上虚灵有神，绝不能忘，绝不能丢。

外形的中正是心神意气安舒的反映，中正和安舒是互相依存的，要随时调整心态，安舒心神，在静中、动中均保持中正安舒，才能练好太极拳。

十、周身松柔的检查

首先，对太极门松功要有深刻的认识和理解，认识正确在修炼中就不会出偏。在修炼中，随时检查躯干四肢是否放松，心态是否安静，心思用多了，拿着劲也难以放松。

在松功的修炼中不要瞒天过海对自己放松要求，坚持"九松""十要""一虚灵"，要甘于寂寞，甘于枯燥、单调，坚持每日重复拳势。要有执著的追求，常练常新，悉心体味，练拳行功两脚有腾虚的感觉，两手不管虚实手，均有扶物感，盘拳时手脚上下相随，随拳势进展，意识不再支配手脚，周身有空松感。

对方摸你，在接触前，对方面前空间有阻力感，呼吸略有憋闷，接触后，脚下站立不稳。这是从初级到中级，到高级阶段自我和对方的感觉。

十一、太极拳的最高境界

修炼到最高境界是什么状态呢？这个问题见仁见智，功夫如何，功法如何，各有各的说法。

以笔者多年修炼的体会，在京城拜访过吴图南、汪永泉等多位拳家。太极拳修炼到最高境界，拳家的思想品德极为高尚，智慧过人，性格坚毅，令人产生敬意。

太极拳家拳艺功成到高境界为心神意气安静，躯干四肢松净。最高境界是：

静，极静。

净，极净。

附：

杨禹廷：太极峰巅——寿翁

京城著名太极拳松柔艺术大师杨禹廷，字瑞霖。祖居北京，生于1887年，历经长达80年的教学生涯，于1982年96岁无疾而终。

杨禹廷9岁习武，先后拜周相臣、赵月山、田凤云、高子明等名师学练回汉两门弹腿、少林拳、黑虎拳、形意拳、八卦掌及剑、刀、枪、棍、钩、戟、镋等兵器，以及各门派各种器械。他精通太极剑、刀、杆，其双人粘杆最为精妙，你的杆与他的杆相接，即被粘住，甭想跑，如你稍一用力欲摆脱，立时你就会被凌空粘起来并被发放出去。不仅十分精彩，也令人叹为观止。民国初，他又拜太极拳北方掌门人王茂斋为师。王师为人忠厚老成，功夫浑厚无比。由于当时吴鉴泉南下上海、江苏一带发展，京城武术界遂有"南吴北王"之称誉。青年杨禹廷自学吴式太极拳后，心无旁鹜，专心研习太极拳拳理、拳法。

杨禹廷师民国初年就以教授武术为生。那个时代是传统教拳，以口传心授，从没有文字记录。为了改变落后的教学方法，在上世纪20年代他就著有《太极拳讲义》一书，并请王师审阅。王茂斋师阅后，首肯弟子在教学上的改进，并说："写得很好，以后照这样教，易教，也易学，亦可使学的人有了准绳。"杨师于40年代又对讲义进行修改。至50年代又进行第三次修改并完善，从而在60年代初出版了《太极拳动作解说》一书，当时的建工部部长陈云涛为此书题写了书名。

40年代初，王茂斋、吴鉴泉两位吴式太极拳巨人先后逝世。继承和发展吴式太极拳的重任，责无旁贷地落在了杨禹廷的肩上。从此，杨禹廷以大智大勇担当起北方教授吴式太极拳的重任。

历史上，北京高手如云，杨禹廷从青年到中年能在北京的市中心太庙（天安门东侧）内设拳场，如果没有真实的功夫是难以立足的。

当时，青年杨禹廷刻苦用功，清晨，天不亮爬城墙到郊外练功。他练搂膝拗步和倒撵猴，一去一回以公里计，可见其执著的追求。他盘拳不寻捷径，而是自己难为自己，一招一式，一丝不苟，将拳盘得轻灵圆活，在京城有"松柔艺术大师"之美称。杨师对太极拳有很深的认识和理解，造诣高深，在武术界有口皆碑，投其门下学拳者甚多。他在京城是教龄（武术）最长者，学子之多有万余众。其中不但有中国人，也有国际友人、留学生及各国使节（如大使等外交人员）。

有记载的知名人士向杨师习拳者就有傅作义、刘秀峰、陈云涛、赵君迈、李星峰、周学鳌、楚溪春等；文化艺术界亦有叶浅予、戴爱莲、程砚秋、李万春、张云溪等大艺术家；还有体育界的曾维琪等人。

杨禹廷师不但拳艺精湛，而且在教学中不断改革，遂使太极拳教学趋于科学化，更为简捷，并使学者有章可循。再也不是"十年数载亦糊涂""十个艺人九不知"。只要学子把握练拳的基本法则，便会练有收获，学有成果。掌握了杨师传授的方法，可以自己去修炼，日久年深，功法会大进，也会得到太极拳之奥妙。从而养生长寿，祛病延年。

杨禹廷师不仅在教学中改革太极拳理、拳法、拳艺，而且他的个人修养、武德、高尚人格也为人称道。仅记载如下：

爱国，有民族自尊心。他宁当穷拳师，也不取无义之财，更不攀附权贵而谋官。最能显示其高风亮节的是，日寇侵华时期，日军头目冈村宁次请他教拳，被他断然拒绝。

武德高尚，尊师重教。在他的武术生涯中，拜过多位武师，无不听从教导，循规蹈矩，踏实练功，不多说少道，注意师徒和师兄弟间的关系，虚心礼让，认真学练。他告诫弟子，"德为技本，德高技荣"，武德是"练人"的本分。

艺精于勤。提倡习武四勤：勤练、勤看、勤问、勤琢磨。勤练，按规矩练，练拳是委屈自己，难为自己。练成套的拳，练单式，一式拳循环练。看师长、看师兄弟练拳，读拳谱、拳理书。问即请教，问老师，问比自己高明的师兄弟、拳友，虚心求教，谦则受益。琢磨是悟，功夫是悟出来的。拳论说："由着熟渐悟懂劲。"杨师倡导："拳打千遍，其理自现。"

其根在脚。拳之根为脚，首先在太极拳根基上改革。在教学中，不取"足背要弓""五趾抓地"的传统脚法。而按照太极拳阴阳学说，脚下阴阳变化之根本，以达到周身放松应起于脚五趾之松弛舒展。要求脚底平松于地面，变化灵活。

把握八方线。杨师为继承传统"八门五步十三势"的教学法，使学者便于把握太极拳的方向、方位，而将八门的东、南、西、北、东北、东南、西南、西北等四正方位和四隅方位的一个"米"字，以几何原理外接圆，使八门的八个方位成为圆形图，称为八方线图。人站在中心点上盘拳，方向、方位明白清楚（实脚为中心点，左右脚同）。

盘拳不忘轻扶八方线。太极拳的法则用意不用力，脚为根，形于手指。盘拳手上不着力，随着年深日久，手从有力到无力，从轻到空有一个长期过程。盘拳时，以轻松的手轻扶拳套路线行拳，就是轻扶八方线，便于走出弧线，有圈活之趣。

重心变化，先减后加。杨禹廷传八十三式太极拳的最大特点是十分强调重心变化，认为把握脚下重心的阴阳变化，可免双重之病。实脚为根为支撑脚，虚脚必须松净。变换虚实，不是两脚互换，互换之病则为僵。杨师以先松实脚为减法，后实虚脚为加法。具体操作，实脚虚到顶，从顶再下，渐实到脚，只是顶与脚之变转关系，不牵扯腰，从而保持腰的空松和主宰地位。

虚实开合，阴阳变转。拳论云："变转虚实须留意。"太极拳的体用虚实变化起着支配作用。没有开合，就会僵紧，截气憋闷，日久受内伤。没有虚实开合，也甭谈技击。杨师在实践中极为重视变转虚实的教学，他以科学的理论、简明的操作，解决了难以掌握的深层次拳法，虚变实时，再虚一虚；实变虚时，再实一实，科学的叫法为"虚中虚，实中实"。

动作分解，阴阳分明。将八十三式太极拳以阴阳分为326动，即163个阳动，163个阴动，以"奇偶数"组成拳套动作。如太极起势分1、2、3、4动。也就是单数为阴，双数为阳，盘拳练功有章可循。单动变双动，双动变单动，虚实开合明白清楚，易懂好练。

上下相随，手脚结合。拳论云："其根在脚……形于手指。"

"上下相随人难进……引进落空合即出。"要解决博大精深的太极拳道，首先要解决手脚结合之要。先贤要求后来学子外三合，其中有脚与手合，在实际操作中很难掌握。杨师以科学的练法，解决了难以理解、难以操作的拳法。他以朴素的语言和练法告诉我们，练拳似"开电枢纽"，阴动，脚引手，也就是电门开关在脚，灯泡即手，开电门（脚动）灯泡亮（手动）。阳动，手引脚，电枢纽在手上。照此修炼，日久上下相随，其妙无穷，威力无穷。

腰松腹空，身通出功。在解决修炼高境界的过程中，杨师给我们指出了一条通往太极拳"无形无象，全体透空"上乘境界的大道。盘拳松腰，腰与周身各部位和每一个动作不"说话"，处于空松状态，保持腰的主宰地位。杨师的腰，是一个摸不到边际的大空洞，胸、小腹也是空松得空空如也。腰腹不松，周身不通，中空道通。

中正安舒，支撑八面。立身须中正安舒，拳家不可不悟。立身正直，并非中正安舒，外形中正安舒，心神意气不能安静也难以达到这种境界。中正安舒是辩证关系，中正必须安舒，安舒方可做到中正，拳家不可不察，不可不悟。中正安舒的修炼不是短时间就可奏效的功夫，拳家须认识再认识，反复体会中正安舒的妙用，进而掌握中正安舒。

以心行意，用脚"呼吸"。习练太极拳最大的窍要是呼吸。对于如何呼吸，各家各派说法不一，练法不同，也无定论。有人说意大憋气；也有拳师认为寒肩气起；还有人说，紧张无呼吸，这些说法其实也是武学大忌。有人体会练拳应该以深长腹式呼吸行功。有的人练拳在开合、虚实的运动中，体会出阳呼阴吸的规律，种种对呼吸的说法，对与不对，只是体会不同。拳论对呼吸的要求"以心行气……行气如九曲珠……气贴背……气若车轮……气宜鼓荡"等等。太极拳谈气的地方很多，不一而足。从字面上似乎不难理解，操作起来却难度很大，使习者无从入门。

杨师对呼吸有独到见解。他的呼吸理论是"以心行意、以意导体、以体导气、以气运身"。练功时，不要去注意呼吸，注意了反而不会呼吸，要求学者先不要去管如何呼吸，呼吸往来于口，自然呼吸为好，他提倡自然呼吸。练拳循规蹈矩，日久，便可呼吸顺畅、自然。随着动作阴阳变化，形成脚下呼吸，即呼吸在脚。随动作由脚而上达于指梢，气遍周身经络气道畅通无阻，也就是脚呼吸。如何去练，方法简单，按规矩练拳，自然呼吸，即可走向成功之路。杨师有一句名言："拳打千遍，其理自现。"

杨师对于太极拳有着极其执著和深刻的认识。他在长达80年的研习中，自成一家，形成了独特的风格和流派，必将对本世纪的太极拳运动产生深远的影响，他对于太极拳的贡献，一定会推动太极拳运动向更广更高的境界发展。

（载《精武》2000年第2期）

第三篇 太极脚修炼篇

练太极拳多年，经明师指点，大师教旨，练到二十多年，历经"三明三昧"，在明白的时候，心脑开窍，豁然贯通，原来这太极拳光练上肢的拳，很难功成。尽管努力，太极功夫也不上身，原来练了半截拳，没练下肢的脚。不练太极脚，焉得太极拳；不练太极脚，哪里有太极功；脚下没功夫，周身怎么松？

一、话说太极脚

传统太极拳，有六十几势、八十几势，还有一百零几势的。名为太极拳一套拳，仅有十几个拳势，两种勾型，掌型不到十种。几代拳人，多在掌与掌中间下工夫，在拳与拳中间变换、漫游。初练拳的人，用现代语讲，一时找不到太极拳的感觉，就是练拳多年的人，也难以找到太极拳的奇妙之处。为什么？皆因没练"太极脚"。

"太极脚"说并不陌生，拳论上早有定论。太极拳的功夫从浅到深，"由着熟而渐悟懂劲，由懂劲而阶及神明"，但脚下的功夫是筑基功，不能忽视。练过多年拳的人，不能与人家较技，被对方手一扶，就力不从心，两脚僵硬，腰背死板。为什么？没有练"太极脚"，可见练拳先练脚的重要。《十三势行功心解》中云"其根在脚"，只练拳、练掌不练脚，是仅仅练了半截拳。拳论要求您"形于手指"，您一味在拳、掌上动作，出手拙笨，永远也练不好太极拳。

左实（从后脚跟向前舒展）　　右虚（渐右后下虚松）

图4

把练太极拳的人比做一棵大树是十分形象的。人的双腿和两脚是深深扎在地下的根，躯体是大树之干，上肢是枝杈，手是树叶。你练拳之时，是往地下慢慢扎根的过程，功夫越大根基越深。手呢？只是不着力的树叶——"形于手指"。如果你跟树叶较劲，用力去推它，你一定会扑空摔跌出去。悟到这一层浅显而深奥的拳理后，你绝不会去傻练半截拳。拳论云："由脚而腿而腰，总须完整一气""上下相随人难进"。在高明的拳师面前，你绝对站立不稳，失去重心，因为你这半截拳，在"完整一气"面前当然要失败。

杨禹廷大师早在20世纪20年代教拳时，写过一个讲义，经王茂斋老师首肯，以此为教材进行教学活动。1961年在"讲义"的基础上又进行修改，出版了《太极拳动作解说》一书，供学生学习之用。开篇第一章讲的就是太极拳 11 种步型。为了便于学拳者更好地掌握太极拳技艺，后来又补充了几种步型，有正步、前进步、后退步、隅步、自然步、单行步、坐步、弓步、侧弓步、点步、虚丁步、一字步、歇步、八字步、外八字步、拗步、仆步、顺步等十多种步型。还有单脚着地的左右分脚，提膝转身蹬脚，打虎势的脚，金鸡独立的提腿和向后退步落脚，以及摆莲脚步等等，也就是"太极脚"。为了使学生按规矩练拳，将步法按照东、西、南、北、东南、西南、东北、西北四正四隅方位设计一个准确的"八方线"，使学者有章可循。

杨禹廷大师为什么在教学讲义中把脚讲得如此详细呢？因为脚是根。在经典拳论中，对于脚的论述并不多，像"其根在脚"，"上下相随人难进"的"下"，"由脚而腿而腰""劲起于脚跟""蹬之于足"等等。关于脚的经典言之不多，但就我们所举之例是掷地有声的金玉之言，说的都是太极拳之根本。其实在太极拳经典拳论中，每一句都与脚，也就是与根有关，如果无关紧要也不会提到其根在"脚"。还有的拳论写到脚，像《太极刀诀》中"披身斜挂鸳鸯脚"，《太极枪法》里有"下刺脚面"之句，足以说明根之重要。

（一）方向和方位

太极拳脚之运用离不开方向和方位，为什么太极大师杨禹廷如此关注对脚的训练呢？因为脚是根，太极拳离开根就什么也不是。我们在社会上看练家在打太极拳，有时看着不舒服，有不协调的感觉又说不清楚，练家本人有时也会感觉到，动作别扭，心里小有不畅感，不细细检查又难以发现。这是什么原因，就因为脚的方向和方位的问题。

拳论云："有不得机得势处，身便散乱，其病必于腰腿求之。""其根在脚，发力于腿。"这病还是在脚上。杨禹廷八十三式太极拳，要求练家双脚虚实分清楚，实脚在"八方线"的中心点上（详见《太极八方线修炼篇》），也就是在八门五步十三势的中心位置上。

图 5 八方线图

左右脚，哪个脚是实脚，脚下便是八方线中心点，方向方位清楚，虚脚的位置也明白。脚下方向方位明白准确，从中心点盘架子，教者、学者脚下才有了准确的方位。人处于中央位置，才有可能利用空间，随拳势发展而发展，随拳动作变化而变化，布局周密，照顾到四面八方。对于练好太极拳，把握中正安舒、拳盘的轻灵圆活，脚下的方向方位是十分重要的。这便是符合太极拳拳理拳法要求的太极脚。有一位国际朋友，在北京学练一套太极拳，方向方位不准确，专程飞北京找老师问脚下的方位，待问明白，他又飞回去了。一个方位，来去两万公里航程，如果学练"八方线"，就不会也不该出现这类问题。

（二）脚下的尺寸

脚下的尺寸关系着身形的中正安舒。社会上有人练拳，脚下没有准确的方向，也没有按照太极拳拳理规范的位置用脚。这次练拳脚尖朝向西南，明天脚尖又向着正南，方向不清，方位不明，严重影响手的位置，谈何中正安舒？身形不正又怎么能做到轻灵圆活？

脚下的尺寸是十分严格的。坐步的实脚在中心点，尾闾坐在原脚跟的位置，膝不过大趾趾甲根，鼻尖下对膝尖，是中正安舒的"三尖相对"，也就是足尖、膝尖、鼻尖的三尖相对。"抱七星"实手的拇指遥对鼻尖，虚手在实臂臂弯处，虚脚出在实脚的一侧1/8处。虚脚在实脚1/8一侧恰是30°，隅式出步45°，整套拳盘下来，脚的步幅不变，保证了脚与顶的中轴线，这是科学的立柱式重心，即所谓的"上下一条线"。这样的脚重心位置在变化中有严格的尺寸要求，绝对地保证身形的中正安舒，这是杨禹廷八十三式拳的特点。

二、脚下的虚实变化

笔者习拳的拳诀"上下一条线，脚下阴阳变"，脚下阴阳变化是练好太极拳的关要拳法。脚下阴阳变化是看得见摸得着的动作，用心去体验，是可以掌握的。

（一）虚实渐变

太极拳脚下虚实变化是渐变，绝对不是突变。出步或并步，也分解成若干小动作。侧出脚从侧到正，如"起势"，先是大脚趾着地，过渡到二趾、中趾、四趾、小趾逐渐着地，再过渡到前脚掌，后脚跟，全脚平松落在地上，这才算完成脚与脚之间的变化，也就是重心的变转。从此练法不难看出太极拳的脚下功夫有多重要。练功的过程，就是大树往地下深深扎根的过程，日久天长，太极脚的功夫自然上身，捷径是没有的。可惜有的拳友怕麻烦，不能承师所指，循规蹈矩，久而久之，丢了太极功夫，等到明白了，再回头去练，难啊！其实，太极拳就是一阴一阳的脚下功夫，阴阳变化一通百通。道理极为简单，"其根在脚"，是太极拳的根本。太极脚是太极拳最为朴素的学问，是学问就要认真、刻苦去练，"非用功之久，不能豁然贯通焉"。

在虚实变化过程中，是减加法，先减后加。如坐步变弓步，不是左右横向以腰胯变重心，这种动作影响脚、踝、膝、胯，从下往上关节的放松，难以按照拳法从脚到胯的节节贯串。实脚变虚脚，先减后加。如实脚为10，虚脚为0，实脚逐渐从10减为0，次序是9、8、7、6、5、4、3、2、1，虚脚为0、1、2、3、4、5、6、7、8、9、10，最后虚脚变实为10，实脚变虚为0。实脚变虚脚只能减，这是阴阳变化的规范，不能以腰胯横移以实横向送虚，这种悖于阴阳变化的动作，脚下不易出功夫。

渐变式的虚实变化，贯彻整套拳的始终。日久，太极脚的功夫，积蓄到上乘，一想即是。

（二）阴阳变动

拳论要求练家要注意阴阳变化，拳论云："变转虚实须留意。"前文有一诀，"上下一条线，脚下阴阳变"，说到底练拳、技击中的阴阳变化是在脚下。也许有人提出质疑，练拳时脚下来得及进行阴阳变化，而技击中双方变化多端，恐没有时间再去用脚变化。这种疑问可以理解，但敬请放心，在任何瞬息万变之中太极拳的阴阳变化仍然在脚下，不可能在任何别的部位。因为你每天练拳早已习惯脚下阴阳变动，已经习惯成为自然，无须再去想用脚去变化阴阳。先贤说得好，"太极拳功夫在拳里"。每天习练太极拳，在松柔、开合、虚实、阴阳中训练自己的感觉，日久即可达到在任何非常状态下脚的阴阳变化运用自如。如果认为脚下变动时间不够，提此问题的人恐怕还不知道太极拳用意不用力的特性，请问动作快，快得过意念吗，一想即是。万里之遥的海南岛，一想即到，从脚想到手仅用百分之一秒，速度不快么？

有的练家投师启蒙学拳，老师没有讲脚下变动阴阳的课程，很难体会这一层道理，这也不能强求用脚去变化阴阳。习练太极拳，老师虽然不讲阴阳变化，而太极拳拳理拳法讲的就是阴阳变化。拳论开宗明义："太极者，无极而生，阴阳之母，动静之机也。"太极拳讲究阴阳，没有阴阳就不是太极拳，没有任何探讨的余地。因为太极拳的拳理源于老庄哲学，源于易经之阴阳变化，离开阴阳就不是太极拳。试想，无母之拳还谈什么拳呢？太极阴阳是拳之核，是拳之魂，是拳之母，试问，你练的拳无母无魂还叫太极拳吗？太极拳之特性是"阴不离阳，阳不离阴，阴阳相济"，离开阴阳便不是太极拳，话糙理不糙，这是真理。

太极拳家，身上、手上以及周身各个部位都有阴阳变化。但脚是根，所以我们从根基谈阴阳变动。提倡阴阳变化，根起于脚，练家应该深入研究这一拳法之关要。

三、太极功夫在脚下

太极拳讲究四法四功。四法，即手、眼、身、步。四功，即心、神、意、气。四法看得见，摸得着，四功看不见摸不着，但能感觉到。四法四功相辅相成为太极拳周身大用功夫，综合一体，不是孤立存在，但太极功夫的根基是脚功四法的"步"，太极功夫在脚下，还要细说太极脚。

(一) 双脚平松落地

有的练家讲究脚背要弓,五趾抓地。一个老师一种传授,"足背弓,五趾抓地"有传功人的道理,这种功法也是承师而传,笔者不明此中拳理,不敢妄加评论。若从太极拳拳理论证,太极拳之特性,"一举动,周身俱要轻灵",拳法规范、拳法的上乘功夫,盘拳应做到轻灵圆活。作为太极拳根基的脚,如果脚背弓,趾抓地,有悖于太极拳的轻灵,也动摇"其根在脚"、脚为太极拳之根的地位。

太极拳的特性是松柔,要求周身九大关节和肢体上的小关节也要松开。修炼到上乘功夫,全身要松柔透空,处于根基地位的脚首先要空松舒展。如果脚趾用力抓地,足背弓起来,脚难以放松,只能是脚紧全身僵,脚弓而周身滞。

吴式太极拳行功,头脑安静,神经不紧张,周身松净,轻灵圆活,周身上下无处不虚灵,盘拳松、柔、圆、缓、匀,身心双修,脚下功夫扎实,脚不弓,脚趾不抓地。脚平松落地,脚与大地融为一体。"融为一体"不是以力踩地,以脚蹬地,因为脚用力必然有反作用力,失去根基,人的肢体便失去稳固。脚平松落地,方可与大地融为一体,随着时间的推移,根基稳而越显牢固,功夫日渐增长,身体遂像一个铸入地下的水泥柱,撼之不动。

在拳套路中,有用前脚掌、后脚跟、脚趾行功的拳势,行功奥妙变化无穷,拳家不可不注意脚下的阴阳变化。

(二) 松 趾

脚趾有若干小关节也应一一松开,趾关节的放松牵扯到周身的松柔。脚趾维持全身的稳固和平衡,脚趾松开在技击中是克敌制胜之关要。拳家不可忽视趾关节的放松，拳家不可不研究脚趾之松功，拳家不可不研究脚趾在较技、技击中的重要作用。

操作舒松脚趾并不难，双脚平松落地，脚趾自然舒松，无须刻意去放松十个脚趾。

脚跟同样有维持身体稳固与平衡之作用。全脚平松落地，脚跟亦应放松不可着力，在分脚、蹬脚动作中脚跟起着稳固重心，以脚制敌之作用。还有的拳家以脚跟勾、挂、耙、泼克敌，拳家不可忽视，不可不求。掌握松脚的拳艺之后，可试练一下，两人互试，对方推你胯，你不要顾及推你之接触部位，两脚平松，心里也不要想推你之部位，空松躯体，空脚，将化险为夷，但心神意气要安静。

（三）脚　掌

我们的脚由脚掌、脚后跟、脚趾组成。脚平松落地，掌、跟、趾亦应同时放松，从脚心到前脚掌尤为关要。如果站立脚松有难度，可坐或躺着试验。松脚的过程中周身感觉极为舒服，脚松得似乎没有了，这种感觉就对了。

松脚必松脚趾、脚掌、脚跟，三者不可缺一，所谓"牵一发动全身"。脚趾僵紧怎么可能周身放松呢？明此浅显道理之后，拳家对松全身先松根的追求将是首要的。拳家真正在脚下用功，一点力不挂，脚便有双轻之感，也就是我们苦苦追求的离虚，这是脚下根基放松之功成。如果仍然松不下来，可借一些松软的场地去找脚松的感觉。到草地上站，到五星级宾馆站在加厚地毯上。笔者有一诀："站上厚毯找脚松，脚下离虚入仙境。"

从太极拳综合功夫周身大用讲，松脚就是放松全身。拳论多处重复"其根在脚"之拳理,能松脚,周身便能灵活。是不是脚松,而踝、膝、胯、腰、肩、肘、腕、手等八大关节可以自然松柔了?不能这样讲,拳论说得明明白白,《十三势行功心解》云:"虚实宜分清楚,一处有一处虚实,处处总此一虚实,周身节节贯串,勿令丝毫间断耳。"

天地为一大太极,人身为一小太极,人身为太极之体。太极功夫的综合功夫似一个圆环体,不可凸凹,不可断续。凸凹和断续使太极圆球体有了缺陷,破坏了阴阳平衡。脚松其他关节不松就是断续,就是缺陷,破坏自身的球体。从此理展开评述太极拳的功夫在拳里,站桩和单操手都不是从拳理出来的功夫,不是太极拳弧形线的功夫,没有圆活之感。

说到底,太极拳人对太极拳的习练和研究要从认识和理解太极拳的拳理拳法、拳的结构入手。要反复认识再认识,反复理解再理解。太极拳常练常新,对太极拳的认识和理解也是没有终极的。笔者信奉:学无止境。

四、太极脚下论毫厘

什么是太极脚,怎样修炼太极脚?

太极功夫的根基是太极脚。有了太极脚理论方可提高认识和理解的层次。

太极脚功是综合功力,练拳先练脚是首先训练的课目。是不是修炼太极脚之后,太极功夫可以一通百通呢?不全是这样。练拳、技击,其根在脚,但脚与踝以上各大关节、躯干,都要协调一致紧密配合。脚下松通,在技击中固然占优势,但身手妄动,也不会收到阴阳变动之效果,这也需要练家用心去体悟。

练家的功夫已经达到把握太极脚的阴阳变化，余下的时间就是修炼，以"内求学"的学习方法，可以身知、体悟到前所未有的理解，把握太极拳学。

还有一个修炼中要十分关注的脚下容易出现的、一般人不知、知道了又难以改正的谬误。早在明代，王宗岳大师就警示晚生后辈，他在《太极拳论》中写道："差之毫厘，谬以千里。"可惜几百年来未被我们后来练家注意。今天笔者提出来已经晚了，如果练家警觉起来，注意起来，在练拳实践中，时时纠正，也许可以补救。

"差之毫厘"，差在什么地方，在脚下。

脚下的谬误早在 20 世纪 20 年代青年太极拳家杨禹廷就察觉了，因此他非常注意研究解决在太极拳根基训练中如何防止脚下出现"病变"而影响整体拳艺的拳法。于是他改革太极拳教学，创造了"八方线"教学法，以八方线培养学子正确地修炼太极拳学，有效地把握脚下的方向、方位，控制住脚下谬误的产生，培养了一批太极拳家和教练。这是划时代的贡献，它是解决了在太极拳训练中脚下出偏，练拳中易出现方向性、方位性偏差的高层次教学法。

练拳脚下一定要正。常说"学拳容易，改拳难"，"千里"之谬，要"万里"去纠正。因此太极脚基础功一定要牢固，毫厘也差之不得。

欲在太极拳学领域里有所成就，请学练八方线，轻扶八方线，手脚不离八方线，头脑中有八方线。如此脚下不谬误，身上有功夫。

第三篇 太极脚修炼篇

第四篇 太极手修炼篇

在太极拳经典拳论中，有关手的论述不多，像"形于手指""妙手空空""布于两臂施于手指""运之于掌，通之于指"等。只有清人陈鑫大师对手之训练有专论，他在《擖（kā）手十六目》中，将"较、接、沾……"等十六个字的用法一一论述，可惜十六种手法未能被全部推广运用。他在三十六病手中，将"推"列为第十八病手，意为"以手推过一旁"。在太极拳体用修炼中最忌推。但百多年来"推"字未被抑制，反而推而广之。

当今有专述手训练之必要，笔者结合体用实践的太极手、病手明示、手之要求、练成空手、太极无手、浑身皆手诸论，与拳友练家研究共勉。

一、太极手

传统太极拳多为七八十个拳势、一百多势。太极拳名曰拳，其实拳势极少、掌势颇多，称拳只是名称术语。以杨禹廷八十三式太极拳为例，只有十一势拳，勾型也不多，而掌型有几十势之多。不言而喻，练家都明白，手在太极拳的体用中是十分重要的。故提倡太极手的修炼，会受到练家的重视。

在经典著作中，先贤并没有以太多的语言论述太极手。拳论经典中关于手的论述，有"妙手空空""形于手指""曲中求直，蓄而后发，方能随手奏效"等等。但像"形于手指"和"妙手空空"，确是太极拳练家修炼之精要。

先贤还特别提出，手上"顶、偏、丢、抗"四大病，以防止练家走弯路，过不了关。事实如此，有练拳十年二十载的朋友，在与人试手较力时，很难将松柔功夫运转在阴阳变化之中，结果身手僵滞，难操胜券。因为出手拙力，说到底手上训练不符合太极阴阳学说，病手连出，令人难解。

二、病手明示

先贤在经典拳论中有关手的论述并不多却均为精绝之论，但为预防出偏早有言在先，告诫后来学子详辨真伪，不要见门就入，说功便学。要看一看，以太极拳拳理拳法检验所学。如果遇手不能运化，是自身的双重之病未除，阴阳运化未悟，还须在腿腰上找原因。警示我们"斯技旁门甚多"，定要认准明师正门，免得进入误区，三年五载、十年二十年也难以退出来。

为了不使后来人犯先贤们的错误，除了手上"顶、偏、丢、抗"四种病，陈鑫大师还列出 36 种病手，明示后人免犯重复之错，少走弯路。

三、躯干周身之病

太极拳在几千年的发展中，代代相传，先贤从中积累了很多值得我们继承的经验。在当时交通不便、信息不通、印刷条件落后，且读书识字之人尚少的情况下，能有传抄本流传下来，已难能可贵了。这些抄本中的经典，是我们中华民族文化遗产中最为珍贵的武文化遗产和哲学著作。在武文化宝库中，杨式清代传抄本《太极轻重浮沉解》，每句都是掷地有声的金玉良言，欲想深研太极拳者，应该精读细研，先贤留下的浮沉解对我们有何用？

"双重为病，失于填实，与沉不同也。双沉不为病，自尔腾虚，与重不同也。双浮为病，病在漂渺，与轻不例也。双轻不为病，天然轻灵，与浮不等也。半轻半重不为病，半者，半有着落，所以不为病。偏轻偏重为病。偏者，偏无着落也，所以为病。因无着落，必失方圆。半有着落，岂出方圆。半浮半沉为病，失于不及也。偏浮偏沉为病，失于太过也。半重偏重为病，滞而不正也。半轻偏轻为病，滑（灵）而不圆也。半沉偏沉为病，虚而不正也。半浮偏浮为病，茫而不圆也。夫双轻不近于浮，则为轻灵；双沉不近于重，则为离虚，故曰上手。轻重，半有着落，则为平手。除此三者之外，皆为病手。盖内之虚灵不昧，自然致于外，则清明在躬，流行于肢体矣。若不穷研轻重浮沉之手，徒劳掘井不及泉之叹耳。然（有）方圆四正之手，能表里精微无不到，已及大成。又何虑四隅出方圆矣。所谓'方而圆'、'圆而方'，超乎象外，得其寰中之上手也。"

四、太极拳对手之要求

太极拳属于武术，但对手的要求不同于其他拳种。有些拳种，手上要有威力，立掌开石，穿通木板，对手的运用变化多端，分为拳、掌、勾、爪、指五类，五类手法中，演变出百余种用法。太极拳手法有四类：掌、拳、勾、指。

太极拳的手法与外家拳的手法截然不同。外家拳的掌拳伸出去刚猛有力，而太极拳的手法，要求手掌舒松，关节松开，且节节贯串。太极拳经典著作对手有超出常人难以想象的要求。请记住先贤对手的教旨："能从人，手上便有分寸。"《二曰身灵》："运之于掌，通之于指。"《十六关要》里还有我们前面提到的"妙手空空""形于手指"。说通俗了，太极拳修炼到上乘功夫就是空手。太极拳的手型变化，只有掌、拳、勾三种，这三种手型之共同点是都不着力，是空掌、空拳、空松之勾。

清末陈鑫大师在《揭手十六目》中有"较、接、沾、黏、因、依、连、随、引、进、落、空、得、打、疾、断"。这是太极手上的功夫，社会上很少有人提到，录下来供拳友习练参考。

掌

太极拳名为拳，以八十三式拳为例，一套拳只有十一势用拳，实多用掌；技击较技，也很少用拳，多用掌。行拳、技击体用，要求掌型多种变化，基本掌型有立掌、平掌。立掌，五指分开，虎口向上圆张，也可以说虎口撑圆但不要用力。平

第四篇　太极手修炼篇

掌，五指微分开，掌指舒展不可强直，掌心向上。俯掌，掌心向下，舒展不着力。

在运用掌的过程中，习练者不要忘记，太极拳是在阴阳变化中的松柔动态运行艺术。手不可强直，也不可松散，伸出去要适中、好看，要有一点艺术性，也要有一点观赏性，虽然不像梅兰芳的手，但也不是拙力手。

掌由手指和手掌组成，进行掌的训练也不能忽视手指的训练。

拇指调气。在左右"抱七星"势中，拇指对鼻尖，气顺。

食指轻扶。意念在食指梢的式子比较多，食指对于中正安舒起中正作用。

中指调正。立掌、仰平掌、俯掌，以中指调正中心，底盘稳固。

无名指、小指。经常放松小指，有益九大关节的放松，请拳友体味。

勾

实勾。小指引，无名指、中指、食指、拇指逐一向上拢实，五指成梅花瓣形。变掌拇指、食指、中指、无名指、小指逐一舒展。

虚勾。小指引，拇指与食指、中指松拢，无名指、小指松垂。勾变掌，以拇指引，食指、中指、无名指逐渐舒展开。

拳

拳。在八十三式太极拳套路中，仅有十一势用拳。掌变拳以小指引，无名指、中指、食指、拇指依次松拢。空拳心、拳面平、拳眼亦为平面。拳变掌以拇指引，食指、中指、无名指、小指依次虚松舒展。虚拢虚展，不用力。

五、练成空手

太极拳是拳也是手。太极拳练家自然首先要研究手的修炼和运用。在这方面，我们的先辈拳师对此道比我们认识、理解深刻得多。诸如"展指舒腕""能从人，手上便有分寸""运之于掌，通之于指""虚离，故曰上手""得其寰中，上手也""布于两臂，施于手指"。清末陈鑫大师的《揭手十六目》说了十六种太极手的修炼和运用，武禹襄在《十三势说略》中对手的一掷千金之妙论是"形于手指"。

几代先贤拳家日夜苦修酷练的实践经验提示后来者，练太极拳对于手的修炼是非常重要的，可惜，修炼太极手的道理未能引起后来练家的重视。有人练拳十年二十载，并没有刻意在手上下工夫，出拳伸手依然拙力不清，本力不退，如何能练好拳，练出功夫来？

不言而喻，你练太极拳，伸出的手不是你工作、生活、劳动中的手，而应该是符合阴阳学说，按照太极拳拳理拳法规范的手，也就是"太极手"。比如京剧大师梅兰芳，舞台上的手可写一册梅派手艺术的书，但他生活中的手，就绝不会与舞台上等同。

武术也一样，形意拳是形意手，查拳是查拳手……道理就是这么浅显。人是一个载体，你练太极拳就是太极拳的载体，静身、净手之后，方可注入太极功夫。像一个瓶子，空瓶子可以装美酒，如果你的瓶子里原来有水，不倒出去，什么美酒也装不进去。

不能将平时生活、工作、劳动的手带入拳场。有拳友怨称："不想练了，太难！""不想练了"实不可取，"太难"则是实话。太极拳拳理源于《易经》《道德经》，精深难懂，但不是不好求。有位较有影响的拳师说："太极拳博大精深，不好练，一代就出一两位。"竖看历史，陈长兴以前不提，从18世纪至今二百年，杨露禅往后，人所共知的不过十几位，所以一代人出二三位大师并非骇人听闻。但是并不是太极拳学深不可测，令人难以理解，难以学练，难以深研。说明白了，太极拳就是返璞归真。你用常人的想法对待太极拳，学练起来难以突破。如果改变视角，也就柳暗花明。太极拳界人才乏出，究其原因是练拳不明理。练拳要读书明理，"书理明白，学拳自然容易"。笔者有一个学拳公式："认识—理解—明白—懂。"对学练的拳没有认识，不理解其特性和价值，不明白拳理拳法，最终也弄不懂什么是太极拳。

在太极拳圈子里可以归成四种手，第一种是重力手或拙力手，也就是本力手。手上的力没有退掉，将劳动、生活中的手带到拳场，用力手去练拳、"推手"，出手"顶、偏、丢、抗"四大病。手上的力不但退不掉，反而增加，再会几种招法，更视自己的手为贵，其实与太极拳拳理相悖。在陈鑫论三十六种病手中很容易找到他们的手。

第二种手是轻力手。经过一段习拳明理后，手上退掉一些本力，手上功夫有所长进，但出手仍然有力。练习技击"推手"，常常用力手支着对方的手和身体，与对方的手搅在一起，解脱不出来，犯了两人握手病。两人握手，双方用力握在一起为友谊深厚或尊重对方。太极拳不要握手，要求接手分清你手我手，互相不握手形似握但不着力，彼此不混合。奉劝这些朋友，练拳三年五载，不要去与人较技"推手"，因为还没什么功夫，越推手，手上本力越退不掉，反而增添了许多毛病。手上四大病和身上凸凹、断续、缺陷三大病都是这样产生的。练太极拳就要研究什么是太极手，什么手不是太极拳的手。陈鑫大师将不合拳理拳法规范的手归结为三十六病手。百多年前的老辈拳师已经彻悟到太极拳修炼中手的重要，告诉我们在练拳过程中会出现病手，我们后来者为什么还要重犯病手之过呢？轻力手比重力手有功夫了，但瓶子里的水，仍然没有倒干净，还留下半瓶，这是太极拳功夫处在半瓶子乱晃荡阶段，但还是很有希望的。

第三种手是轻手，或者称为净手。达到这种水平，是在修炼过程中，经过反复实践，反复认识，到了懂劲阶段。净手，是将瓶子里的水都倒出去了，装进来的是美酒佳酿。净手是说拳家伸出的手，已经不是生活中的手，而是太极手。怎么检验呢？你用两只手轻轻地将净手合上，你会感到像合上一张薄纸，脚下晃悠；用轻力去握，像握住一团棉花，心里闹腾难受，脚下失重有离地欲起之感；用重力去握，根本使不出力，人早已站立不稳，有跌出之惧。

第四种手是空手。拳论云"由懂劲而阶及神明"，空手即神明手。神明手是太极拳修炼的高境界。有空手水平的太极拳大师，遇上对手似老叟戏顽童，拿放发人，运用自如。京城太极拳松柔艺术大师杨禹廷老人"妙手空空"，扶上他的手，即被"粘住"，脚空身飘，胸部憋闷，六神无主，只想脱逃，但又跑不了。其太极手的功夫已达到炉火纯青的高境界。

太极手不是单独存在的，是修炼多年太极功夫在身上的反映，是从脚到顶，从表及里，从内到外，心神意念、手眼身步的综合功夫，不可不悟。

九大关节的松功修炼到此，但并没有说尽。太极拳博大精深,其大无外,是没有尽头的学问,是无边科学。太极拳学、太极阴阳学说,也不是一代人可融会贯通,须代代拳人不断研究加以完善和完美。其基础是认识再认识,理解再理解,按照太极拳学的规律去研究,遵道而修,才有可能对太极拳的拳理拳法有所建树。离开了松之要义,很难踏入太极之门。习练太极拳的过程是净化心灵的过程,修炼太极拳是修养道德品质的过程,拳艺的研究是"引进落空""舍己从人"的过程。总之,太极拳修炼是修自身炼自体之毅力品德。如果练太极拳想去打人、整人、"练"人家,恐怕自身永远也得不到太极拳的真谛,永远也不知道太极拳是什么"味道"。

六、太极无手

锻炼身体打一套太极拳,有手无手都是活动筋骨,如果向上乘功夫修炼,则需要研究太极"无手"的精妙拳理。

太极"无手"说,不是某位拳师的习拳心得,而是几代太极拳神明高手、大师在拳艺实践上的经验之谈。当代上乘功夫的太极拳师指导学生练拳,时常提醒我们注意手不要"妄动",拳诀唱道:"太极不用手,手到不再走。"拳论云:"形于手指。"还有一句颇费思考的话:"太极无手,浑身上下都是手。"可见,"太极无手"是太极拳上乘功夫,也是立志踏入太极之门的拳家必须向深层功夫修炼的目标。笔者曾在多篇太极拳功法的文中讲过太极拳的特性。太极拳的特性是什么呢?

太极拳理源于《老子》和《易经》的阴阳学说,太极的根本就是阴阳变化。讲究"柔弱于水""阴不离阳,阳不离阴,阴阳相济""一举动,周身俱要轻灵""虚实宜分清楚""神舒体静"等等。

太极修炼，一定要循规蹈矩，按照太极拳的拳理拳法规范自己的动作，这是道理，是修炼成功的唯一途径。

怎样修炼太极"无手"呢？盘拳一定要"轻扶八方线"，是深入浅出，极为通俗、科学的，是听就明白、练可入门的学问。吴式太极拳套路是由大小不同、方向不同的圆圈组成，也是以东、南、西、北、东北、东南、西南、西北八个方位循环往返的。修炼者盘拳时，两手食指梢不要有力，而是轻轻扶着套路的圆形圈松、柔、缓、匀地运行。长此下去，便会体味到圆活趣味，以及盘拳的极大乐趣，体味到太极"无手"的精妙之处。

关于"轻扶"的理论，不接触到杨禹廷八十三式太极拳似乎没听说过。没听说过的东西，不是不存在，而是要学习、学练、研究。要认识轻扶理论，引申去认识无手，研究无手理论。本书在序言中已经阐明，练家不要以常人的思维去认识、理解太极拳学，也不要以常人的眼睛审视太极拳拳理。如果以常人的思路去想、去看太极拳，那将永远停留在小学的层次上原地踏步，最终在太极拳领域内也不会有什么大出息。太极无手的理论和实践，一般不会被具有常人想法的人所接受，因为他们没有见过这样高水平的名师，以常人的思维怎么也想象不出无手是什么功法。请做一个无手试验，试验的人将双手放在桌子上，全身及肩、肘、腕统统真的放松，然后再松到指梢，使手真正到空无的境界。找到这种手上空无的感觉后，以此种感觉空无的手去轻轻扶上对方的胸或身上其他部位，你只要真以空无、空无干净的手去轻扶对方，对方便脚下晃悠站立不稳，双方都会兴奋地发现空手的玄妙。这说明认真练空手不难掌握。

第四篇 太极手修炼篇

所谓太极拳博大精深，就是将后天之力退去，将后天用力的习惯恢复到先天不用力的返璞归真之中。心神意气在任何纷乱的环境中修炼到安静，极为安静的境界之中。

七、浑身皆手

太极无手、太极空手，以及浑身皆手是不是矛盾？不是矛盾。一位太极拳拳艺水平上乘、拳法造诣高深的太极拳家，他应该具备空手、无手、浑身皆手的神明功夫。

我们先看看杨禹廷松柔艺术大师的功夫。

在上世纪60年代末70年代初，听说老拳师每天到故宫东墙下遛弯儿，在杨老拳师的周围云集了不少追随者，我闻风而动，也混在其中听他说拳。胆子大了，也伸手"听劲"。有一次老拳师伸开双臂，左边三人搂左臂，右边三人紧紧攥住右臂，两个人推住后背，我则用拳紧紧顶住他的后腰。当时并未感觉老拳师有什么动作，可不知怎么回事，左右六个人摔出去了，背后的两个人也飞身而出。我更惨，因为我用的是实实在在的力，背后又是宫墙，我胸口一憋闷就撞上了宫墙，疼痛好几天。

老爷子每次外出，手持无拐直杖，行走时双手垂直横握放于身后。有一次，我跟随其后，到他家门口时，冷不防从左边用右手猛夺他的手杖，说时迟那时快，我糊里糊涂撞上了他家三四米远的东墙，坐在地上半天才站起来。进屋后，我问老人怎么一摸手杖，我就摔出去了，老人家笑而不答，他说："你自己去悟吧。"

1978年元旦，在老拳师家中。跟随老人数年，深知不要错过学拳听劲的机会。我扶他身上哪个部位,脚下就发飘,老人一看我,我便飞身而出,这些都没有动作,是在无形无象中进行的。玩了半个多小时,老人兴致极高,让我踩他的脚。开始我不敢踩,为了听劲,我便虚虚地踩在他的脚面上。当时我感觉胸口十分难受,呼吸困难,身子飘浮,想撤脚不踩却已经晚了,像是有一种强大的打击力,从脚到顶欲破墙而出,吓得灵魂出了窍。老拳师拽住我的手,笑着说:"这是玩艺儿。"

从1974年到1982年老拳师仙逝为止,到老人家中习拳九年。九年来,老人对我的恩情难以忘怀。他就太极拳对我讲了三句明白易懂的话:"太极拳就是一阴一阳两个动作,脚下阴阳变动,手上不着力,明白了这个理儿就一通百通。"九年来老拳师将晚年的神明功夫传授给我,可惜笔者愚钝,学习差悟性不够,悟到的仅仅是九牛一毛而已。

九年来老拳师说拳,让我从顶到脚,从胸到腰,听劲遍全身。老拳师全身透空,摸在哪里哪儿空松,什么也摸不着。他坐在太师椅上像一个人影,或者说,像衣架上悬挂着一件衣服。站在他面前,脚底下无根发飘,眼前似有个无底大深坑。他左手放在老式八仙桌上,让我去按。我刚按上,他没有任何动作,我便飞身直起一米多高,这便是老拳师神奇的太极功夫。按他的肩,似什么也没按上,却有栽入地下的感觉。用一个指头随便按在他前后左右任何一个部位,都是一个空虚点,或是坚硬点,像出来一只手,把你打出去。这就是"太极无手,浑身上下都是手"吧。

从以上所述领略了太极拳家浑身皆手的神明功夫,凡练拳多年具有上乘松柔功夫的拳家都能够做到浑身皆手之绝技。浑身皆手听起来神,接触后也倍觉神奇,但不是难以追求。如能深入认识,理解太极拳,潜心习练,循规蹈矩,每天盘拳在阴阳变化之中寻求拳之真谛，在轻扶八方线中就会有所得。

浑身皆手是太极空手、太极无手功夫的综合，三者是太极功夫的三种术语。具备全身透空的神明功夫者浑身皆手，扶他身体的任何部位，都有吸拿发放之功力。神明高手从不用手去打人，手上总是绵软虚灵，只要你用力进攻，手上即刻发出难以阻挡之巨力，但手上又少有动作。说到底这是由于太极拳大师们已达到无形无象、全身透空的神明境界。

第五篇 太极揉手艺术修炼篇

有一位太极名家说，太极拳是高级艺术，太极推手是高级艺术。我同意两种艺术说。谁又能说太极拳不是艺术呢？太极拳修炼界宜切磋、研究太极拳功法和太极推手功法艺术，将推手艺术升高到新的层次。

推手也称揉手。先贤将推手的"推"字列为病手，以避免用力推搡之误。"揉手"体现太极阴阳学说，是高品位的松柔动态运行艺术，内涵丰富。修炼者在揉手过程中是审美的、文化的、艺术的体验，同时也体现太极拳揉手独有的品格。

一、推手的几种称谓

太极推手的叫法有几种，除推手外，有"打四手""搊手""揉手"等等。

推手本不是太极拳的打法，或者说，推手只是太极拳打法的一种。太极拳是武术，应该有也应具备武术的攻防能力，这是武术各家拳种的共性。而太极拳有其特性，以推手训练拳人。太极八法，即掤、捋、挤、按、采、挒、肘、靠，这八法是太极拳习练者的基础功夫。通过训练，练习手之触觉，这是太极拳的特性。在《太极拳谱》中有"揭手十六目"为较、接、沾、黏、因、依、连、随、引、进、落、空、得、打、疾、断十六种打法。当前老师都不单教这十六目，而教八门五步十三势，十六字打法贯串其中。

"打四手"乃两人手接手"打轮"，从方向方位论，即四正掤、捋、挤、按，以训练习练者立身中正。以上几种训练方法旨在训练太极拳练家的粘、黏、连、随功夫，初步训练触觉。

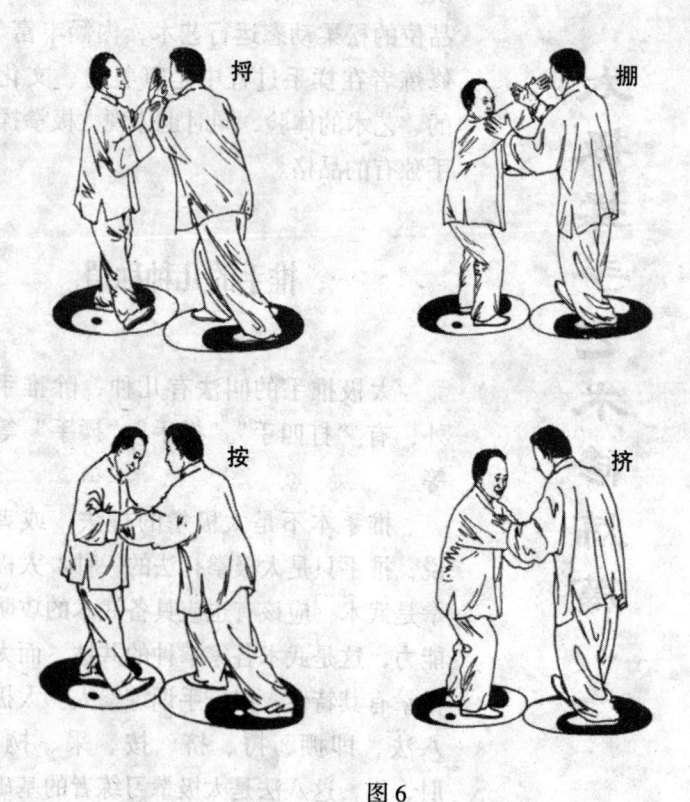

捋　　　　　　　　　　掤

按　　　　　　　　　　挤

图 6

"推手"运动流行很广,两个人在一起推来推去,冬天浑身发热,出一身汗很舒服;又像互相按摩,所以受到学练者的喜爱。国家体委订出规则,将推手列为竞赛项目。此举更受到太极拳爱好者的欢迎,不练太极拳的人也去练推手,此项活动开展的比较广泛。

关于推手的叫法,从前辈拳师继承下来沿袭至今,经过研究,笔者认为推手的"推"字不符合太极拳"用意不用力"的原则,容易从"推"字误导学练者用力去推。从推手比赛的赛场也可以见到,在推手比赛时,看不到"用意不用力",而是力大者把力小者推出场外取胜,在这里是"用力",也见不到训练场上习练者之间的"阴阳""虚实"和"轻灵"。

已故太极拳大师汪永泉的《杨式太极拳述真》一书中,在推手训练一节里是这样说的:"揉手又名推手,为避免因'推手'而产生猛推硬搡之误解,故在此引用前人'揉手'之称谓。"

笔者赞成"揉手"的名称。故名思义,从字面上很容易理解,揉手不用力,符合"用意不用力""一举动,周身俱要轻灵"的原则。

二、推手就是推力

太极推手,影响太极拳按《太极拳论》要求的正确训练,前边我们已经叙述过,自从推手被列入竞赛项目以后,引起武术爱好者的极大兴趣,不管这个项目规则制订得多么严格,也无法制止参赛者用力,而用力者不会被罚下场。

有一位太极拳教练训练弟子,让每人背几十公斤沙袋练习腰，在一次竞赛中大获全胜。笔者未得亲眼看到也未去调查。但这种训练法似乎不合乎太极拳拳理拳法，也不符合太极拳"用意不用力"的要求，他们推手就是推力。不能怪人家推力，因为你没有对推力者进行制约。

推手活动在社会上大受欢迎，其中有两个引人入胜的原因。其一，取胜性。清晨在公园活动比较枯燥，几个人凑在一起推手，很有趣味性，推上几轮，力大者、腰胯灵活者可取胜，令胜者精神愉悦。其二，两人一来一往搂抱推拉，容易出汗，出汗后身上舒服爽快，像是二人互相按摩，有极大的保健性和趣味性。

太极拳爱好者聚在一起推手，你手长，我腰长，你腰能伸展，我胯灵活，二人推来推去，越推越使劲，自然成了猛推硬搡双方用力，也成了两人在推力。很难以拳理拳法、阴阳学说规范制约习练者互相推力，他们周身更多的是"凸凹、断续、缺陷"，手上更多的是"顶、偏、丢、抗"之病。他们难以克服"双重、双浮、偏轻、偏重、半浮半沉、半浮偏重、半轻偏轻"等病。这样练下去若全民健身无可挑剔，如果按太极拳拳法规矩要求则相差甚远。

"推手"是根据太极拳的特性，训练太极拳人太极八法功夫的拳法，为了避免误导误传，今后将"推手"改称"揉手"更合乎太极拳的拳理。

三、揉 手

揉手的"揉"字，限制了习练者用力。习练揉手不可用拙力，而是"用意不用力"。

太极拳练家在盘拳的基础上练习揉手，要在明师指导下进行训练。在揉手训练时，要按要求和盘拳时的身形、手势一样，关节要松，脚要松，踝、膝、胯、腰、背、肩、肘、腕、手的大小关节都要松开，身形一定做到尾闾中正、轻灵、精神在顶。

揉手有以下几种：单掌揉手（左右练习）、活步变换重心单掌揉手（正轮、平轮两种）、定步四正揉手（掤、捋、挤、按）、定步四隅揉手（采、挒、肘、靠）、活步大捋揉手等。

揉手的目的是，通过揉手训练，培养习练者触觉的敏感性，从而提高审敌、听劲、化劲等太极拳技艺。

（一）单掌揉手

甲乙两人面对面站立，伸右手或左手，双方两腕背相接，注意是双腕轻轻相接，不可用力挤压对方，双方接触点似接非接。坐、弓步，脚下虚实分清，甲为进攻方，由坐步过渡到弓步。

书中将太极拳称谓为艺术，是高品位的阴阳变化动态运行艺术。双方训练揉手，一定要坚持把握住其高品位，把握松柔，否则便没有了品位，也不是松柔也没有了艺术。双方必须坚守三条原则：一不要有动意，二不能主动，三不要妄动。双方只能轻轻扶着，循运行路线而行动。攻方进，防方被动而随。

攻防双方互换为双方，攻方主动进手，防方被动接手，做到彼不动己不动，随着攻方进手退后，退中含化。

攻方将进攻实手由腕背接触点变换为掌心向前运行向防方胸部攻击。防方接攻方来手，在双方接触点上意为似接非接，不可出劲，不可用力抵住对方。防方化来手时，意向外走外弧。

攻方、防方一进一退变换阴阳，攻者阳，防者阴，双方一定要如此训练。攻防双方不可用力。

攻防双方身形始终保持尾闾中正，顶上保持虚灵，周身保持虚空轻灵。行功运用的力量，只有将单手伸向对方，不可再加一两的力。

怎样检查身形是否中正安舒？

1. 双方接触手是否用力。如果感觉腰酸痛、周身别扭、肩臂酸痛，这个信号告诉你，你们双方已经用力了，迅速调整到"用意不用力"的状态。

2. 经常训练单掌揉手，双腿变换重心灵活，冬季周身发热，浑身舒服，像泡了热水澡，肩、肘、手、腰、胯、膝、脚没有酸痛感觉，双脚也无踩地的压力，这就证明你的功力提高，拳法已大大进步。

（二）四正揉手

单掌揉手一段时间后，将进入四正揉手，四正为掤、捋、挤、按，训练拳人审敌、听劲，如化、拿、打、发，向懂劲的功夫去努力。

技法：两人面对面站立。为了学习者很好地把握阴阳，攻为弓步，防为坐步，双腿一实一虚，为立柱式单腿重心。其根在脚，这是筑基功。

双臂动作，攻防双方均右手前掤，腕背相接。双方左手（虚手）立掌接对方肘部。

动作说明：攻方进攻前进上掤、为阳，双腿变换重心，左腿实变虚，右腿虚变实，从坐步过渡为弓步。

防方遇攻方上掤，实腿由右弓步变换为左坐步。走捋势，粘黏攻方之实手，右手食指尖向右上后方捋攻方之实手。

攻方上掤手被防方化解，掤势落空，右实手变换为虚手，不回撤；左虚手变为实手向防方胸部打挤势，右脚实为阳势。

防方遇挤手下按，请注意要虚按，仍为阴势。坐步，双手下按，手上要轻灵空虚不着一丝一毫多余之力，收胸窝虚按，如果实按即被攻方挤出。

攻方的掤、捋、挤、按四正手到此已完成，向东北上方隅位逃手，由攻方变为防方。

防方接攻手后，由原防方变成攻方，左虚手变换为实手向防方上掤，同时，左实腿逐渐由实变虚，右虚腿由虚变换为实腿，坐步变弓步。

攻、防双方互换，以训练习练者阴阳变化，审敌听劲的能力。

（三）四隅揉手

攻方上掤手被防方化解，掤势落空，右实手变换为虚手，左虚手变实手，掌心向外变立掌，在右腕内侧向防方胸部打挤。

防方由弓步变转为左腿坐步，左掌下按时，以食指向左前下方按（注意要虚按，实按败势）。

攻方右实手松虚，左掌粘黏防方右腕向左方下捯，右腿变实弓步，踏防方中门，右肩斜靠防方胸部。

双人揉手是艺术，一来一往是审美的、文化的、艺术的体验，但最忌用力，最忌主动，用力加主动什么体验也没有了。双人揉手，都要记住太极拳的特性和要求，还要记住揉手是艺术，只想揉手还是揉力。从脚到手要轻灵，关节放松且节节贯串。每个人将自己安排好以后，双方右腕背部相接，相接时并不是实接，而是虚接，似有似无。这正是拳论讲的虚离，不偏不倚，忽隐忽现。我们前面说的几种揉手，攻防双方都有自己的路线。循路线规律曲伸进退，食指轻扶，攻方循进攻路线，防方循化解规律，双方粘连黏随不丢不顶，美在其中，两人都有极大的愉悦。

四、太极拳功夫在拳里

六七十年代我向太极拳艺术大师杨禹廷老拳师学拳，他老人家高兴时，我们爷俩常"打四手"。我感受身前似乎不是一个实实在在的人，而是人影跟我"打轮"，引导我掤、捋、挤、按，每一手都失重，有透空之感。

我向杨老拳师请求教我推手。

杨老拳师说："练拳为体，推手为用，体用结合。盘好架子，太极功夫都在拳里边。"

老拳师一席话，我琢磨了十几年，前辈拳师都是从盘架子开始。杨老拳师的定型拳八十三式，326动，每动有8个小动作，乘起来就是2608动，每天练6遍拳，再乘起来便是15608个动作，每天1.5万多次阴阳变化，揉手功夫全出来了。当然，前文讲过揉手也是拳人的必修课。因为每位习拳人不可能都得到高境界太极大师的点拨。练习揉手是不可缺的课程，用以提高拳人审敌、听劲、拿、发、打、化是拳架的补充。如果练家将"云手""搂膝拗步""斜飞势""海底针""扇通背""玉女穿梭""二起脚"等几个势练熟，从上下左右来什么手都可以对付。

太极高手较技，出手一两招即分胜负，也就是出手见高低，无须采、挒、肘、靠。如果用靠，这位拳师还远远没有具备化解对方的功力，仍须进一步修炼。

五、揉手的自我练习

揉手训练以两人配对对练为佳，如没有训练的伴友，可以自家"打四手"。

揉手的自我训练同样是陶冶情操，是审美的文化的艺术的体验。其根在脚，脚下动作，应循规范阴阳变换。每动注意顶上虚灵，从脚到顶九大关节松开，身体离虚，心里有一种透空的乐趣和愉快。

在打掤、捋、挤、按四手时，想象眼前有一个人跟你一起训练，这是太极修炼的特性之一，"有人似无人，无人似有人"。

一个人行动，对身形手势要求同样严格，不可用力。行动从阴位始，右手上掤，身形由左坐步实腿变换为右实腿弓步。第二势，右掤手变虚，左虚手由虚变实，立掌掌心对右手脉门打挤。第三势右虚手变实手，向右隅斜掤，然后变左坐步，左腿变实，左手由虚变实向左后上方斜捋，接着重心腿不变，双手下按左虚右手实。如此往返训练，很有圆活趣味。个人揉手训练，在掤、捋、挤、按行功中，体验阴阳变化艺术，双手一实一虚，循运行路线，轻轻扶着弧形线被动而行。因为我们周围有一个不同方向不同大小的环形圈，当你的手走到极限它自然变化返回。当然这需要有一个重要的条件，周身一定要松下来。在走四手时，同练拳盘架子一样，立身中正安舒，把握阴阳。前后左右四个动作，坐步、弓步两次变换重心，动作简单，但应该将动作做准确，丝丝入扣，不可断续凸凹。

有人不和你揉手，出手便打，怎么办？以最小的点接触对方，以小化解大，还是揉手艺术。太极本无定法，动就是法，太极拳法的高明之处就在于，你功夫有几乘你的法就有几乘，甚为奇妙。功夫练到懂劲，就进一步悟到"舍己从人"。太极高手与人较技，看到他与我们一样，同样有两只手，但搭手或接触到他们的手，感觉不到他们有手，只要身体被这神奇的手扶上，脚下就没有根基了，摇摇晃晃六神无主，吸呼困难，胸部有憋气之感。可以想象，任何凌厉的攻势在太极高手面前都是无能为力的。这是以空无对待整体，令人神往的揉手艺术。

六、松柔训练

练习揉手的要求像盘架练拳一样，身形、手脚、腰胯都应按照拳论上的要求，不可用拙力。

（一）一举动，周身俱要轻灵

盘拳、揉手同是太极修炼，每盘一遍拳便积累了太极功夫。如果不按拳理拳法要求去做，谈不到修炼，更谈不到功夫的积累。拳理告诫练家，盘拳和揉手，别无选择的是"一举动，周身俱要轻灵"。不轻灵，出手有力，拙力大，周身僵滞，这就不是太极拳。前辈拳师说，太极无手，用手都不是太极拳，用拙力，这绝对不是太极拳，软弱也不是太极拳。

（二）步幅要适中

什么是正确的修炼呢？身形应中正安舒，周身轻灵，顶上虚灵，且有精神。有人揉手，腿开得很大，认为两腿开大底盘稳固，其实不然。如两腿距离远了，就不灵活；左右开大，前后不稳固；前后开大，左右不稳固，这是由你的站位决定的。从力学上讲，你的重垂线大于你的底盘，将受人制，站都站不稳谈何轻灵？不轻灵就要僵滞，僵滞了，有个小孩也可以将你推趴下。

（三）重心的变换

揉手要注意的地方很多，阴阳、虚实最为重要。二人较技，谁重心变转灵活谁就有取胜的优势。初学拳的人，身形常犯"凸凹、断续、缺陷"三大病，手上有"顶、偏、丢、抗"四种病。对方来手，有时真来，有时假来，真来是阳，接手一定要阴化解；假来的手，是虚来，此手是"侦察兵"，来探路的，是审敌、听劲、摸清对方虚实的。这时不要过早接应对方来手，要以虚对虚，不给对方一点机会，使对方"侦察无效"，乘势引动对方出劲，如果对方周身松不下来，劲出来，便会失败。

太极拳练家还有一个难以克服、经常受制于人的双重。拳论云："每见数年纯功不能运化者，双重之病未悟耳。"初学者常犯双重之病，就是修炼多年也难免此病。双重，有双臂、双脚，但双脚居多。有经验的拳人欲避此病时，常注意脚下变换虚实、脚下重心的变换。但因训练不得法，脚下也常以左右倒换。这种前倒后，左倒右的正腿变换重心，不合乎太极拳拳理拳法。准确的重心变转，应该是减加法，先减后加。实腿是10，渐减，9、8、7、6、5（双重）、4、3、2、1、0虚净；虚腿加法10，由虚变实，重心变换完成。开始不习惯，久之，自然习惯。有了功夫，双方接手，手上没有动作，在对方不知不觉之中，重心变换，对方就失去平衡而失败。

阴阳、虚实弄清楚了，变换虚实也解决了，拳理拳法对头，这样练下去，用功修炼，如果练过几年太极拳，再有一二年可以达到"由着熟而渐悟懂劲"的懂劲功夫。

七、触觉训练

关于神经触觉训练，多被拳师、教练忽略，有些拳友也不注重皮肤触觉的修炼，而前人提供资料也不多，因为古代医学不发达，还没有解剖学。

解剖学告诉我们，皮肤上密布着难以计数的神经细胞，这些触觉神经像一个大公司的对外联络部，它们主管着外界的冷热风寒、疼痛刺痒及意外的碰撞等等的感觉。身体与外界凡所接触到的，神经细胞所能触觉到的反应都快速向脑部传递，由脑部将收集到的信息整理、储存然后向外发布指令。如落雨，指令穿雨衣或打雨伞，寒风袭来有凉意要加一件外衣。

神经从外界得到的信息，在我们练太极拳者身上又多于常人的功能。从解剖学得知，人的皮肤每平方厘米大约有7000个末梢神经。手上的末梢神经极为敏感，手指触到对方的手或肢体上，这便是"听劲"，听劲功能遍及周身。身上任何部位都可以"听劲"，将触到的一切急速输入大脑，而脑部经过排列组合，发出指令，手部迅速松弛化解对方来力……

"听劲"是太极修炼者独有的特性，也就是太极拳练家经常在松柔动态中运行肢体，所特有的"灵敏的触觉"，也可解释为太极拳人的特殊感觉,这就是"听劲"。听劲是触觉修炼,然而如何修炼触觉呢?

训练方法是太极拳别于其他拳种的"用意不用力""一举动,周身俱要轻灵"的独特拳法。触觉训练中如果不注意轻灵、松柔,以心行意,用意不用力,训练不会有成果,手上有力就难以在触觉功能上有任何突破。

笔者在本篇中从始至终讲的是揉手艺术,而要达到的目的是训练触觉功能的敏感。如果想在太极拳王国获得自由,一定要遵道而修,循拳理拳法阴阳学说,动则阴阳变化,否则就不是太极拳,会导致一生瞎练,一世盲求。练功要尊老子之道,"道法自然"。用拙力,就不自然,不自然什么品位也没有了。

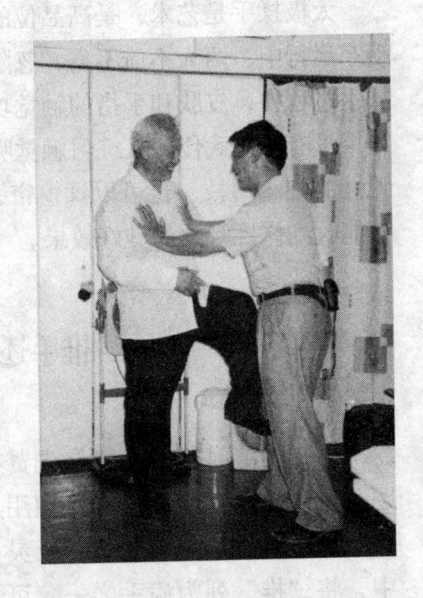

图7 学生听劲

图8 空。空对方重心,对方脚软蹲下

第五篇 太极揉手艺术修炼篇

103

太极揉手是艺术，是高品位的松柔动态运行艺术。在松柔动态运行中，两人不倚不离，忽隐忽现，似接非接，在离虚的揉手过程中，皮肤和手指的触觉功能就会得到很好的训练。但如果没有共练武伴怎么练习触觉呢？一个人可以去揉松软富有弹性的细小树枝，也可以揉窗帘，或将衣服挂起来推揉衣服，都能收到修炼触觉的良好效果。

八、推手还是推脚

早在晚清时代，太极拳先贤在修炼实践中遇到推手的课题，看到练拳者在推手中互相用力有碍太极功法的修炼，用力推有悖拳理的阴阳变化、轻灵、松柔等，遂在三十六病手中，将"推"列为病手之一。可惜一二百年来，在太极拳圈子里，未被引起注意，用力推手者日渐增多，推广太极拳的拳理拳法受到阻碍。笔者多次撰文，先后在武术刊物上发表了《不要去推手》《太极拳的几种手》《太极无手》《浑身皆手》《练成空手》等文章，企望拳友不可在手上用力。严格地说，"推手"对初学拳的人是一种误导。因为他们对太极拳的历史演变和各流派认识了解得不多，对太极拳的特点知之甚少，而对太极拳的博大精深也没有足够的研究。这时，如果引路人是明师，初学者所走的弯路不会太大；如果教授你的拳师不明拳理指导有误，从第一天起，用力去推手，只能凭本力去撕皮掳肉，久之，推来推去都在推"手"。前辈拳师有一句名言："太极无手，浑身都是手。"如果仍在手上用功，不符合太极"形于手指"的根本，也背离了太极拳"用意不用力"的宗旨。

纵观当前的太极拳推手，五花八门，用力较技的、轻轻找劲的、撕皮掳肉的、喂手发放的、手脚齐上搬跤的等等，多种多样。其实，归纳起来也就是两种手法：一种是本力加着法；一种是运用不熟练的虚实手。这两种手法都犯了同样的毛病，即身形上的缺陷、凹凸、断续，手上的顶、偏、丢、抗，脚下的双重等。为什么呢？因为有以上毛病者，未曾推手精神不能放松，一是怕被对方推出去，二是想把对方推出去。持这种心态去推手，心理上不能安静，手上净不下来，也难"神贯顶"。对方来手，迎上去用力手支住对方，身上凹回去，精神和手双双顶住对方，来力和本身力都压在自己身上，也就是砸在脚下，这种状态无虚实可讲，没有松柔可求，只有"有力打无力，手慢让手快"这条出路。拳论云："每见数年纯功，不能运化者，率皆自为人制，双重之病未悟耳。欲避此病，须知阴阳。"拳论还告诫拳人，你不知阴阳，周身不轻灵，只有被动挨打。要提高推手技艺，不要去推"手"，而是去推脚。拳论云："其根在脚，形于手指。"道理清楚，无须赘言。凡练拳多年的人，对学习拳论、悟解拳论，都是很下工夫地反反复复琢磨，悟太极的深奥拳理。太极高手有很多传奇故事，听来令人目瞪口呆。太极打法没有固定模式，"出手见输赢"，在高手面前，双方一接手，弱手自觉浑身不得劲，即被击出，没有化解和思考的时间。这方面的原因很简单，高手知阴阳明虚实，高手极柔软又极虚空。感觉不到高手手上有力，是因为其根在脚下，脚变动反映在手上，"上下相随人难进"，就是这个理。

从字面上看，揉手比推手更为松柔。从现象看，揉手表现在二人一来一往习练，而变化在脚。这是揉手艺术，手上用力什么艺术也没有了。归根到底循拳理，推手还是推脚？推脚！揉手还是揉脚？揉脚！揉手是脚下阴阳变化的艺术。

第六篇 太极技击修炼篇

如果太极拳没有技击,便没有生命力,也不会延续至今天。太极拳技击不像其他兄弟拳种的技击,要打上几个回合,战场上杀得昏天暗地不分胜负而鸣金收兵。太极拳打人从零到一不用第二招,即出手见输赢。太极拳打法神奇而精妙,大约有四种打法,即以心行意,以意导体,以体导气,用意不用力;以静制动,以虚待实,后发先制;以柔克刚,阴阳相济,化中有打;以小打大,以弱胜强,舍己从人,引进落空,引动四两拨千斤。

一、太极拳技击功能探究

提到太极技击,令人兴奋,也让人激动。有很多人都想一睹太极技击之精奥。清代杨露禅只身进京,以太极之松柔,牵动四两拨千斤,技高一筹,击败各路英雄好汉,人称"杨无敌"。从晚清、民国到新中国成立,半个多世纪,太极拳界出现过不少英雄豪杰。20世纪80年代相继仙逝的京城三位太极拳巨人——寿星太极拳学者吴图南大师、太极拳松柔艺术大师杨禹廷、杨式太极拳大师汪永泉,这三位拳家的太极拳功夫都达到炉火纯青的最高境界，但是，他们打人的故事极少极少。三丰祖师遗论："欲天下豪杰延年益寿，不徒作技艺之末也。"祖师爷是不提倡打人的。

太极拳能不能打人，有没有"实践"意义？成为圈内人议论的话题。太极拳当然能打人。特别是近年来党和政府提倡太极拳养生，治疗慢性病，很多慢性病患者、康复者误认为太极拳是保健养生练的拳，这是对太极拳片面的看法。其实，太极拳不仅能打人，而且有更高层的技击功能。太极拳打人，非不能而不为也。太极拳是武术，经过多年的演变、发展、提高，从盛唐到晚清，已经达到完美的阶段。太极拳理论宝库中，有十分丰富的太极拳理论著作，如拳论、拳经、拳诀、拳解、拳法、拳要、要言等等，其中《太极拳论》曾指导了几代人修炼。如果太极拳不能打人，不具备技击功能，也不会流传到今天。世界自发明了热武器之后，冷兵器时代的历史画卷从此就翻了过去，武术对抗由当代搏击、散打所替代，太极拳成为一种健体、强身、祛病、益寿、养生最佳的武术项目，受到世界人民的欢迎和喜爱。我们民族的太极文化被世界人民所接受、所吸纳，为人类的健康做出贡献，因此，人们渐渐淡忘了太极拳的技击作用。

二、从技击视角看太极拳

从技击视角看太极拳，我们周围有些朋友，看法有些偏颇，总在能不能打人的圈圈里转来转去。太极拳能够走出国门，受到世界各国朋友的喜爱和关心的原因不是太极拳能不能打人，而是太极文化的迷人魅力。它那丰富、深厚的文化内涵，广博精深的拳理，令人陶醉的弧线形练法，以松柔动态运行似行云流水的韵律，显现了它的美学价值。西方对太极拳运动的喜爱是因太极拳健体强身益寿的功能。太极拳没有国界，他们在习练中领略到东方太极文化博大精深之内涵，修炼中得到健康，以及对潜能的开发。而且太极拳还登上发达国家的议会和总统府的大雅之堂，其原因都不是太极拳"能打人"。如果论打人，西方人还是去看每年的拳王争霸、拳击更富有刺激性和男性的雄健美。

当然，太极拳也确实是能打人的，因为它属于武术，有绝妙的武功。我们的祖先为了生存，为了防范野兽的袭击，防范的动作就是武术的原始动作。随着人类不断进步，社会前进了。各个朝代，连年争战，穷兵黩武，中国有了武术。武术向前发展，技击水平不断提高，进而有了太极拳。经过长时间的改进和提高，尤其自明朝以来，经过几代拳人的努力和完善，太极拳逐渐向广博精深上发展，拳法日臻完善和精湛，太极拳理论日渐完备。明代抗倭名将戚继光教士兵演练太极拳，并用在抗倭战斗中，取得了辉煌的战果。

以技击的视角看太极拳，太极拳不但能打人，而且有神奇的巨力。妇孺皆知，家喻户晓之名句"牵动四两拨千斤"，就是太极拳的打法。此拳法横扫武林英雄豪杰，使"杨无敌"威震武坛。太极拳技击不是单一的，还有以心行意，用意不用力；以静制动，后发先制；以柔克刚，化中有打等打法，使对手闻风丧胆。太极拳如果没有技击，就没有生命力，也不会流传下来。太极拳在武林中能有一席之地，并拥有众多的习练者，太极功夫由此可见一斑。

三、什么是太极拳的技击

太极拳技击，是多年太极修炼功成的综合工程，是阴阳变化、虚实、开合、动静、松柔、轻灵，以及临场应用的完整统一的整体反映；是体能训练的"一举动，周身俱要轻灵"的轻灵；是"阴不离阳，阳不离阴，阴阳相济"的阴阳变化；是"极柔软，然后极坚刚"的柔软体能的状态；是松柔，柔软，遇外力攻击，柔软之后方可出现坚刚的太极技击艺术。

太极拳技击是"一处有一处虚实，处处总此一虚实"的虚实。是"一动无有不动，一静无有不静""动之则分，静之则合"的周身上下内外相合的动和静，分与合。是"引进落空合即出"的合。这个"合"十分微妙，是检验练家是否从拳理、拳法，从盘拳修炼中认识理解、明白了阴阳为母，松柔为魂的太极拳之真谛的标准。这个"合"十分难求。

我们探讨的"合"是开合的合，是阴阳相济的合，是"上下相随人难进"的合，是"牵动四两拨千斤"的拨即合。笔者在开篇，将太极拳层次分为小学、中学、高中、大学四种，如果以层次区分，"合"是大学生或是"教授"的合。请练家到公园体育场走走看看，看社会上练家们的技击，多为实打实的力与力的较量，招式与灵活的较技，但除去手上的顶、偏、丢、抗和身上的凹凸、断续、缺陷之外，看不到拳理拳法的阴阳、虚实、动静、开合、用意不用力在技击中的自然反映。

我们进一步深层次探讨太极拳技击，无论多么高深的技艺功夫，都不会走出先贤在经典著作中圈定的名言：

"人刚我柔谓之走。"

"不偏不倚,忽隐忽现。人不知我,我独知人。"

"由脚而腿而腰,总须完整一气。"

"引进落空。舍己从人。从人不从己,从人则活。能从人手上便有分寸。"

"随人所动,随曲就伸,不丢不顶。用意,不是用劲。"

"秀若处女见人,肆若猛虎下山。"

"秀若处女,不可带张狂气,一片幽闲之神,尽是大雅风规。"

引经据典将先辈拳师对技击的体验摘录给拳友练家参考。也许有人说太理论化、太空了。社会科学本该如此,老子传道不传艺,拳之经典亦是传道不传技。修炼太极拳必须遵道而修,循太极阴阳学说,以拳理拳法规范动作,这是先贤的体验,他们以"身知""体悟"从真知中说理,以指点真谛。老子在两千多年前就指出我们的毛病,曰:"千里之行,始于足下。"道理浅显,好解易懂,而拳场上又有几人练拳如学写字先描红模子,然后楷书。相信很多都是没描几天红模子便怀素狂草起来。老子又说:"大道甚夷,而人好径。"此话说的是同一道理,然而很多人一上路仍然大道不走拣小径而行,走了很多弯路,可惜转了几道弯子并没有转出来。有一位拳友练拳多年,鬓发有霜,摊着双手问我:"什么是阴阳呢?"仍然在小径转悠,转晕了头,还是找不着北,也就是找不到太极拳的感觉。拳友们可以去探讨,先贤的拳论虽然一看就明白,然而练就糊涂,上不了身。从先贤的名言中摘出一句能练到身上,你便是"大学生"了,可惜难以上身,应该反思吧?!连前人开辟的道理我们都走不好,谈何继承,更谈不到发展。如,"由脚而腿而腰,总须完整一气",这是开合之"合"。具体操作,全身放松，做到关节松，全身大小关节每节都松开，从脚到腰贯串一气，再从腰到手贯串一气，然后从脚到手完整一气，从脚到顶贯串一气，神、意、气内外相合，全身内外成为一个完整的统一体，也就是我们所说的修炼所追求的"合"，即浑圆一体。说了很多，其实就是一瞬间即成为完整一气、浑圆一体，你周身做对了，任人巨力来打你，你则巍然不动，他便站不住了，打人者便跌出。做到这一步，心态要极为平静，极为平和，不想站牢站稳，不想抵抗对方，对抗对方，更不想打击对方，自己站住，已经很好了。但说起来容易，做到完整一气、浑圆一体太难了！为什么？因为平日并没有遵道而修。站不住，站不稳，谈何技击，话糙理不糙。如果真能认识、理解先贤明示，认真修炼，能得到"引进落空，舍己从人"，你将成为太极高手，但难求，这是太极技击的精华，希望大家探求。"道法自然"，说难似乎又不难，关要是有一个训练方法。静下来读书，也许从书中能找到修炼的方法。

四、太极拳技击

笔者有幸见到过京城三位太极拳巨人，吴图南、杨禹廷和汪永泉老前辈，聆听过他们讲太极拳的拳理拳法，从中悟出了一些浅显的太极技击道理，归纳出太极技击有以下几种打法。

（一）以心行意，用意不用力

技击是练家多年修炼的综合功夫，是修炼者从脚到手，从脚到顶的完整一气、浑圆一体的功夫。体能状态，放松周身从脚到手，松开九大关节且要做到节节贯串。神、意、气十分平静,安静得以心行意,以意导体,以体导气,以气运身。从理论上研究是"胸腹松净气腾然""意气须换得灵,能呼吸,然后能灵活。牵动往来,气贴背,敛入脊骨,内固精神,外示安舒"。这是大学生的课程。

身上具备了"内固精神外示安逸",已经做好了技击的准备。技击最忌三动,即动意、主动、妄动。如果有三动,我们前面说的都等于零,身上什么都没有了,只有散乱挨打。对方进攻,你只管自己站好,安排好自己,不动丝毫,他的进攻就无效,遇空松之体,只有跌出,无胜路可寻。太极技击是用意,不是用力,用力则败。

(二) 以静制动,以虚待实,后发先制

以静制动,不是随便站在那里等人来再伸手接应。笔者在《松功篇》中的"无极状态"一节里,将"净"誉为太极拳的最高境界,心神意气的"静"也是相当高的境界。其实,修炼太极拳的最高境界,就是将周身上下松空,肢体能达到净,内外双修的净和静。

以静制动的"静",是指精神、心神意气,是看不到摸不着但可以感觉到的气质。这个"静",也指外形、周身肢体的净,身上手脚松得很净,手上干净。这要由练家根据自己多年修炼的功夫,安排自己,自己去体会。静与净到哪个层次,说哪个层次的话。如果笔者话解静与净的状态,从内修体会,经络活跃,血管畅顺,脊椎有胀热感,每个大关节虚灵,顶上有种虚灵的精神,使人有挺拔感,周身浑圆一体有腾虚之感。周身皮肤似一个向外充气的球,或似撑开的伞。

静下来之后,周围形成半米至一米直径的"场",这个场,就是圈内练家常说的"太极圈",功夫层次高,周身松

柔透空者的场直径还要大一些。它对将要进入这个"场"的人影响颇大。对方会感觉胸闷，头不爽，脚下不稳，觉得面前有一道看不见的"透明隔板"，有阻力、迈步困难。如果想向"静"进攻，还未发力，已被拿起，飘浮而被击出去。

（三）以柔克刚，化中有打

"以柔克刚"一语，是武术的术语，广为人知。然而在太极拳技击运用中，只有较高层功夫的修炼者能将之运用自如，一般层次的练家不好把握，也许有人不解其意。"以柔克刚"的技法，在太极拳的技击运用中，是无形无象，不是躲闪。体能状态与以静制动相同，没有空松的肢体，难以驾驭和运用以柔克刚。如攻击者向甲胸部扑来，甲的胸部空松，准确地说是全身透空反映在胸的局部运用。对方扑空了，一口气丢下，正欲吸气，由阳式变阴式后撤时，甲以意，即神、意、气三合一趁势而去他的后方，不费分毫之劲，彼自跌出。这是太极拳阴阳变化之理，并不神奇，可惜一般练家不知此理。层次高一点的后撤半步再顺势发出，次之，接住对方来势，实实在在给对方当一根拐棍，于是两人顶绞在一起。练家应从第一个战例中，吸取自己需要的养分。

图9 对方进攻急，半边身子虚

体能状态达到全身透空者，能以松空化解来力，能运用用意不用力，以静制动，以柔克刚。这种状态的修炼者已达到较高层次的松空功夫。以传统的说法，他们已经达到"身上明白"的境界。所谓"身上明白"，不是心脑明白，更不是说理明白，而是太极松柔功夫在身上的反映。

图10 拿得起，才可放出去

关于"身上明白"，传统称谓为"身知""体悟"。达到这个境界的拳家并不多见。他们经过多年的苦修、酷炼，在太极阴阳变化中，认识再认识，理解再理解，实践再实践。经过长期而痛苦的修炼，跨越阴阳、虚实、开合、轻灵、中正安舒、用意不用力、虚实变转、八门五步十三势、动之则分、静之则合的不偏不倚、忽隐忽现的腾虚阶段，将心神意念修炼得安安静静，将周身肢体大小关节修炼得空松虚净。身体练空了，手练空了，"关节要松，皮毛要攻，节节贯串，虚灵在中"，正是"身上明白"的状态，与拳论中的"妙手空空"，《授秘歌》中的"无形无象，全体透空"等先贤的明示相合。

（四）以小打大，以弱胜强，引动四两拨千斤

"以小打大，以弱胜强"是人类期盼的神功，特别是弱小的民族，或者是身弱力单的女子，同样希望哪位大师能在她

们身上注以神力使之能挺身自卫，这仅仅是一种善良、美好的期望。"以小打大，以弱胜强"，只是说得容易，实际操作有难度，但并不是不能做，还是以操作人的功夫而定。前面我们介绍的三种打法，操作人达到"无形无象，全体透空""妙手空空"的层次，"以小打大，以弱胜强"是根本毋庸置疑的。

"四两拨千斤"一语用于太极拳技击和"以柔克刚"有同等意义的功效。但是，四两是拨不动千斤的，前面加"牵动"二字。对方扑来为阳，牵动为阳，有悖太极拳阴阳变化之理，改为"引动"为佳。因为"牵"当拉动讲，牵拉为主动有力，不符合拳理的"舍己从人""彼不动己不动"。如果对方功高一筹，在你一牵一动之间，人家早已操胜券。"引"动为阴，以"舍己从人"引对方进来，使其落空，对方当然要失败。"拨"为"合"，《打手歌》中有"引进落空合即出"之句。我们的先贤在写拳论时是在几百年前，那时教学落后，通讯方式靠口头传播，印刷在民间几乎为零，群众文化落后。照顾到人们的说话习惯和传播的方式，传播的内容要短句，有辙有韵朗朗上口，"牵动四两拨千斤"比"引进落空合即出"上口，好记好背传播得快。经过几百年的流传，是最好的验证。

"引动四两拨千斤"解决了太极拳的重要战术，为以小打大、以弱胜强提供了理论依据，开拓了战略思想，拓展了战术打法。

书中虽然归纳出太极拳技击有四种打法，但并不是定论，在技击中会有更多的打法，靠广大练家总结传播。其实从拳理讲，太极本无法，动即是法。有的练家在讲课时为了说得热闹、吸引听众的注意力，讲解云手是破打嘴巴的，撇身捶是将攻方背起摔倒或将对方肩关节摘掉，提手上势是以腕打对方下颌的，等等。这么讲，仅仅是热闹而已，因为人是极为灵活的，一个人将一个人摔倒是件十分困难的事，谁也不会傻呆呆站着不动等别人将他背起摔倒。

五、太极技击的几种手

当今在各公园太极拳圈子里技击推手开展得很热乎，技击推手可锻炼身体，又有竞争性，能使人精神上得到满足，心理十分愉悦。但是，这是健身娱乐，如向深层技艺追求，尚需循拳理拳法规范动作。从群众性技击活动中看到，拙力手、病手、招手有待规范和提高层次。

（一）拙力手

《打手要言》中说："关节要松，皮毛要攻，节节贯串，虚灵在中。"拙力手者并未练习过太极拳，或初涉拳场将起步习练，一套拳甚至还练不下来，对太极理论知之甚少，初涉武术喜爱推手。不知关节要松，不明虚实，伸出双手全用的是后天之本力。上肢腕、肘、肩关节僵硬，与人较技呼吸急促，腰胸僵板，下肢胯、膝、脚僵直。虽身强力大，往往站立不稳，常常被人借力使劲跌出，很难取胜。他们贪功好强瘾大，见谁跟谁推，越推身上越僵，腰上越板。

初涉拳场，对太极拳及太极技击有极大兴趣的同志，在习练中如果虚心好学，再读些相关书文，对太极拳的拳理拳法有所顿悟，是可以练好太极功夫的。因为这些朋友心理干净，身上很少框框，思想没有束缚，可以轻装前进。

(二) 病 手

初练拳的人身形手势还不能完全去掉本力，周身还不够协调，身上不明"上下相随""内外相合"，与人较技还不懂"用意不用力"，或掌握不准确。伸手架住对方的手，给人家当"拐棍"，出现"顶、偏、丢、抗"的毛病，双方一动，身形出现"缺陷、凹凸、断续"的弊端，疲于应付，周身力不从心。在这种不利形势下，诸如双重、双浮、偏轻偏重、半重偏重、半浮偏轻、半沉偏沉、半浮偏浮等病不断在身上手上出现。这些病手不去掉，很难达到太极高层次、高境界的彼岸。

患有各种病手的朋友，已涉足太极拳圈子有些时日，练得多理论研究少。想从实践获取真知，其他门类的学科也许可以，但太极拳不成。因为拳理拳法没有变通的余地，阴阳学说规范极为严格，拳艺严谨。如果不是循规蹈矩，多练也无效，"差之毫厘，谬以千里"。

处于这个阶段，去掉一切病手，循规蹈矩修炼还是很有希望的。

(三) 招 手

经过几年修炼，太极拳的技艺有所提高，在与人推手较技时，能按照所学的太极拳套路拆开各势，应用于技击实践之中。对方正面进攻，他们可以运用"左重则左虚，右重则右杳"将对方从左或右方空摔出去。对方单手进攻，以"云手"破。单手正面攻来，上前"扑面掌"，手心对准对方脸的中央部位。对方从侧面进攻，又以"撇身捶"击之……总之，学了就用，以套路的招法攻防。但是招数运用极佳的朋友仍然对阴阳运用不够纯熟，招势动作过大，对付一般人还可以应用，遇到高手很难发挥，须进一步修炼。做到"四梢空接手，一接点中走"，无形无象将对手击出。潜心研究，进一步修炼，太极功夫上身不会太遥远。拳人以招手破招已具备太极初步功夫，要多训练自己用意，不用力，对方攻来为阳，你以阴化解，比以招破之要快得多。

（四）强　手

在太极拳推手的人群中，一般讲都有一两位强手在此练拳圈子中"称王"。他们不是老师，而在几位拳人中，他们的功夫是最好的，追随他们的拳人，都向他学习，被强手推摔得蹦来跳去，心悦诚服。我们称这些人为强手，毫无贬意，他们练过多年太极拳或别的拳，站桩、摔跤无所不练，手脚利落，腰胯灵活，人高本力大，圈内人称他们为"功力大""份大"。总之，这些朋友有一定优势：年龄优势、功力优势、招数优势、本力大优势以及多年推手的经验。他们与人较技推手常胜不败，也给拳友们讲拳，但因对太极拳体会不深，讲不出高深的太极拳道理，有的甚至说："与太极拳论反其道而行之。"他们的推手功夫，有本力有招法，缺少的是阴阳虚实，身上是力、劲、招法的混合体；感觉不到也"听"不出有松柔、虚实的太极功夫。

强手朋友们周围有不少拳友，每日上班前下班后聚在一起"玩玩"，很少切磋技艺和探讨拳理，只注重技击实战。较技中找乐趣，推手中得健康，攻防中找精神愉悦。

他们的功夫与高手拳家仅一步之遥，但不想再重新规范自己，就此找乐交几位拳友，也就心安理得。

（五）高　手

高手朋友对太极修炼从理论到实践，盘架子推手都体现出松柔的太极功夫，拳艺水平极高。太极高手出手虚实清楚，一动无有不动，一静无有不静，脚下功夫极为扎实，他们与人接手，脚下变化使人不知不晓，身上手上无形无象。与对方接手，对方已失去重心被粘起，也就是被拿起，只等着被发放出去。高手拳师把你放下，或发出去拉回来，哈哈一笑，甚为欢乐，这就是太极高手的风采。

我遇到几位太极高手、大师，他们并不满足自身的功夫，都认为学无止境、活到老学到老。一位对太极拳颇有研究的作家在《太极拳讲义》的"跋"中写道："练太极拳，练的主要不是拳脚功夫，而是头脑中、心灵中的功夫，如果说'以智胜力'，恐怕还是说得浅了，最高境界的太极拳，甚至不求发展头脑中的'智'，而是修养一种淡泊平和的人生境界。"

六、关于太极劲

在太极拳圈子里，谈到大师的功夫，也常常提到某大师冷劲好，某大师断劲让人吓一跳，某大师截劲漂亮，你劲没出来，被大师截住，胸憋气闷十分难受，云云。

（一）太极拳有劲论

真有太极劲吗？怎么练太极劲？

笔者不知道别的大师、教练、太极拳理论家如何回答这两个问题，如果让我解答，我会肯定地告诉问方，没有太极劲！

没有太极劲令人难以置信，因为蜚声中外的太极拳大师都有有关这方面颇具影响的著作，著作中关于劲法有滚、错、折、磨、弹、冷、正、侧、定、断、刀、锯、拍、掸、拽、擎、踏、重、离、披、闪、担、搓、欷、黏、随、拘、拿、板、软、推、掩、撮、坠、续、掤、搂、挤、摊39种劲。在先贤的古谱太极拳经典中，除《揭手十六目》的十六种劲之外，还有纵、横、高、低。《六合劲》有拧裹、钻翻、螺旋、崩砟、惊掸、抖擞。还有很多很多，劲法在太极拳经典古谱中多有收录。

在太极拳经典著作和当代拳师的专著中，在众多的传抄文字中证实，确有太极劲记载。

（二）太极阴阳不言劲

笔者从学京城松柔艺术大师杨禹廷的八十三式太极拳，老拳师从来没有指导过我们练劲，也从不说劲。没有太极劲，那为什么著书立说及传播中证实有太极劲的存在呢？那仅仅是文字记载，是理论上的探讨，是拳师在教学中的术语，如果刻意去练劲，是十分困难的。看周围拳友有哪一位练出什么劲，能够与书上讲的劲相吻合，能够看得见，摸得着，学有法，用有章，使即灵，用有效？有人学人会人用人灵的劲法吗？没有，绝对没有！

有人也许在头脑中产生了问号，先贤在经典中言明有多种劲，当代大师著书立说有多少多少种劲，你为什么说没有劲？太极拳不是中药店，大堂有几百个抽屉，外面标明内存什么药，由中医大夫开具药方，交药店服务员，一味一味抓齐配全包好，抓药的全过程结束。如果买一味药，更为方便，过程不减，但一味药只抓一次。如果我们拳师学一种劲就比较困难，学 10 种就不像抓药那么简单。就算学练者悟性好，聪明，领会能力超出一般人，一种劲也要学练一年，39 种劲学练 39 年，从 20 岁到 59 岁学成毕业，39 种劲能不能实用另当别论。

习练劲是困难的，原因是在没有太极劲的状态下，学练太极劲当然困难，这么说，劲是不是一种误解和误导？

从拳理拳法研究，太极拳没有劲。太极拳的本质是什么，在《太极拳论》中开篇讲得十分清楚、明白，"太极者，无极而生，阴阳之母，动静之机也。本是舍己从人"。从《太极拳论》的精华理论中，找不到练劲的根据，而论打的《打手歌》中，也找不到劲的存在，只有"引进落空"之句。太极拳博大精深，从拳理拳法的修炼过程中也找不到练太极劲的方法。现在可以深层研讨，先贤说到的劲，我们还不甚理解，单单就劲论劲未免显浅。如果现代职业拳家提到劲，从教学视角望过去，是可以理解的。

练劲与拳理拳法背道而驰，也有悖太极阴阳学说。太极拳的拳理，源于《易》之变，老子的"空无之道""道法自然"，也不允许强力去练劲法。

（三）太极劲的说法从何而来

没有太极劲，"劲"说从何而来？

在破解"劲"秘之前，还要说说太极拳松柔功夫与劲的不同之处。

劲是力又不同于本力，是技巧之力，是太极拳技术之力，通称劲。其实，劲也是力，与太极拳的阴阳、虚实、松柔、开合等拳艺相悖，与太极拳最高境界空无相悖。太极拳家的最高境界应为拳论《授秘歌》中规范的体能，如"无形无象，全体透空"。所谓全体透空，为全身九大关节及各个部位、小关节都要松开，心神意念松，周身肢体松。按道家对松净学说的要求，体能应为"中空道通"状态。是"极柔软"、极"轻灵"的状态，也就是周身空松状态。如果练劲，体能不可能有空松的状态，周身的大小关节也不可能松开。练劲和太极拳松柔是水火不相容的两种不同的训练方法，从根本上讲，基本理论也是互相对立的，从太极拳的拳理拳法讲，太极功法中，没有练劲的训练方法和理法的篇章。

　　高明的太极拳大师周身松净透空，在他手上身上什么东西也摸不着，攻者发出什么劲也攻不破大师空松之身体。其实，太极拳高境界阶段，空松且完整一气，周身浑圆一体，什么劲也没有。那么太极大师的劲又是怎么出来的呢？是学生进攻者体会出来的，在攻与防中进攻者体会出老师的各种劲的学生弟子，修炼有一定年限，明拳理拳法，从道理上能讲出几种劲。其实，高明的拳师与对方较技，只是以无极状态站好自己的位置，以空松的脚、腾虚的状态、空松虚灵的双手等着对方出手。弟子的松空功在老师之下，伸手劲出不来，誉老师截劲，有的体会为断劲，什么坠劲，脚下虚飘是拿劲，等等。某师截劲好，某师断劲好……传得很快。其实，这位拳师空松着肢体，什么劲也没有，这是技击艺术，是高品位的动态运行艺术。如果拳师真要发放出什么劲什么劲，他身上就什么劲也没有了，这就是太极拳其玄、其奥、其妙、其精深之处。

　　周身空松的拳师，应该是高层次功夫的修炼者，他周身具备阴阳、虚实、开合、轻灵，诸如九大关节空松虚灵，且节节贯串，身上"全身透空"。具备前文描述的"以心行意，用意不用力"，"以静制动，后发先制"，"以柔克刚，化中有打"，"以小打大，以弱胜强，引动四两拨千斤"，自身无形无象。他是以阴待实，以静制动，虚待攻，以空接彼。进攻方能够体会老师身上的各种劲,也就是未发出劲的劲。如果修炼者拳师身上空松未达到全体透空的水平,想加些动作以显示自身发劲之威力,进攻者就绝对体会不出清脆柔韧之劲。弟子不是循规蹈矩从盘拳中积累阴阳变化之功夫,而背师去练劲,结果关节练僵肌肉练死,心态僵紧,出手有力。正如老子讲的活人死肉,"人之生也柔弱,其死也坚强",练劲的结果将自己练成一根棍。练家不可不察,不可不详辨。

七、技击训练

谈到技击训练似乎无话可说。京城太极拳松柔艺术大师杨禹廷说得极为精妙,他说:"太极拳就是一阴一阳两个动作,一通百通,太极功夫都在拳里边。"只要练太极拳,功夫都在拳里,还需要怀疑吗?练家循规蹈矩练拳,便一通百通了。练家一定要修大道,走这条大道,小径是没有的。如果一定要学点技击,那么只是半功半招,半法半劲,只是些小手法。以技击十步说法,以试身手:

技击十步

一步　逢来必合　身不动,手不动

对方攻来,不要以势、以力、以劲、以神、以意等着迎战对方。这样必然从精神到周身,从意念呼吸到四肢手脚都僵紧。请自己安排好自己,心理安静,尽自己功力,脚下双轻,肢体松松,手上尽量空空什么也没有,身不动手亦不动,以无极态势等对方进攻。

对方的攻势可能停下来。

二步　逢急空接　身不动,手动

对方急攻，不进不退，脚松，顶上虚灵，松腰空胸，伸出双手，两掌舒展不着力，尽量做到手上空接，起码不主动接对方的进攻手而是等他的手攻来。

对方减缓速度，不敢贸然急进。

三步　逢硬遥接　身不动，手起停动

对方来横的，鼓足浑身巨力，其势汹汹，强硬扑来。还是老状态，脚松贯串到顶，顶上虚灵有神，周身松空，手上空灵，松腰空胸，双手起与肘平，先以气势压住对方。在对方身后不远处找一目标，意念、视线、手指的方向都指向这一目标，所谓三点一线制强敌。

对方的进攻将停止，碰到你手将向后跌出。

四步　逢猛化打　身不动，手不动

对方猛冲过来，身体仍然放松，安排好自己，心理安静不要想着教训别人，也别想打击对方。只要自己松空自己，对方进攻即受阻。他打什么部位，什么部位松接，摸到手上也如此。在接触部位化解对方来力，逢化必打。

对方进攻慢下来，接触在哪里哪里反击。

五步　逢丢必打　身不动，手动

与对方接手，自己在接手之前以阴势状态站好位置，双方接手，对方攻势落空，已经从脚到顶感觉不舒服了，对方的心神意念有动意——想跑。想跑是丢，要抓住战机，对方跑我就打。怎么打，直来横打，亦可以向左右两肩上或左右两脚后方下打。

攻不破便走，见丢便打，抓住战机。

六步　逢凹填实　身不动，手动

两人较技，自己站好，安排好自己，以逸待劳等对方来攻击。对方进攻前你的身形已成为阴柔状态，对方攻势为阳，攻不破即退。敌退心先退，身形上成为凹形。逢凹便打，将对方凹进的部位填实，对方便会被动挨打。

敌入我松，见凹追着打，打他凹的部位。

七步　逢凸虚接　身动，手不动

对方主攻，突然攻击。我仍静心对阵，以空虚战术从脚到顶虚灵，顶上充满精神，脚下空松，手上空空。虚接就是不接来手，空得对方呼吸困难，前栽跌入意念设计的"坑中"。

对方攻来我空松，遇空即翻，似蹬空踩翻。

八步　逢斜正打　身动，手不动

对方斜向进攻，要调整自己的方向方位，坚持中正。使对方斜来之力落空，接触部位的手不动，上步取胜。

调整方向方位，中正迎住对方，斜来正打。

九步　逢顶不丢　身不动，手不动

两人较技胶合在一起，互相出劲便顶牛或撕皮掳肉。没有阴阳、虚实、开合变化的艺术内涵，从外形看缺少大雅风范。对方出力，我方粘连黏随不丢不顶，对方出力便会自找没趣。

对方出力主动出击，粘连黏随是取胜良方。

十步　逢压贴打　身动，手不动

对方来势凶猛，快速推到身上，压在臂上。站好位安排好自己，虚松腰胯使自己先站中正，在接触部位，搭开被制之接触点，不丢不顶，松开接触点，贴住对方变被动为主动，这便是贴打。

松开接触部位，以贴打解除困境。

"技击十步"介绍到此，暂告小结。"十步"只是在不同环境中，化解对方攻来之势，使自己转危为安，不取主动进攻之势。

八、孙子与技击

《孙子兵法》是古代一部光辉的军事著作，被列为武经七书之首。

这部兵书的作者孙武，尊称孙子，春秋齐国（今山东省一带）人，和孔子同时代。他出身于兵家，他的祖父和父亲都是齐国大夫。公元前五百多年，孙武从齐国到吴国（今江苏省一带），在吴国任将，这时，孙武的兵法十三篇已诞世。孙子结合吴国多平原与内河的特点，为吴王训练军队，打败了强大的楚国（今湖北和湖南北部）。

孙子兵法十三篇内容极其丰富，历代帝王无不拜谙熟孙子兵法的武将为帅。从古至今，知识本无国界，一部中国古代兵书，早已传遍全世界。我国的东邻、一衣带水的日本，从古代始便得到了《孙子兵法》，视这部兵书为"兵学圣典""世界古代第一兵书"。日本军界上层普遍学习，并熟读它。孙子在欧洲也有崇高地位。翻开近代史，法国皇帝拿破仑怀揣《孙子兵法》率领法兰西军队向欧洲进攻，登上大俄帝国的领土，并杀向莫斯科；德皇威廉二世在世界大战中失败，失败后他有幸读到《孙子兵法》，读后感慨万千，他说，"如果20年前能看到这部中国兵法，今天不会如此惨败"。

《孙子兵法》问世已有两千多年了。我们太极拳人也该读一点《孙子兵法》。如果我们只是在拳场埋头苦练，不去横竖看一看祖国的文明史，恐流汗再多也不会有什么大的成就。我们的先贤陈鑫大师在《学拳须知》中，教导学子："学太极拳先学读书。书理明白，学拳自然容易。"他以一生习拳之体会，谆谆告诫后来者，我们习武之人并不是四肢发达、头脑简单者。习拳明理要先读书方可得道。古代并无"学者"一词，从武文化宝库中看到，学者拳家为我们留下了丰富而珍贵的文化遗产，仅以《中华武术文库》古籍部出版的《太极拳谱》为例，全书十几万字，收入太极拳拳论、拳谱、拳歌、拳解、要解、说略、秘诀、八要、势架、拳诀、要言、图解、经诀、歌诀、约言、歌解、心解、十要、功法、明法、八字功、用解、武解、劲解、长拳解、颠倒解、太极解、三成解、武事解、正功解、浮沉解、四隅解、腰顶解、五气解、根本解、分毫解、存亡论、刀诀、刀赞、行功诀、用功诀、虚实诀、乱环诀、阴阳诀、用功歌、授秘歌、无极歌、太极歌、刚柔歌、拳经谱、俚语、经论、权论、推原解、拳用说、缠丝精论、缠丝劲论、十六目、三十六病等等。从丰富的文化遗产中不难看出，太极拳博大精深说是有其根据的，如果古代先贤都是一介武夫，恐难以往下传递。先贤拳家给我们留下大量的多彩而光辉灿烂的文化遗产。

太极拳呼唤学者。拳人以心意授受拳艺，举手投足从之于理，太极先贤教旨："打拳打个理，"凡事贵乎理明，拳术更为如此。武人亦应以文会友，不以腰壮臂粗论高低。

所谓"学者"，饱学之士也。每天练拳远远不能也难以驾驭博大精深之太极拳。"学太极拳先学读书"，这一个"书"字并非指仅仅读些拳经、拳论，如果太极拳练家连拳论也不读，实在令人遗憾。有一位小有名气的练家撰文，他在文中写道："我就不相信用意不用力，你用意打我一次。"用意，不要用劲，是先贤李亦畬大师在说解中一句最为重要的拳理，已成为太极拳理论普遍真理之金句。"用意，不要用劲"，反映太极拳之特性，不明此理如何练太极拳？学拳先读书，但仅读拳书是不够的，我们练拳人要广学博识，博采众长，涉猎百家，读书要广且杂。不妨读些中医药学、解剖学、人体科学、经络学、心理学、哲学、天文学、逻辑学、美学、文学以及老子、庄子、孔子、孟子、佛学、道学、《易经》和《孙子兵法》等古典文献。

太极拳人应从《孙子兵法》开蒙，学习兵书，以充实自己的智慧，加深对太极拳的认识和理解。通读之后，重点研读兵法第六《虚实篇》，此篇与太极拳的阴阳、虚实极为吻合。

太极拳讲究虚实，孙子用兵以虚实为本。他说："夫兵形象水，水之形，避高而趋下，兵之形，避实而击虚；水因地而制流，兵因敌而制胜。故兵无常势，水无常形；能因敌变化而取胜，谓之神。"太极技击，打虚不打实，也就是打动不打静。双方技击，对方在静态中，脚下桩功牢固，身体躯干四肢严阵以待，坚实得像一座"城堡"，贸然进攻，犯了攻实避虚之忌。太极技击在战术运用上，应该按孙子兵法"避实而击虚"的法理运动，采取"打虚不打实"的战术。对敌人虚实不了解，贸然攻击敌人坚实的"城堡"，十次会有十次失败。如在双人技击中，对方双手攻来，左手虚右手实。我左手接住他右实手，不丢不顶不动，而右实手打对方的左虚手，怎么打怎么有十分自由，这便是"打虚不打实"。

老子在空无之道的论述中也讲到水："天下莫柔弱于水，而攻坚强者莫之能胜，以其无以易之。"古代的思想家、哲学家，他们的思想相通相承，有着深厚的内在联系。这些著作文字虽然并不华丽，自然朴素，但道理深邃，给人以极大启发。只有吮吸古代思想家的"乳汁"，才能补充自身的营养不良。读老子、孙子、孔子等古代思想家的经典，进一步认识和理解太极拳的拳理拳法，能使我们变得更聪颖，更睿智。武人修炼，读文人的课程有百益无一害，多读书是一大乐趣。

附：

孙子兵法第六《虚实篇》

凡先处战地而待敌者佚，后处战地而趋战者劳。故善战者，制人而不制于人。

能使敌人自至者，利之也；能使敌人不得至者，害之也。故敌佚能劳之，饱能饥之，安能动之。

出其所不趋，趋其所不意。行千里而不劳者，行于无人之地也。攻而必取者，攻其所不守也；守而必固者，守其所不攻也。

故善攻者，敌不知其所守；善守者，敌不知其所攻。

微乎微乎，至于无形，神乎神乎，至于无声，故能为敌之司命。

进而不可御者，冲其虚也；退而不可追者，速而不可及也。故我欲战，敌虽高垒深沟，不得不与我战者，攻其所必救也；我不欲战，虽划地而守之，敌不得与我战者，乖其所之也。

故形人而我无形，则我专而敌分；我专为一，敌分为十，是以十攻其一也，则我众而敌寡；能以众击寡者，则吾之所与战者，约矣。吾所与战之地不可知，不可知，则敌所备者多，敌所备者多，则吾所与战者，寡矣。

故备前则后寡，备后则前寡，备左则右寡，备右则左寡，无所不备，则无所不寡，寡者备人者也，众者使人备己者也。

故之战之地,知战之日,则可千里而会战。不知战地,不知战日,则左不能救右,右不能救左,前不能救后,后不能救前,而况远者数十里,近者数里乎?

以吾度之,越人之兵虽多,亦奚益于胜败哉。

故曰:胜可为也。敌虽众,可使无斗。

故策之而知得失之计,作之而知动静之理,形之而知死生之地,角之而知有余不足之处。

故形兵之极,至于无形;无形,则深间不能窥,智者不能谋。

因形而错胜于众,众不能知;人皆知我所以胜之形,而莫知吾所以制胜之形;故其战胜不复,而应形于无穷。

夫兵形象水,水之形,避高而趋下;兵之形,避实而击虚;水因地而制流,兵因敌而制胜。故兵无常势,水无常形;能因敌变化而取胜者,谓之神。

故五行无常胜,四时无常位,日有短长,月有死生。

第七篇 太微拳学修炼篇

太极拳学博大精深，从古至今折磨、困惑着千百上万的追求者。一代代拳人，糊涂明白，明白糊涂，似乎是一个怪圈。到咱们这一代拳人，比老祖宗聪明好多，多少弄明白了太极拳的一二三，进而又知道了四五六。太极是个大，无限大，没边的大，太极拳练的就是大。但没有小哪来的大，有大有小才是科学，我们要寻找小、研究小，这个小也就是太微拳学，发现和研究太微拳学离七八九也就不远了。

一、什么是太微拳学

当前，研究太极拳、习练太极拳的人比较多，国内国外，凡有人的地方就有人练太极拳，而研究太微拳学者人数不多。其实，有多少人习练太极拳就应该有多少人研究太微拳学，从人数看应成为正比。研究太微拳学，说到底是太极点学，也就是常说的"点"，有成就的太极大师说，功夫到上乘，要走点。什么点？"点"是什么？

太极拳先贤对于太微拳学早有研究和提倡。清代太极拳大师陈鑫在《太极拳推原解》中云："放之则弥六合，卷

131

之则退藏于密。其大无外，其小无内。中和之气，随意所之。意之所向，全神贯注。变化犹龙，人莫能测。运用在心，此是真诀。"这是从先贤拳理中所能读到的有关太微拳学的经典。"其大无外"好理解，我们习练太极拳多年，意在外，想多远便是多远；想无限大，便可以无限大。视线看多远便是多远。而"其小无内"则难以令人理解。"卷之则退藏于密"也属其小无内，小到甚至都摸不着看不见，退藏于密也是收至无影，难以见形。这是我们要探讨的太微拳学。也就是太微点。

二、关于"点"

笔者学练、研习太极拳三十多年来，亲口对我说到太微拳者仅有两位拳师。第一位是京城太极拳松柔艺术大师杨禹廷老前辈。有一次在他家，我攥上他手腕，感觉手攥空了，食指根部像有一个小小的锥子尖扎住，我心里有欲跌出的恐惧感。他舒展手，笑着对我说："这是点。"第二位是京城著名杨式太极拳家汪永泉大师。我年轻时学拳遍访名师大家，与汪永泉大师交往多年。第一次拜访永泉老时我告诉他，我跟杨禹廷老学拳，"来看望您是崇拜您"。后来跟几位拳友到龙云旧居听汪老拳师说拳，再以后在贡院南口聆听汪大师论道，他断断续续说过走"点"。他的制人拳诀："接手四梢空，一接点中求。"他说到技击，在揉手的发拿打化中，提到"实点""滞点""聚点""空点""拿点"等点的运用。后来，关于点的学说写进汪永泉授课的《杨式太极拳述真》一书中。书中介绍了"四段五点"。五点部位名称：顶点，位于咽喉下方。上死点，在顶点和灵活点之间。灵活点，相当于人的心口处。下死点，在灵活点和下垂点之间。下垂点，位于两胯之间。向世人学子披露杨式太极拳技击拳法之精华，为找不着感觉的拳人解惑实为善举。

杨禹廷老拳师讲的"点"与汪大师论的道有所不同，他说的"点"没有固定位置，周身上下都是点，摸哪儿哪个部位便有点，阴阳相济，遇阳而阴，逢阴阳显，点点能化解来力，点点俱打。

点运用到如此自由纯熟阶段，单单说点已经不够，需要升华，而研究的课题，就是太微拳学。

三、在什么状态中有"点"

先辈太极拳大师为我们开辟了太极拳学的天地，这是先贤给我们留下的珍贵的文化遗产，需要我们认真地继承和发展。

我们进行太极拳学的研究是很有意义的，如果太极拳人都注重太微拳学的研究，就会将太极拳的总体水平提高一步，上升到新的层次。因为太极拳人具有点的感觉后，他的功夫就不是一般水平，首先松柔功夫修炼应超出一般，具体说，他要达到空松腰胯的层次。因为太微拳学拒绝本力，不喜拙力，拳人松开九大关节，周身松柔，身上才有可能出现太微点。

四、科学的太微拳学

在太极拳经典中，有"一举动，周身俱要轻灵""由着熟而渐悟懂劲，由懂劲而阶及神明"两句。以此两句拳论，试将太极拳分为四乘功夫，即"轻灵"为初乘，"着熟"为下乘，"懂劲"为中乘，"神明"为上乘功夫。从实践透析，盘拳能到初乘也是不容易的。初乘功夫的修炼者身上，手脚肢体的本力退得比较干净，盘拳有轻灵感，外人看着协调，整体动态运行上下相随。到下乘层次，盘拳熟练脚下步幅有准，方向方位准确，能做到立身中正，外人看了已经很舒服了。到中乘功夫，身上应该有"点"的感觉。

太极拳修炼不是学校式，同年龄，同级别；也不是多少公斤级在多少公斤级内比赛；也不能算年头，练几年拳到几乘功夫，熬到年限领一张上乘证书，根本不是那么回事。

太极拳是艺术，跟学练其他门类的技艺相似，学练者文化修养不同差异很大，不同的文化层次，对太极拳学的理解不同，所达到的层次也不同。

谈到太微拳学的修炼，先要认识理解太微点的存在和运用。如果你和你的老师从来没有听说过，也没有看到具有太微点功夫的人，又从何谈修炼呢？当你接触太微拳学的理论后，先要去悟"其大无外"的"外"，再去悟"其小无内"的"小"，小到无内，小到退藏于"密"，小到看不见。

太极拳讲究先求开展，这很好理解，都能做得到，将拳架打大便是。尽管理解偏颇了些，但拳势大就对了一半。可是，紧凑就不好理解，操作有难度，哪位拳师能说明白拳架小，小到什么程度是为紧凑？紧凑并没有标准，但这就是我们要研究的太微拳学的课题。可以举例说明紧凑，如两人放对较技，双方一接触，一方脚下飘浮，被吸拿起来。在拿起来尚未发放出去的一瞬间，这便是太微拳学。

双方接触，一方便被拿起来，这是一项大学问，仅一个"拿"字不能概全，不去研究太微拳学，是说不清楚的。如果引申展开议论，其实在双方未接触之前，一方早已被拿住，他并不知道自己早已进入对方的太极功夫圈内，被对方收入"其小无内"的"内"中。

将科学的太微拳简单地说成点，远远没有能够悟到先贤对太微拳学研究的成果。和"放之则弥六合，卷之则退藏于密，其小无内"的理论不相吻合。我们对太微拳学的认识和理解尚达不到先贤的层次。

五、太微拳学的运用

任何科学都是为人类服务的，太微拳学也不例外。研究太微拳学是研究微小运动在身体内部的变化和反映。身体中的细胞、脑细胞、血液中的红白血球都是以小巧在人体中主宰着生命运动。太微拳学是太极拳的"细胞"，在拳中起着内部运化阴阳变动的作用。

我们认识和研究太微拳学的目的，就是要修炼和运用它。为了将太微拳学说得清楚，讲得明白，试以太微点解析在技击中的运用，以说明"点"是看得见，摸得着，学有方法练有目标的。

（一）以小打大

双方较技，另一方的双手攥住另一方的一只前臂，这是二打一，是集中优势兵力以多胜少、以大打小的战术，是优势。另一方单臂受制，以一御二，立身也不中正，是被动势，是劣势。被动者想以本力、以技巧去挣脱受制的前臂是困难的。因为这里含有太极拳技击的中正学，或者叫抢中的学术和战术。

制人者立身中正，双手钳制住对方前臂，被钳制方身侧偏斜，处于不利状态。

欲破解前臂受制，用力用招都有难度，而太极拳规范是用意不用力，此处用力是败招，有悖于太极阴阳学说。用力用招不可，那么用何种招法解脱困境呢？这时就须求助于太微点之作用。

被对方双手钳制住的前臂，就其接触部位，术语称为接触点。双手不将手掌计算在内，十指钳制前臂就是十个接触点，如果算上指根接触点更多。松开九个"点"留下一个"点"，顺势舒展走外弧形线，意念已经绕到对方的身后，此时，双方态势已经起了极大变化，劣势者已经化解了九个接触点，以一只前臂打对方一个点，从劣势转为优势，从被动变为了主动。

（二）以点打面

太微点的运用有令人兴奋的奇妙之处。

凡太极拳修炼者，为了得到性命双修，都在努力进修，以期达到体悟太极拳之真谛。拳论早在几百年前就告诫后人"斯技旁门甚多"，有正门就会有旁门，不走正门便会入旁门，是不以意志为转移的。对太极拳有什么认识和理解便会入什么门，拉也拉不回来。少见太极拳修炼者有走火入魔者，在神经病院找不到练太极拳的患者，这并不表明太极拳人都入了正门修大道。社会上多见不练或不会练太极拳者，每天几个人聚集在一起"推手"，似此运动健身无可厚非，动则身体受益，如果是修炼太极功夫，这样推来推去不会有大出息。跟太微拳学也根本不沾边儿。

太微拳学胎生于对太极拳循规蹈矩的修炼，从太极拳的阴阳相济中修炼，身上渐渐退掉本力，体悟到松柔功夫，才有可能在身上出现"点"。太极功夫修炼到中上乘，人体结构起了质的变化，体能大大改变，身上有了松空之感，太极点自然会出现在身上。从技击讲开去，太极技击不是硬碰硬，也不是软对软，是运用太微拳学的阴阳变化，以微小对付强大来势，仍然是以小打大、以点打面。

为了便于理解以点打面，试以锥子尖来形容。老辈妇女在层层布片粘合在一起的厚硬的鞋底上纳线，也就是纳鞋底。这种鞋底十分厚硬，聪明的大嫂大妈们先用锥子扎一个眼，然后引针穿线。锥尖虽细尖，但浑身的力量集中到锥尖，硬厚的鞋底抵挡不住锥尖。这小小的锥子尖，正是以点打面取得胜利。

锥尖力大无穷，难以阻挡，我们通过修炼，身上手上产生了锥尖力或者周身四肢，摸到哪个部位，哪个部位便有一个锥尖，这时你根本无须再去用力，再去施以技巧，也无须再用招法与人较量。这便是太极技击中"以静制动，后发先制"点的神奇妙用。

在太极拳技击中，有可能以点打面，只有以点打面可称为太极技击艺术，以点打面的本质也是以点打点。

六、如何修炼太微点

（一）具备什么条件可以习练太微点

有人问初学者能不能研究太微拳学，能不能习练太微点呢？

太极拳初学者肢体僵紧，周身上下不协调，对太极拳的拳理拳法还处于不理解或不甚理解的状态，对一招一式的拳法仍然处于机械运动状态，这时身上的本力、拙力不但不能退去，后天机械式的拙力还有所增添。各个大小关节动则僵紧，周身不能放松，九大关节松不开，在这种僵滞的状态下无法习练太微点，更难以研究太微拳学。习练太微点，要将拳盘熟练，周身退去僵拙之力，这是习练太微点的起码之条件。

（二）怎样习练太微点

习练太微点，要选择适合的拳架，笔者认为杨禹廷八十三式太极拳最适合。

杨禹廷太极八方线，是对太极拳教学的一项重大改革。动作与动作之间是弧形线。弧形线两端一端为起始点，一端为终止点，第二动的起始点，是第一动的终止点，动与动之间的衔接丝丝入扣，一环套一环，像一只玉镯，光滑而没有接痕，势断意不断。

太极拳套路的方向方位以八方线定位，盘拳实手轻扶八方线，从起始至终点循环往返，有圆活趣味，这是杨禹廷八十三式太极拳之特点。盘拳熟练后，因为意念在指梢，日久食指梢有了感觉，这种感觉就是笔者说的"点"。手上有了点的感觉后，盘拳从动的起始点，实手食指轻扶，循弧形线向终止点运行。这样盘拳手动"点"走，"点"走手随，感觉浑身舒展，轻松，不僵不滞，周身大小关节松弛、完整、协调、上下相随、呼吸顺畅。不知不觉中身体就起了前所未有的变化，体能也变得更为舒松。

七、太微点的形成和发展

笔者在本篇中断断续续讲释了太微拳学的形成和发展，当前需要太极拳人认识事实存在于我们身体中的太微点，以太极阴阳学说规范自己的动作,在研究太微拳学的过程中,开发太微点。

(一) 太微点的形成

　　练太极拳方可开发和形成太微点。那么是不是所有习练太极拳的人身体中都能形成太微点呢?不是这样的。一般似太极操式的打拳,周身僵紧,体内不会形成太微点,也无从研究太微拳学。凡立志修炼太极拳、自强不息、锲而不舍者,多练、苦练也不成。关键要循规蹈矩,按太极拳拳理拳法规范的动作盘拳修炼。认识和理解太极拳是松柔动态运行艺术,一举动,周身轻灵,行功盘拳用意不用力,由着熟而渐悟懂劲,方有可能体验开发出太微点。

　　拳论云"太极者,无极而生,阴阳之母,动静之机也""极柔软""轻灵"。没有阴阳、柔软、轻灵就不是太极拳;没有柔软、轻灵,也没有太微点。太极拳人没有修炼好松柔功夫,很难开发太微点。

　　一套拳从起势到收势有其固有的套路路线,循环往返,在松、柔、圆、缓、匀的状态之中轻慢地运行着。如果运行突然受到阻力或者有外力进行干扰,使正常的运行受到不正常的阻碍和破坏(较技、技击),运行中的受阻肢体结构便会迅速"卷之退藏于密",也就是受外力挤压的局部迅速密集在一个小小的密集点中,瞬间膨胀突然爆发,将对方发打出去。这个力量是十足的锥尖力,这种力与本力,以及什么劲是没有关系的。

　　这种爆发力是强大的,难以阻挡的。

(二) 太微拳学的发展

　　在了解了太微点的形成和能量后,使我们明确认识到,对太微拳学的研究是太极拳人追求的目标。

身上有太微点的存在，周身极为轻灵圆活，血液循环顺畅，对整体健康有益，在技击运用中更是极为奇妙的。身体不受外力进攻的压迫，奇妙的太微点是不会显现的。太极拳的太微点在技击运用上前途广阔，只要开发出来运用自如，是长于他人的秘密武器，也是常规武器，接手便是。遇知扬威，使对方躲也躲不开，化也化不掉，任何高手在小小的太微点前都将败下阵去。

太微拳学前途宽广，研究太微拳学是行于大道。有了太极拳学，便显现出太微点学，其大无外，其小无内，你大我小，你小我大，你来我隐，你走我显，阴阳变化其妙无穷。太微拳学是拳人必须研究的养生技击之大工程。太微点是拳人克敌制胜的尖端武器，上好的利器焉有不用之理！

第八篇 太极养生修炼篇

《黄帝内经·四季调神大论篇第二》曰:"从阴阳则生,逆之则死。"拳论:"太极者,无极而生,阴阳之母,动静之机也。"太极养生是生象,极为引人关注,也引起各阶层人士的兴趣。太极拳艺术,为高品位的阴阳变化动态运行艺术,盘拳似行云流水。从表及里,充分调动起来,舒理经络,血道、气道畅通、阴阳得到良好的平衡,脏腑各个系统循环运作正常,无淤阻,内固精神,外示安静,上下相随,内外双修,给修炼者带来身心健康。

一、初识养生

"养生"是被亿万人关注的事关切身利益的大热门、大焦点,是说不完道不尽的永恒话题。养生,不仅关系到每一个人的生存质量,也关系到国家的繁荣、民族的兴旺。全民健身运动的意义重大,其关键也在于此。太极拳运动被越来越多的人所重视,太极拳养生已吸引了更多人的注意力。

"太极拳好"(1978年题词)是当代伟人邓小平送给人类健康的厚重的精神礼物。而在20年后的天安门万人太极拳表演是具有重要社会意义的历史意义的大事。这一纪念活动使我们看到太极拳运动以及太极拳养生更具迷人的魅力。在探讨太极养生之前，先要研究一个既深奥又浅显的与人的生存质量密切相关的问题：人，为什么生病？

二、人，为什么生病

"人，为什么生病？"初听此问，人们也许要笑出声来，这么浅的问题，连小学生都知道。人生病的原因很多，诸如外来的食品不卫生、病从口入、病菌、病毒的感染。高科技发展，伴之怪病丛生的不解之谜，麻木了，将是不去解之谜。大气污染、噪音、气候变暖，重金属垃圾被雨水冲刷后再入农田，人吃了被污染的粮食而患病。因果，周而复始何日能结？

人类是极为爱惜宝贵的生命的。运动养生便是人们渴望得到的，自己是把握自己生命运动的主宰。人，为什么生病，这个简单而又复杂的难题，常常摆在每一个人的面前，令人不得不正视，但也没法探究个明白。

在《黄帝内经》中，述说了人之有病，是以酒为乐，以妄为常……逆于生乐，起居无常，故而半百而衰也。当今社会远离那个时代，而今高楼林立，钢筋水泥壳、钢铁壳子包围着我们。现代人比祖先生活异彩纷呈，多彩多姿。搓麻、洋酒、桑拿、丽人伴以歌舞，生态环境恶化，从四面八方袭来，防不胜防，躲不胜躲。

人，为什么生病，难道都归结为外因吗？内因也不可忽视。中医药学家孙继光先生认为，人生病患，如魔如影相随，是因为人迷恋幻体将其当真而不悟，犯了"五字"之戒，即贪、嗔、迟、慢、疑。例如"贪"字，贪态种种，有贪吃、贪睡、贪玩、贪欲、贪财、贪利、贪名、贪凉、贪热、贪咸、贪酸、贪辣、贪苦、贪杀等。由于贪，过重地让身体某一部位的器官、脏腑承受压力，压久则邪偏生害，有失我们体态及营卫气血运行，生出病来。至于讲嗔（瞋），是个偈语，口边嗔，是怪、怨、恨、怒，不满动气而出声的意思。目字边瞋，又有怒目动情至极难言之解；过分地睁大眼睛，形怒于色，动心动情，或者强压怒火，脸上控制住了未暴露出来，但人的眼睛是心灵之窗，是掩盖不住的。按古今中医论解人的眼目，也是一把解开脏腑病患来去的钥匙。人之目肝之窍也，不当之瞋（嗔），不仅病伤了肝，也病伤了胆。有病不得迟慢诊治，要善待最为宝贵的生命。躲病不可取，对待疾病，要相信现代医学，怀疑是没有根据的，也勿疑神疑鬼，心无主见，如见鬼魅。疑医疑药，不打针不吃药，更为荒唐。

内因对疾病有暗示发作和好转的作用，性命双修，静心看待一切事物，静以修身、心平气和、笑口常开也能起到祛病、健身、强体、延寿的保健养生，以阻生病渠道的作用。当然，求保健养生之妙法，太极拳运动是最好的选择。

三、运动与养生

运动养生是人的本能，更是人的追求。运动项目很多，包罗万象。跟拳家、运动家练的一般不同，专家练的是有板有眼，有书有文的项目，而常人练的人人如此。伸懒腰是大众练身提神的快餐，其实人降生落地从几个月便会此功，时时伸懒腰，是一种人人都练、常练不衰、到老不停的一个项目，而且人人练人人灵，伸伸懒腰伸筋拔骨顺气提神，疲劳一瞬即逝，立竿见影，时时伸懒腰，一辈子不练别的也未尝不可。随便甩臂，摇头摇尾，前仰后合，头部左右转动，蹬足转腰等自由活动，也无章法，毋须请大师指点，也是一种锻炼。此外摩、跳、拍、打，淋个日浴、水浴、酒浴、酸浴以及欢乐开心找愉悦，也是一种养生。

　　自由练家并不知，随便活动活动如何便获得健康呢？其实这种随便活动是以心情愉快，思想无负担，不僵滞起始。动者在不知不觉中，动起于经络，脚下三阴三阳经络在外动中达到通畅作用。头部转动转腰拍打，有护心畅水养肾之功用，摇头摆尾，前仰后合，能健身养容，养肾有利心肝。做深呼吸吹气，可收化虚还神存精健脑之功。自由、随意运动是不是有如此之神，因人而宜有小异，不能达到完美健身，而动便受益，练可健身，生命在于科学性运动，则是一成不变之理。

　　若想全身心得到健康，还应该选择一两项体育活动为佳。在选择运动项目之前，对自身健康状况、家族病史、自身隐疾要有所了解，以选择适合自己身体情况的运动为好。像散步、跑步、跳绳、健美操、体操、乒乓球、排球、篮球、足球、门球、滑冰、滑轮、游泳、骑车、打拳等项运动，选其中之一进行锻炼，有时间有兴趣可以深究其功，作进一步追求。

　　对于一切运动健身项目要持科学的态度，适度而动，可求不可强求。俗话说："打死练武的。"死在拳台的人哪年都有。20世纪50年代军运会，拳击台上打死拳击手，我国拳击运动停顿了30年后才恢复。世界著名的长跑家佛里克斯，著有《长跑大全》成为畅销书，他戒烟、戒酒、减肥跑步，轰动世界，引来众多男女参加长跑活动，可惜，他只看到跑步的有益一面，而忽略自身的健康状况和内脏的隐疾。他在跑步中呼吸困难、恶心、胸憋闷疼痛，延误寻医求药，死在长跑路上，甚为可惜。

四、强身必须运动

没有一个成年人不想有一个强健的身体，壮健的体魄，宽厚的胸部，有力的大手，粗壮的大腿，刚劲的步伐，发达的大脑。但事与愿违，主客观不相符，有人虚弱多病，四肢无力，健康情况不佳。

我手中有几个从《北京晚报》上摘录的有关科技人员的体质材料，他们的健康令人担忧。中科院对科研人员体质情况调查，调查结果表明，北京地区科研单位成年人体质达到合格级以上者为86%，但近六年间死亡274人，平均年龄53.83岁，离1990年北京市人均寿命73岁，相差近20岁。

中科院工会和体协提供的北京地区成年人最近一次体质测验结果，北京地区职工体质优良率为51%，与2000年的目标60%尚有差距，突出的问题是男女16个年龄段的肺活量全部下降，这反映人们锻炼不够。经常参加体育活动的职工不足50%，从来不参加体育活动的人数占35.32%。据对此调查的分析，工作压力大、心理负担重、环境污染、体育锻炼不够等因素，仍是英年早逝的主要原因。文化教育界人的体质也令人担忧，著名作家刘绍棠60岁左右去世，著名的音乐家施光南英年早逝令人痛惜，还有瘫痪、半瘫痪者，其因是缺少锻炼，在身体健康的道路上，不该发生的事情发生了。

据载，深圳科学技术界人士因工作负担重，精神压力大，深圳成为精神病高发区。调查显示，全市精神病患者高达

15.76%，360万人口中约有5万余人患有各种类型的精神疾病。香港则发生多起壮汉猝死的报道。

北京报载，老年痴呆症威胁北京老人。老年痴呆是英国人帕金森于1817年发现的中老年神经系统运动功能的慢性疾病，主要症状为静止性震颤及动作和思维迟缓、步脚拖拉，这种病被命名为帕金森综合征。此病威胁着老年人的健康，在北京已达到6%，还有增长的趋势。患此病者原因很多，其中过去几十年身体锻炼不够，使大脑深部名为基底结的一小团神经细胞受该病影响而退化引起脑疾病是原因之一。这种病给本人及其家属带来无尽的麻烦和痛苦。看来运动保健、养生是当务之急。

在运动面前人人平等，不管你是哪一个阶层的人士，都应该参与运动，像小孩子那样，跑、蹦、跳、玩刀弄棍、前仰后合、转动头部、拍打全身、玩球、玩哑铃等。运动像吃饭、睡觉、呼吸一样重要，每天不可缺少。有时看人物专访文章，某位科学家拿几个馒头钻进实验室几天不出来……这种现象多了，各行各业的敬业者、各种工作岗位上的责任者，都是如此，其实质是破坏国家栋梁之才，戕害身体。不禁要问，谁给了他们这个权利？

运动、锻炼身体太重要了，对一个民族太重要了，对一个国家太重要了。我们无权对生命不负责任，无权对一个民族的体质不负责任。早在20世纪50年代，伟人毛泽东就号召"增强人民体质"怎么在50年后却体质下降，越来越弱呢？

报载，英国遗传学家亚当·艾斯沃克和爱丁堡大学遗传学家彼得·凯得利两位科学家，研究分析了人类遗传进化史之后，将他们的研究成果公布于众，他们得出结论，人类靠自然选择和适应生存的过程淘汰有害基因，人类才没有灭亡。当今，随着现代生活的发展，医疗改进，人类的健康水平提高，自然选择的压力减轻，人类携带有害突变基因，也可以生存繁衍后代，有害基因可以积累，这就有可能使人类的体质日益虚弱，容易生病。体质虚弱容易遭受疾病的侵袭，直接威胁着人类的生存质量，对一个民族一个国家潜在的危险是相当可怕的。可以说，参加体育锻炼、提高体质不是个人的私事，而是关系着全民族健康水平的提高，是国家兴亡的大事。

我们必须将参加体育活动和提高全民族身体素质联系在一起，希望所有的人能取得共识，欲强身健体就尽快参加体育运动吧。

五、太极与养生

养生，是个大题目；太极与养生，更是个极难破解的天题。因为养生的含量深广，从上到下天地大自然，一年四季春、夏、秋、冬，起居饮食，外形躯体四肢，天部的头，内为六脏六腑。还有延年术、延寿术、寿命钟、生物钟、养气、养神、脑养生、脑开发、睡眠养生、按摩、免疫养生等等。内容丰富而庞杂，从古代至今，要论述清楚，非几十万字厚重的一本书不行，这又不是本书之任务，在此仅就太极拳养生简述而已。

所谓太极拳养生，是在太极拳修炼过程中应注意的事项，达到健体、祛病、长寿之目的；通过习练太极拳，正确对待人生，提升人的文化品位和道德修养，尽量避免七情六欲之干扰，少病，不患病；心理健康、身体健康，每天精力充沛，行动敏捷，思维不乱，遇事不慌，有极强的应变能力，最终达到延年益寿，不给家庭、社会带来麻烦。简洁地说，多为社会做些有益的事，少生病。

当然，首先要参加一项适合自己的运动项目，笔者认为最佳的选择是习练太极拳。原因有二：一是太极拳文化底蕴深厚，拳理源于《易》之变化、老子的"有生于无"之道以及《黄帝内经》的"恬淡虚无"之本源。太极拳为高品位的以阴阳为母、内外双修、延年益寿为宗旨的拳术；二是当代伟人毛泽东提倡增强人民体质打太极拳；敬爱的邓小平同志题词"太极拳好"。两位伟人都是在伪科学混杂于科学之间，拨开迷障，为提高全民族体质，行健康于大道，指明了一条通途。

科学的太极拳锻炼具有健体强身、祛病延寿之功能毋庸置疑。常练常新，每练一次便有一些新的体会，在行云流水的行功习练中，是审美的、文化的、艺术的体验。在习练的愉悦中体验生命，以把握自己的生命运动。

六、阴阳平衡

中医师为病人开中草药方时，以多味药求药性平衡。人的健康有赖体内阴阳平衡少生疾病，这是相同的蕴理。而人的生存常常受七情六欲支配，"七情"即喜、怒、忧、思、悲、恐、惊。中医家解为：喜伤肺。大喜狂笑致使气机涣散，会引发疾病。古今中外，在不同场合，因发明获奖、状元及第、报喜祝贺到来而受奖者已瘫倒在地气绝的例子时有耳闻。喜极肺劳没有不出危险的。怒伤肝。怒则气上，气为百病之源，怒极肝劳。怒气上吐血死于非命，怒伤肝波及双眼，要息怒养目。忧伤心。忧愁、忧虑、忧烦、忧闷、忧伤、忧郁导致忧堵气截四肢麻木不思饮食，时有出长气之象。内心烦乱，什么也不愿干，胸口截堵难忍。思伤脾。思极脾劳。思之过度则气结，脏腑卫营阻滞，气血不畅，大大影响健康。悲伤胃。悲极胃劳。悲者不思饮食，即使胃空鸣叫，也不进食，悲痛欲绝则气血两亏。恐伤肾。肾为人生存的精神支柱，肾壮人健康，肾与肝胆、心脏关系密切。恐伤肾，胆肝俱伤，"心为肝之子，肾为肝之母"，养生益寿首爱肾。惊伤胆。胆具有制造胆汁的功能，胆汁含有胆酸，对脂肪的消化是大帮手，要节惊保胆。六欲，对于人类来讲躲是难以躲开的，"六欲"即耳、鼻、口、眼、身、心。此六欲可以给人类带来幸福和欢乐，更多的是给人们制造不幸。中医药学家孙继光先生认为，唐朝药王孙思邈辨证分析，每一种伤极劳损，都引发或潜伏于人体400种以上的疾病，人被疾病困扰，可说是危机四伏。各界人士如果有兴趣涉猎百家，可去通览《药王全书》，对认识病源、病理，增强防病意识会有大益，对于把握生命运动养生、长寿也会受益匪浅。

　　习练太极拳修身养性是保健养生的最佳运动选择。太极拳讲究阴阳变化，动之则阴阳变转，使精神世界，身体脏腑营卫顺畅气血，通经络顺气道，平衡阴阳胜于通宣理肺之良药。太极拳为高品位的松柔动态运行艺术，习练太极拳是以松、柔、圆、缓、匀进行肢体腾虚运动。太极拳拳法由阴阳动作组成，如一个拳势，以"单鞭"为例为两个动作，由立掌变勾和左掌拉单鞭组成。掌变勾为阴，拉单鞭为阳，一阴一阳组织一个势，一套拳若干势均如此。杨禹廷八十三式太极拳有326个动作，即163个阴动，163个阳动。阴阳变化外动内养，内静外动，动静相兼，阴阳平衡，习练中求阴阳变化，阴阳变化中舒理脏腑，人体内外平衡，何病之有？

人体阴阳变化，内静外养，内动外静，实为保健养生、健体、强身、祛病、延寿之大道。

七、动静相兼

太极拳之特性，行功盘拳动之则分，阴阳、松柔、动静、虚实、开合，一动无有不动，一静无有不静。太极拳的动作没有直来直去的，来去走弧线，以松柔为魂，阴阳为母，动静相兼，内外双修。

有人提出"百练不如一站"，言下之意，提倡站桩。站桩也是练功、养生的手段，但站桩没有明师在侧指导，易于出偏，也称走火入魔，精神病院多见此类病患者。其实古代佛、道两家并没有气功，也没有气功的记载，只有坐禅、导引、吐纳。据说，高僧、道长也不准初入佛门、道家者坐禅、练吐纳术以免出现危险。记得20世纪70年代一位年轻练家到紫竹院吴图南大师的拳场讨教。吴老拳师见他小腹硬硬的像扣上一口锅，直言不讳地问他："你不想活啦？"

年轻练家坦诚说自己站桩所致。自古无气功，有天、地、人、合、音、律、风、星、野等九功，后来将"风"功说成气功，近一二十年便约定俗成，"气功"一词遍及全国。一些不善医理者，且文化基础差，但有胆，敢蒙骗渴求健康者，做起了"气功课""带功报告"。近年来"气功"造就出几位大师来，居然有人顶礼膜拜相信那套鬼把戏。

太极拳的动静相兼是科学的。动与静在世界科学研究领域中也是一个十分重要的课题。

几百年前从洋人那里传过来一个奇妙的系数为0.618。古希腊哲学家兼美学家柏拉图,从美学角度把 0.618:1 称为美的比例、黄金比或黄金分割律。据报载,现代医学研究证明,医学与 0.618 有紧密联系。0.618 黄金分割律在保健养生中起着重要的作用,在人体结构上,头顶至命门,再到脚底之比,臀宽与躯干长度之比,下肢长与全身长之比,均接近于 0.618。动与静是一个 0.618 的比例关系,四分动六分静,才是最佳的养生之法。医养生学家关注群众的食补养生,吃饭六成饱者不会患胃病,且可长寿。以六分粗粮、四分细粮搭配食用,不易患高血压、冠心病等都市病,这正是饮食中的 0.618。

太极拳从诞世至今,随着人类文明史的发展其拳理拳法趋于完善;随着人类进步和发展,太极拳阴阳变化、动静相兼的机理不断完美,在人类保健养生中体验外动内养,内动外静以改变人体结构有利于健康。

此文说的主要方面是养生,一切应以养生为关要。我们习练太极拳的目的是健体、养生,要在拳中体验健体之快乐,从拳中去体验高品位的、文化的、艺术的审美。在动中体验静,静中体验动,"静中触动动犹静",动静相兼。如在盘拳习练中,心要静,佛家禅语指清静到极点。能达到内心清静,便做到能内安舒,外形中正。拳论要求"先在心,后在身","心为主帅",求"心静","心不静则意不专","内固精神,外示安舒",精神提起来练拳一举一动,起、落、进、退、屈、伸、俯、仰等动作自然轻灵。练拳宜神领意随,用意不用力,以心行意,以意导体,以体导气,以气运身,也就是气遍周身不稍滞,达到行功练拳养生之目的。

不管你练的是养生拳还是功夫拳,均应中正安舒,用意不用力。开始习练,动作机械,身躯手脚全是力,心里越想着不用力别使劲,身上越僵、手上更用力。如此谈何动静相兼?这

第八篇 太极养生修炼篇

是过程，练一段时间，明白拳理，循规蹈矩，手上身上的力慢慢退去，便能体会到内静外动，外静内养，促进人体结构悄悄在变化之中。日久一套拳练熟了，运用虚实变化，脚不踩地有轻灵离虚之感，手上空灵，便从拳中体验到脏腑各部位的变化，从而在动静中牢牢把握生命运动。我常说太极拳不是医院，太极拳保健指常练太极拳可以增强抵抗力，延缓疾病的到来。如果病患在身，要相信医学，求医问药，打针输液，让上手术台也得上。这才是积极保健的态度。

八、健脑益智

太极拳养生，说到底是心脑健康，脏腑通畅，阴阳平衡，动静相兼养生。当代以习练太极拳强身、健脑、益智为时尚和追求的目的。世界未来学家预言，21世纪，是中国人的世纪。

全世界的医学研究人员寻找过许多良方，经过无数次的失败和反复研究，最后得出结论：21世纪是中国太极拳世纪。于是掀起一股太极拳热，世界各地的拳友到中国寻太极拳的根，学练中国正宗太极拳，也将老师请出去教授太极拳。凡有人群的地方，就有人练太极拳，而练太极拳，不需要翻译，跟着老师学练，不管你是什么语系的国家，练拳就可以明白练拳之法，太极拳没有国界。

无论中国人还是外国人，凡练太极拳者皆为同道。由于民族不同，风俗习惯不一样，语言、生活经历有差别，文化背景不同，思维方式，价值观念有差异，对太极拳的认识和理解相差甚远，但练太极拳可以健体长寿，认识是一致的。我认识一位德国人，他到中国各地看，他寻找的是松柔太极拳，他对太极拳特性的理解很准确。为了防止老年人跌跤，美国白宫老年人会议号召老年人学练太极拳以防止跌跤。经过四五年的推广卓有成效。美国航天机构将太极拳列为宇航员失重训练的必修课程。报载，在澳大利亚首都堪培拉的国家军事学院，决定在未来军官的训练课程中引进中国太极拳。每天清晨6点30分，数百名身穿作战训练服的年轻士兵整齐地打太极拳，场面十分壮观。该军事学院的院长称，太极拳是思想者运动，练太极拳是为了帮助受军训的准军官成为有适应能力的多面手。传说，某北欧国家，将每月的第二个周日定为太极拳日，以作为全民健体强身运动日。据一位太极拳教练介绍，一位西方国家的太极拳爱好者，为了纠正脚的方向方位，购得往返机票来到中国找这位教练，当问清楚脚的确切方向后，就匆匆返回国内。一衣带水的日本，是开展太极拳运动十分普遍的国家，修炼者已到痴迷的程度。伟人邓小平题词"太极拳好"，就是应日本太极拳爱好者的请求而写的。

全世界人民喜爱太极拳，接受太极拳，习练太极拳，除了其美学价值、优美流畅的动作、那诗一般富有哲理的拳理及其保健养生的良好效果外，跟国人一样，这样洋人也将太极拳视为不死之药，可见在洋人眼里太极拳的养生价值。

当今人们生活在高科技、高信息的时代，没有健康的身体、强健的体魄和充满活力的大脑，很难适应这个一切都快捷的时代。现在工作在尖端、前沿科学技术、文化教育、医疗卫生岗位上的人大多数处于亚健康状态之中，在"白领"阶层出现了脑疲劳，表现为头昏脑涨，记忆减退，注意力分散，反应迟钝，说话不是口出连珠，而是要停下来想一想，即使一瞬间的迟钝也表明心智活动受抑。在人们普遍脑疲劳的现象发生后，在"白领"群中，凡积极参加体育锻炼的人并未出现身体状况不佳,脑疲劳的现象没有反映出来。而练太极拳者,他们的身上没有以上的亚健康症状,大脑并没有疲劳反映,反而更为敏捷,头脑更为清爽,对于科研、文化教育前沿的繁重工作越干越表现得不俗。以此,我们可以得出一个令人兴奋的结论:太极拳是有氧运动,盘拳在松、柔、圆、缓、匀的运行中,似行云流水,周身各个器官、特别是大脑得到氧的充分供应,对健脑、益智有特别的效应。

前中国武术院院长徐才先生对太极拳健脑益智的功用有独到见解。他认为,久练太极拳益智是一大功效。习练太极拳可以促进中枢神经系统及其主要部位大脑皮质的兴奋,并使兴奋与抑制更加集中,从而改善神经系统的均衡性。习练太极拳用意不用力,以意领先,首先需要开动脑筋,以联想和再现的方法在头脑中形成一套技术动作。这一连串的大脑思维活动本身就是一个接受和记忆的过程。太极拳锻炼能增加大脑神经内核糖核酸的含量,含量越多蛋白质合成越快,这也就意味着接受和记忆功能的增强。这种大脑思维的过程,也就是智力开发的过程。

我们今天的健脑、益智活动在公众中提出的口号并不响亮,与发达国家还有差距。世界卫生组织发表声明,提出"让人人享有健康"的口号,美国国会通过公共法,提出下一个十年为"脑的十年",日本则在健脑日程上宣布"强脑科学计划",西方一些发达国家也在着手进行这一伟大的全民健脑工程。在健脑、益智方面,日本著名的医学博士春山茂雄做出有益的贡献,他在脑健康的研究上很有作为,提出一个响亮而令人震惊的口号,"脑内革命"。他提出重新认识、开发、利用大脑右脑,因为右脑储存的信息是左脑的十万倍。他提到利导思维，所谓利导思维，就是开朗乐观、豁达宽容、愉快、舒适、心情舒畅，笑看世界，身心放松，使大脑活跃兴奋，从而保持身心健康。如果人们能持乐观的态度，每天欢乐愉悦，心情舒畅，进行利导思维，大脑能分泌出一种类似吗啡的物质，称为脑内吗啡。人的养生长寿是多因素综合的整体工程，而头部的健康是养生的首要。

太极拳是最佳的保健、养生选择，修炼太极拳便能祛除心脑杂念，使身心松净、舒展，获得健体、强身、祛病、健脑、强脑、开发潜能的整体健康！

九、清静养性

我们的先祖谈养生，以养性为本，认为以道德养心，不生邪恶，守住真气，神气自然持满。劝人立身中正，扬善抑恶，多行善举，行善事积德，以解百病。

先祖劝诫后人行善养生延寿少生病患是有道理的。人行善事，心情平和，没有贪欲，平淡人生，呼吸顺畅而和缓，脏腑即得到修养营卫。人行不义，呼吸必然短促，心情紧张，坐卧不宁，定然伤内。这种劳损任何名医金药也难以医治。古人明示："人能宽泰自居，恬淡自守，则神形安静百病不生。"

精神是以物质作保证，人的衣、食、住、行要注意冬暖夏凉，荤素、绿色食品的红（红豆、西红柿）、黄（豆制品）、绿（无农药蔬菜）、黑（黑豆、黑米、黑木耳等）、白（粮）调剂搭配。黄豆及豆制品营养丰富，但是豆制品的负面影响也不能忽视。豆制品及海鲜食品含嘌呤过高，有患痛风之患。食含嘌呤 10mg 以下的瓜果、蔬菜为好（请查看有关资料）。药膳有禁忌，这是饮食常识，要学一点饮食科普知识，不要到一般饭馆食药膳，因为他们可能缺乏中草药常识，应了解药膳禁反之食，如猪肉反乌梅、黄连、百合等药；羊肉反半夏、丹砂等药；鲤鱼反朱砂；葱反常山、何首乌、蜂蜜等等。不是中医药专家开具的药膳调方不可误食。而食品间也有大反大忌，如猪肉反鲫鱼、黄豆；鳝鱼反狗肉；龟肉忌苋菜、果、酒；羊肉忌醋等等。

奉劝滥吃补药者，请您向周围的朋友打听饮食补的俗语："药补不如食补。"此意无须笔者赘言。关于食补常识在报刊中唾手可得。

附：

唐·药王孙思邈三养歌

孙真人卫生歌

天地之间为人贵，头像天兮足像地。父母遗体宜宝之，箕裘五福寿为最。卫生切要知三戒，大怒大欲并大醉。三者若还有一焉，须防损失真元气。欲求长生先戒性，火不出兮神自定。木还去火不成灰，人能戒性还延命。贪欲无穷忐却精，用心不已失元神。劳形散尽中和气，更仗何能保此身。心若大费费则竭，形若大劳劳则怯。神若大伤伤则虚，气若大损损则绝。世人欲识卫生道，喜乐有常嗔怒少。心诚意正思虑除，顺理修身去烦恼。春嘘明目夏呵心，秋呬冬吹肺肾宁。四季长呼脾化食，三焦嘻却热难停。发宜多梳气宜炼，齿宜数叩津宜咽。

子欲不死条昆仑，双手揩摩常在面。春月少酸宜食甘，
冬月宜苦不宜咸。夏要增辛宜减苦，秋辛可省但教酸。
季月少咸甘略戒，自然五脏保平安。春寒莫放棉衣薄，
夏月汗多宜换着。秋冬衣冷渐加添，莫待病生才服药。
惟有夏月难调理，伏天在内忌凉水。瓜桃生冷宜少食，
免至秋来成疟痢。心旺肾衰宜切记，君子之人能节制。
常令充实勿宽虚，日食须当去油腻。大饱伤神饥伤胃，
大渴伤血多伤气。饥食渴饮莫太过，免致膨脖损心肺。
醉后强饮饱强食，未有此身不生疾。食后徐行百步多，
手搓脐腹食消磨。饮酒可以陶情性，大饮过多防有病。
肺为华盖倘受伤，咳嗽劳神能损命。慎勿将盐去点茶，
分明引贼入肾家。下焦虚冷令人瘦，伤肾伤脾防病加。
坐卧防风来脑后，脑内入风人不寿。更兼醉饱卧风中，
风才着体成灾咎。人无礼义反食之，天地神明终不喜。
养体须当节五辛，五辛不节反伤身。莫教引动虚阳发，
精竭荣枯病渐侵。不问在家并在外，若遇迅雷风雨大。
急须端肃畏天威，静室收心宜谨戒。恩爱牵缠不自由，
利名萦绊几时休。放宽些子自家福，免致终年早白头。
顶天立地非容易，饱食暖衣宁不愧。身安寿永福如何，
胸次平夷积善多。惜命惜身兼惜气，请君熟玩卫生歌。

孙真人枕上记

侵晨一碗粥，夜饭莫教足。撞动景阳钟，叩齿三十六。大
寒与大热，且莫贪色欲，醉饱莫行房，五脏皆翻覆。坐卧莫当
风，频于暖处浴。食饱行百步，常以手摩腹。莫食无鳞鱼，诸
般禽兽肉。自死兽与禽，食之多命促。土木为形象，求之有恩
福。惜命惜身人，六白光如玉。

孙真人养生铭

　　怒甚偏伤气，思多太损神。神疲心易役，气弱病相侵。勿被悲欢极，当令饮食均。亥寝鸣云鼓，寅兴漱玉津。妖邪难犯己，精气自全身。若要无诸病，常当节五辛。安神宜悦乐，惜气保和纯。寿夭休论命，修行本在人。若能遵此理，平地可朝真。

第九篇 太极与性养生篇

太极与性养生是一个诱人的话题，不分文武，不论阶层，不管文化修养，都愿聆听和探讨这一敏感话题，但又不可能多着笔墨。古代先贤有"食、色，性也"之教，将每天吃饭与性并列为同等重要之生命所需。《黄帝内经》将男女性生活画一个框框，男为八八（64岁），女为七七（49岁）。性养生是一个说不尽道不完的话题，因人而异，视感情而言。还要根据本人体质和环境、条件，没有定法，只能在悟。躲不可取，逃不对，贪对己健康不利，如何得到持满？

一、绝色不可取

在讲性养生之前，先讲一个故事。

有一位练武痴迷的练家，一天到晚除去工作，下班回到家便练功习武。夜间不睡觉，在堂屋打坐，天亮后又去上班了，每天什么家务活也不干。天长日久夫妻吵架，妻唠唠叨叨，吵得他心神散乱无法练功，家无宁日。局外人不好劝解，正当壮年，床上无功，房事断绝，妻子当然要吵。丈夫一心追求武功，妻子成为一大障碍，女人成了他功成、健康的克星。

为了清心寡欲专心练功，他把工作换到郊区，住在单位，每月回家送一次工资。几个月后，他的功夫大有长进，自己满意换工作之决断。爱人也不闹哄了，劝他不要往回跑送工资，从邮局汇回来，要抓紧时间练。他备感舒服，觉得妻子终于理解他了。

没过多久，有好事者劝他常回家去看看。初不以为然，后来琢磨出点意思来，突然回家几次。从孩子口中得知，有个叔叔常来。他的脑顶"嗡"的一下大了一倍。再后来，工作没劲头干，武也没心思练，常往家跑，差点儿半身不遂。

从这个故事中不难看出，夫妻间的性生活是不可少的，是保持夫妻恩爱、家庭幸福美满的最为重要的因素。儒家也提倡人间男女之婚嫁性爱，先贤认为"食、色，性也""饮食男女，人之大欲焉"，这是常被当今性学家引用的名句。

人的生存不仅是为吃、喝、住、行、穿、睡，感情生活也是很丰富多彩的。人有七情六欲，它主宰着人的精、气、神，再进一步阐述七情六欲是人的生命的支柱。故此，人离不开七情六欲，练功习武之人也不例外。正常的性生活，不但不会影响练功习武，可对习武者增长功夫有促进作用，有爱妻为伴，对提高技艺还会有帮助。人不可禁欲绝色，也不可纵欲，掌握适度对人的健康有益。练功习武之人，也是生活在人群之中，均不可远离房事。唐代药王孙思邈在《备急千金要方》中说道："男不可无女，女不可无男，无女则意动，意动则神劳，神劳则损寿。"事实如此，大凡男女因某种观念上的误区，或因感情、事业上遇到不幸，女子守贞终身；男子除感情因素外，为了攻读、研讨某一尖端项目，或忙于事业，远离房事闹出病来，古往今来有之。清代诗人袁枚所著《小仓山房文集》

中介绍,当时的名医徐灵为一位富商诊病,此商十年不近妻女,忽气喘头汗,彻夜不能眠,痛苦之极。经徐灵诊治,并不用药,言此症为"阳亢也,服参过多之故",命与妇人一交而愈。可见房中性爱是不可疏远。男女之间性爱,对双方事业有益,体魄也会坚强,文者文采熠熠,武者功夫过人,商者财源滚滚。这是从古延续至今的不破之理,望欲求养生者借鉴。

故事中练武之人受封建房中术影响,受练功习武绝色之影响,"不绝色,不习武""不休妻不谈养生",视妻为"自身寿命之最大威胁"。古代房中术蒙上一层绝色的封建色彩,加之几十年来性教育被禁锢,产生很多奇想也是可以理解的。

二、性养生

讲性养生之前,讲第二个故事。

几十年前有一位练武的年轻人,喜摔跤。几年下来功夫不长进,身上僵紧,总是被师兄弟摔倒在脚下。他自己很懊恼,发愤苦练,婚期一推再推,不觉已年近30,被父母逼迫无奈只好完婚。婚期一过,他又返回武场。师兄弟跟他玩笑,说:"跟嫂子蜜月刚过,成吗?别把你摔散了架。"跟师兄弟过了几跤,出乎意料的是,身上比婚前放松多了,他不但没散架子,平时过跤常赢的师兄弟,今天反而躺在他的脚下。

性行为是人之本能,为人类生命之本源,是人类繁衍传宗接代兴旺人口之必然。随着人类文明的进步和发展,人的性行为显现为一种文化。从古至今一代代医学家、养生学家、性学家对房中术、房事养生术极为关注并进行研究。合理的、有节制的性生活,对人类健康是有益的。前面故事中,年轻跤手属于性无知，胡里糊涂得到性养生。当然，性养生不糊涂者从古至今有之。古代有人提倡，养生之要，"在于近姹，不应远色，更不应绝色"。这一派性养生者以"采阴补阳"达到养生之目的。他们并不钟情于补阳药物，像参、茸、虫草、肉苁蓉、胡桃、蛇床子、杜仲、淫羊藿、益智仁、破故纸、丝子、韭菜子、楮实、鹿衔草等，动物药的蛇、蛤蚧、紫河车、虎骨等。古代性养生术，持"以人补人"之愚见。所谓"以人补人"是经常多与女人交合采女人阴精，视处女、姹女为活药。

我们从古代性文化遗产中发现，从祖宗代代相传而来的房事养生，无不带有重男轻女，男尊女卑的封建迷信色彩。性养生的中心是"采阴补阳"术。主男子与多女子交合而受益，有的则"动则易女"，不是一天一易女，而是一夜多女，保持勃起势头，同时与数女交合，以取养生、长寿之道。传说彭祖高寿八百，他有"以人疗人，真得其真"之说。

还有一种毫无科学根据的封建愚见，认为男女之道，男子"精液为宝"，善养生者要"固精"。房中养生术最为重要的床上技艺是交而不泄或数交不泄，夜御十女而不泄，精气保而不虚也，能百接而不施泄者长寿。要达到此高超技巧，有一套床上"固精"术。欲泄，闭口张目，闭气紧握双拳、吸腹，以指抑耳后下髎穴，长吐气，琢磨齿，则精随脊髓上而补脑。这是古人之见识，实际操作似乎不大可能。男女交合处于极度兴奋状态，闭口、紧握双拳、指按下髎穴等动作不可能也难以操作，纯属无稽之谈，而精液上补脑，更无医理根据。古代人缺少医学科学知识，口传秘授，将精液看得神秘和奥妙，所谓"十滴血液一滴精液"，视精为宝。

古代医学不发达，没有解剖学和化验手段，看不到的东西凭想象和传说居多。其实男子的精液为一般蛋白质，是生殖腺分泌出来含有精子的液体。人体科普知识告诉我们：精液在全身营养成分中，只占微小的一部分，也称后天水谷之精。这种物质随身体各个器官的新陈代谢，每天产生，每天又从体内排出。这种新陈代谢是人体有生有灭的自然现象。俗称"精满自然流"。排精有三个渠道，即房事排精，青壮年梦遗滑精，这是可见遗精，看不见的暗排精，精液先到膀胱里，然后随尿液排出体外，根本谈不上"精液为宝"，也没有那么贵重。

纵观古代性养生，从古至今贯穿着一种封建迷信、男尊女卑的性养生思想。像"夜御十女""采阴补阳""精液为宝"等一系列对妇女不公平的性养生。男人可以妻妾成群，而女子守贞的大男子主义，都是以牺牲妇女平等权利为基点，剥夺女性的性平等的权利，侮辱女性人格，将女人视为"活药"去为男人的养生、长寿服务，连起码的人道主义都没有。对于摧残女性身心健康的性养生术，都是不可取的。我们要增强社会责任感，反对一切封建迷信的性养生。

三、性在运动中的作用

性在人类活动中，跟吃饭同样重要。你只要是人，不管是哪一阶层的人，在人群中生存，"七情六欲"都是一样的。除非你置身"七情六欲"人群之外，否则难以生存。

性是一种权利，性是一种责任，性是一种义务，性是一种道德，性是一种文化，性是一种审美。不能远离绝色，不能轻率乱来，也不能贪恋纵欲。

夫妻性生活和谐，是使家庭幸福美满、身体健康少生疾病的重要因素。对不同职业、不同阶层的各界人士，有极大的促进作用。

据我国一份长寿报报道，前苏联体操运动员披露，前苏联体操女运动员站在领奖台上领取金质奖章时，她们的心理活动是很复杂的。她们的内心有为祖国争得荣誉的骄傲，有获金牌光荣之感，但也有为此付出少女贞操之辱。因为体操运动员为出运动成绩，国家体育领导机关的有关官员，强制要求年满十八周岁的运动员必须怀孕，而妊娠十周时堕胎。队医向她们解释，说怀孕期间的妇女机体中分泌出较多的雄激素，这一生理过程，有助于增强孕妇的体力和耐心。她们必须把性生活同训练一样，规定为"必修"课。如果找不到同伴，运动员则被迫与教练同居。前苏联在体操、游泳、花样滑冰、艺术体操等运动员中的女运动员毫无例外地必须有一位性伴侣陪伴她们训练和性生活。

一位体育医生从理论上评论此活动，说道："这样做，不仅仅是破世界纪录夺取金牌，而且要使女运动员有外在的情感表达。而女运动员应该富有激情、丰润，更富有女性化。而性生活对脑垂体功能有刺激作用，对于女性的情感能产生正面影响。"

从以上介绍不难看出，这是体育运动中的丑闻，金光闪闪的金牌背后，又有多少女运动员的贞操被剥夺。虽然是丑闻，却也说明禁欲主义的习武练功之人，是不会得到出色成绩的。我们要以冷静心态看待这则报道，与古代养生一说"阳得阴而化，阴得阳而通"是同一理念。

四、太极与性养生

从事练功习武之人要十分注意性养生，要慎重而认真地对待自家的性生活。性对练功习武者来说，可养生也能伤人，这跟"水能载舟，亦能覆舟"是同一的道理。

1. 太极拳对性功能的影响

古典论述有七损八益之说，在《黄帝内经》中，古人对人体生理学的研究，从人的发育成长，天时四季对人的影响，归结为男女房中术的年龄为，男性年逾八八即64岁，普遍"则齿发去……五脏皆衰，筋骨懈惰，天癸尽矣。故发鬓白，身体重，行步不正，而无子耳"，故男子不过尽八八，女不过七七。女到49岁，"任脉虚，太冲脉衰少，天癸竭，地道不通，故形坏无子也"。

《黄帝内经》在上古天真论篇中有一段记载，以人类性生活的章节为开篇，可见古人对性养生是十分重视的。

黄帝问天师岐伯，曰："余闻上古之人，春秋皆过百岁，而动作不衰；今时之人，年半百而动作皆衰者，时而异耶? 人将失去耶?"岐伯对曰："上古之人，其知道者，法于阴阳，和于术数，食饮有节，起居有常，不妄作劳，故能形与神俱，而尽终其天年，度百岁乃去。今时之人不然也，以酒为浆，以妄为常，醉以入房，以欲竭其精，以耗散其真，不知持满，不时御神，务快其心，逆于生乐，起居无节，故半百而衰也。"

古人常以德高者托以说教，教导子孙后人生活要有规律，起居饮食要讲究、注意卫生。对待房事要慎而又慎，性生活不得纵欲，否则"以耗散其真"。

选择以太极拳锻炼身体，以求保健养生健康长寿。太极拳与其他运动项目不同，无刚烈、高难动作，以松、柔、圆、缓行功盘拳，上下相随，内外双修，修身也修心。久练太极拳心态平静，遇事平和处理，舒理脏腑，经络畅通，血管、气道通行无阻，阴阳平衡，身心健康。有了健康的身体，还要修炼性心理卫生及性养生。性养生不单单是男人一方之事，忽略女性的性养生，这是不公平的，有失道德和礼义。

我们应该尊重女性人格，对性养生应有正确的认识，性生活是两个人的精神生活，不应该将女性作为"以人养人"的"活药"。以达到"采阴补阳""一动易女""精液为宝"，夜御十女不泄等等不尊重女性的行为。男女双方应尽夫妻之道，双方有享受性快乐的权利，"阳得阴而化，阴得阳而通。一阴一阳，相须而行"。男女性养生从古至今有诸多优秀论文给予指导，古代性养生理论，以马王堆出土竹简《合阴阳》为最佳男女性养生的理论。

释文：凡将合阴阳之方，握手，出腕阳，揗肘房，抵腋旁，上灶纲，抵领乡，揗拯匡，覆周环，下缺盆，过醴津，陵勃海，上恒山，入玄门，御交筋，上欱精神，乃能久视而与天地侔存。交筋者，玄门中交脉也，为得操揗之，使体皆乐痒，悦泽以好。虽欲勿为，作相响相抱，以恣戏道。戏道：一曰气上面热，徐响；二曰乳坚鼻汗，徐抱；三曰舌薄而滑，徐屯，四曰下液股湿，徐操；五曰嗌干咽唾，徐撼，此谓五欲之征。征备乃上，上揕而勿内，以致其气。气至，深内而上撅之，以抒其热，因复下反之，毋使其气歇，而女乃大竭。……

房中术说易操作难，为了性和谐，家庭美满，双方对性爱、性养生要共同努力，使性爱得到完美的修炼。

2. 人体艺术美

随着人类文明的发展，现代文明冲破旧礼教和封建藩篱，西方社会比我们早了近百年。西欧很多城市都有男女人体市雕，为城市文明和城市美增添了光彩。

随着性文化的普及，夫妻和谐的性生活不再只为繁衍传代，夫妻性生活有很丰美的内容。夫妻和睦，家庭幸福，精神愉快，是社会繁荣、进步、安全、稳定的重要因素。我们修炼太极拳，修炼性养生，是社会稳定而不可缺少的重要部分。

人类社会美好的东西很多，山川大河，蓝色的大海，白色的浪花，树木植被，异彩纷呈的花卉、鱼、鸟、宠物等等。世界上虽然美的东西太多太多，但最美的还是人体美，人体艺术最美。

看到人体艺术之美，会使你的灵魂升华，人变得更为高尚。夫妻在夜晚星星满天、月色升空的时候，进入两人的世界，将与情爱、性爱无关的一切抛出九霄云外。情爱、性爱，这种"阳化阴通"的性养生是人间精神之一大享受。

五、性观念

在习拳圈子里常碰到拳友提出来的练拳人性生活的问题以及在性观念上的几种性心理反映和差异。

在习武人中，有人视性为影响练功功成之障碍而绝色持逃避的态度。有人受大男子主义支配，视"精液为宝"，取"以阴补阳"，将女人视为"活药"为男人养生长寿服务，这是受古代养生术的影响，将封建迷信的糟粕捡回来，实不可取。其实我们习武练拳之人，如注意读书看报，一些认识上的偏颇不难化解。近年来各类养生报刊比比皆是，关于性保健养生的文章俯首可得，有很多性医学的说理，深入浅出，一目了然，可惜，武人不能拿出时间研习运动生理医学，也是一件憾事。

习武人在夫妻性生活中，要解决对性认识上的观念。

1. 负担重

凡习武之人，多远离情爱场，传统的口诀是"拳不离手"，大多数的业余时间都在武场。经常练拳习武，朋友也是武友，每天想的和做的当然是研习拳术，将交女朋友谈恋爱视为影响练功，遂使正常的男女情爱耽误下来。

拳人将习武和婚恋对立起来，前文举的几件实例是确有其人的，弃武废功险些半身不遂。这些朋友平时早出晚归，即使在节假日也从不在家睡早觉，早早起来奔拳场而去，将爱妻撇在一旁，在感情上、生活上从不过问。使妻子对习武有一种厌恶心理，甚至仇视丈夫的武朋拳友，从不允许这些人来到家里来，几十年不开禁令。

他们从不陪妻子儿女在节假日过一个幸福美满的休息日，不管儿女的学业，不顾妻子的情感，在万般无奈的情况下，勉强应付房事，性生活的质量极低，弄得双方都没有"性趣"。人活着不是光为了吃饭，感情生活占全部生活中很重要的地位，这种只求习武练拳全然不顾家庭生活的人是难以维系一个和美家庭的，家庭是社会的一个细胞，严重的说，给家庭带来不稳定，家庭不稳定，社会能安定吗？

有些武友对家庭有些不负责任，只为了一味练功习武，放弃了自身对社会的责任、对妻子儿女的义务，常此以往只能走向家庭解体，造成一家人的精神负担，心灵的创伤短时间内难以愈合。

2. 观念旧

20世纪90年代末，中国摆脱了贫穷落后，已进入高科技信息时代，然而某些旧有的观念仍然束缚着一些人，一时摆脱不掉精神上的禁锢。在21世纪的今天，旧的观念要留在过去的年代，以全新的观念去迎接新的时代，那么性观念是不是也应该、必然要更新。所谓家庭新观念，表现在夫妻间的性观念。首先是男女平等，女性有享受性平等的权利。

练功习武者，首先是一个正常的人，正常人要过正常人的生活。不能将封建残余的男尊女卑、大男子主义带入新世纪。

习武人也是人，不能对立地去看婚姻家庭生活。他们是正常人，是社会人，是家庭一位成员，是为人夫、为人父的健全的人。应该提倡习武人读书，读医学、经络学、性医学、运动生理学等，武人要做一个有益社会的人，要善待妻子，从感情上关心她，从生活中照顾她，表现性心理的成熟。太极拳修炼是在阴阳变化松柔动态中运行，能极大地打通周身的血液循环，使生殖系统得到很好的调整，因而性亢进是必然的，甚至胜过人为补药"三鞭酒"和"雄狮丸"。然而有些练武之人不是顺其自然过正常的性生活，而是逃避。这些武友朋友首先要明确习武是为什么，为什么去习武，从表及里，做一个健康人，做一个好丈夫、好父亲，负起社会责任。

3. 全新的性观念

练功习武者要将自己融入社会生活中去，首先做一名对社会对家庭负责任的人。练功习武者是人，是正常的普通人，正常人离不开七情六欲。

习武者在选择练拳的业余爱好时，要以一个普通人进入武场，不能因习武而对家庭对社会不去尽自己应该尽的义务。凡男性一般都有一种职业和多种爱好，如果有了一种爱好，便去放弃一切而去执著的追求，放弃作丈夫的责任，不管不顾性生活和优嗣、优生，不尊重女性平等的性权利，那么练功习武又是为了什么呢?性是一种心理观念,是一种道德观念,性文化观念,是恋爱观念,是全新的家庭观念,也是一种神圣的社会责任感。如果远离世俗进入寺庙,读经习武另当别论。

我们的先祖奉行孔孟之道,他们并不反对性欲,他们提倡"食色,性也",视性生活与吃饭一样重要。宋代的梁山好汉们并不都是禁欲主义者,后传中绝大多数封妻荫子有了家庭。走上练拳习武之道,也应重视家庭生活,以尽作为人夫人父之责任,尽丈夫、父亲的权利和义务,练功习武为的是健体、强身、祛病、延寿,也要注意性保健和优生优育。

第十篇 太极『八方线』修炼篇

京城太极拳大师杨禹廷的"八方线",诞世于五十多年前,是太极拳方向方位教学的拳法。一个新的拳理拳法诞生,不是立即便被人认识,要经过认识再认识,又经过多年的实践,反复实践,才能最终被人们接受。经过五十多年的反复实践"八方线"理论方显露其光芒。然而,这么好的拳法却一度被冷落,用杨老拳师的话说:"他们嫌麻烦。"其实,麻烦一时,享用一世;怕麻烦一时,盲练一世。

一、八 卦

太极拳讲究"八门五步十三势"。八门即北、东、西、南、东北、东南、西北、西南;五步为前进、后退、左顾、右盼、中定。十三势是太极拳的方向方位,演绎出高深奥妙的太极拳。

太极拳不像八卦掌,初学要转掌。太极拳讲究内外双修、用意不用力;行功走架按照阴阳学说规范动作,走弧形路线,要求将拳盘圆活;盘拳过程中十分注意方位方向,以八门五步十三势训练弟子。拳论《太极四隅解》曰:"四正即四方也,所谓掤、捋、挤、按也。

初不知方能使圆，方圆复始之理。"太极拳的四正四隅八门不是八卦掌之八个对等平面的八个方位，太极拳习练有它自身的认识，应按照太极拳之特性去理解太极拳的方向方位。盘架子时要严格遵循太极拳的弧形路线，立身中正安舒，将拳盘圆活。

打太极拳又称为盘架子。

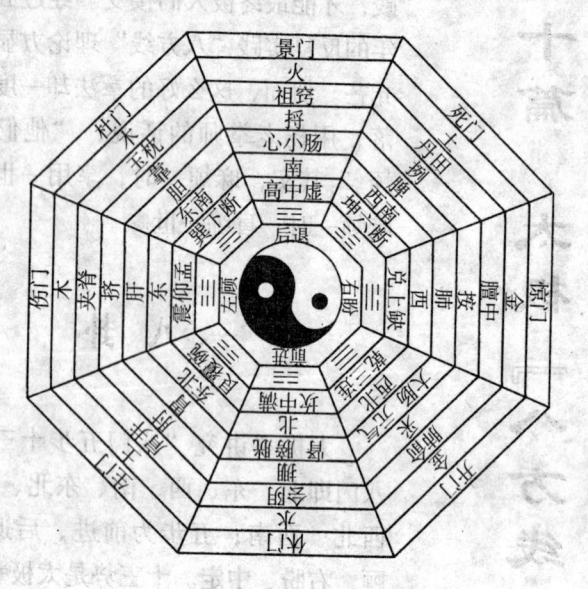

图 11 八门五步十三势八卦图

二、太极"八方线"

"八方线"三字乍听起来有些耳生，什么是"八方线"？其实"八方线"是杨禹廷大师在半个多世纪以前，为了使学生将太极拳盘圆活，在实践中的重大教学改革。在活解"八方线"

之前，先要研讨一个浅显而又深刻的拳理问题，太极拳是什么？若从简洁意明而论，只有两个字——圆环。

没有人否认太极拳是圆环，这可以以清代前辈拳师的拳经《乱环诀》为证：

> 乱环术法最难通，上下随合妙无穷。
> 陷敌深入乱环内，四两千斤着法成。
> 手脚齐进横竖找，掌中乱环落不空。
> 欲知环中法何在？发落点对即成功。

太极拳行拳不可横抹、竖直，要走弧线，这是太极拳特性所决定的，是拳人的共识。太极拳家日复一日年复一年地苦苦修炼，就是为了将拳熟练到轻灵圆活。那么，如何将太极拳盘得圆活，怎样走弧线呢？这说起来容易，操作起来却困难。传统太极拳教学承袭先辈拳师多年不变的传统教法，讲究八门五步十三势，八门为南（掤）、西（捋）、东（挤）、北（按）、西北（采）、东南（挒）、东北（肘）、西南（靠）；五步亦称五行，即前进（火）、后退（水）、左顾（木）、右盼（金）、中定（土）。以身分步，五行在意，支撑四正四隅八面。

太极拳教学承袭前辈拳师"口传心授"的教徒法。要看弟子的聪明才智，看他有没有灵气，悟性高不高，也就是机灵不机灵。机灵讨师父喜欢，给多说几招，不招老师喜欢的放在一边让师兄带着，老师高兴了给说上几句。徒弟的进度也不一致，俗话说"师父领进门，修行在个人"，只能靠自己苦练偷学，讨老师高兴多教点功夫。那时交通闭塞，通讯落后；没有印刷，有也印不起；老师教学落后，没有教材，没有教具，连起码的黑板粉笔也没有，只能靠口传心授。另外有的老师年岁

第十篇 太极『八方线』修炼篇

173

大了，记忆力差，对一个弟子一个说法，水平不等，说的功夫多少不同，加之弟子理解能力参差不齐，学习起来十分困难，也没有统一的标准。

代代拳家以八门五步习练太极拳。怎样将拳练到轻灵圆活，一个老师一个传授，没有统一的教学方法，更没有标准。这种传授，一个学生一个样，五个徒弟五个法，再传弟子又不同于前人。这种教学结果，令教者、学者难以掌握。杨禹廷青年时代涉足教拳场，在反复实践中认识到，传统教学多以太极八卦图演释太极拳，这种拳法不能使学子准确掌握习拳方法。当时，作为青年拳师的杨禹廷，颇费了一番心思。受文化程度的限制，他要驾驭这一教学改革是有困难的。当时京城太极拳圈子里云聚了不少名家大师，改动稍有不妥定会招惹是非，长辈不接受这一新生事物，改革将成泡影。但是虚心好学的杨禹廷，凭着对太极拳的深层理解，以惊人的聪明才智，以朴素的几何学"外接圆"原理，将八角八平面的八卦太极图以圆线连接起来，使八角八平面的八卦太极图画成为一个360°圆形图。

杨禹廷创出"八方线"，是太极拳教学的突破性改革，堪称划时代的伟大创举。"八方线"被公认为布局周密，照顾全面，合理利用空间最好的拳艺功法。拳人盘拳练功的位置便是"八方线"的中心位置。如同圆规的两只脚，一只脚不动作为轴心，另一只脚围绕轴心画一圆环，轴收点便是站立的位置，四面八方形成一个360°的圆。拳人在中心位置盘拳，以拳势作为"材料"，一招一式，是以招势的"材料""搭建"一个架子，人在中间"盘架子"的过程，是上下左右循弧线行拳修炼的过程，也是将拳走圆的过程。经过日复一日、年复一年的盘架子，太极功夫自然从身上反映出来，周身各大小关节出现螺旋劲，这是无形无象全身透空的上乘功夫。练太极拳是修大道，老子曰："大道甚夷，而人好径。"如果要问是否另有别途，也可以两个人或多人研究，在拳势轻、灵、圆、活上下工夫，将拳走圆。两个人找劲很难有螺旋劲的太极功夫，如果能找到也是"小窍门""小灵活"而已。京城有位有影响的拳师曾经说过："两个人找劲，什么也找不着。越找离太极拳越远，最后也不知道太极拳是什么味。"

"八方线"是将拳盘圆的最佳拳法。只要牢牢把握"八方线"修炼法，循八方线习练，定可得到高境界的太极功夫。在太极拳修炼的道路上没有捷径，只有老老实实循规蹈矩地练拳，循拳理拳法阴阳学说之规，蹈八方线之矩，望拳人深思之。

三、轻扶"八方线"

太极"八方线"使太极功夫修炼大大改观。有了"八方线"，拳人一向认为博大精深难学难修的太极拳，习练有了方向。使深奥难懂的太极功夫成为看得见，摸得着，学有目标，修有方向，便于掌握的拳法。有了"八方线"，无疑找到了通往太极之门的坦途。掌握了"八方线"，便可以将太极拳修炼推上一层高境界的台阶，将拳盘得轻灵圆活。半个多世纪以来很多拳人实践证明，掌握八方线是修炼太极功夫的重要拳法。但是五十多年来，也有不少拳人在太极修炼的道路上蹒跚而行，苦于拿不到太极功夫而中途折返，一世盲练。

凡事都有正反两方面的结果。有了"八方线"这一最佳修炼法门，为什么还有一世无成者呢？在上世纪70年代末，我带着这个问题，曾请教过杨禹廷老人家，他说："凡未达到功成者,是他们嫌麻烦。"一语道破未成功者的症结。他们有"八方线"这一法宝,但没有循阴阳学说的根基去修太极拳"八方线"拳法。当我们重温拳论《身形腰顶》"身形腰顶岂可无,缺一何必费功夫!舍此真理终何级?十年数载亦糊涂"的拳论时,不能不说这是百多年前代代先辈拳师的实践拳法的总结。凡修炼太极拳,定要循规蹈矩,舍此,可能一生空忙枉费工夫。所谓循规蹈矩,是按照太极拳拳理修炼太极拳。拳论云:"其根在脚……形于手指。""一举动,周身俱要轻灵。""阴阳无偏称妙手,妙手一着一太极。"太极修炼,身形应该是一个太极体。拳论云:"天地为一大太极,人身为太极之体。"这是练拳的道理,在拳场,道理就是真理。练拳要遵道而修,修炼太极,就要有一个太极身形,还要有一双太极脚,两只太极手,否则难以功成。

(一) 手松方可轻扶

修炼太极拳不能跟生活中的身形手脚一样。生活中的身形手脚是有力的,而太极拳要求修炼者处于无极状态。所谓无极状态,就是尽可能全身放松,各个大小关节松开且节节贯串,松肩,垂肘,舒松手腕,空松腰、胯,虚灵双膝,绝对不要着力,松弛脚踝,双脚平松落地不要踩力,手松而且要净。一时难以松净,练拳时手上不着力,久之手上自然松虚净下来,最理想的手是"妙手空空"。身形手脚符合要求后,在练拳时心脑安静,这叫"澄源清流"。练拳站在"八方线"中央,实脚为"八方线"中心点,行拳时手尽量不着力,以净手食指轻轻扶着"八方线"行拳。请注意轻扶"八方线"行拳跟平时练拳相同,似行云流水绵绵不断,不同的是,实手、食指有一种感觉,也就是意念,这个意念成为一个"点",行拳轻轻扶着意念点，循拳套路路线运行，势断而轻扶不断。尽管套路虚实变化多端，但实手轻扶的意念点不变，变化的只有阴阳虚实，不变的是轻扶"八方线"。轻扶的关键一要轻、二要扶，扶住不断更不能丢。轻扶习惯了、熟了，自然意动神随。行拳自然轻扶，身上各部位就会松下来，没有僵滞不爽之处，有一种圆活趣味，这时离盘拳轻灵圆活也就不远了。

（二）再论松腰、空手

关于太极拳的松功，前文松功篇中有详尽的叙述，从脚往上，脚、踝、膝、胯、腰、肩、肘、腕、手周身上下九大关节，节节放松。拳论有"行气如九曲珠"之明旨。腰是九颗珠子中间最大的一颗，起承上启下的枢纽作用，必须空松。如果腰部僵紧，势必截断上下之通路。为了保持全身松通，必须学会周身放松。首先放松腰部，腰紧全身僵，上下八个关节松，腰自然空松，九个关节，放松有关联（请参考松功篇中关于松腰操作的细节）。如何操作习练有难度，请试练以坐姿站立，以站姿坐下，如此经常演练也许会摸到松腰的拳法。为了习练全身自然松柔，不妨以起床穿衣服系纽扣、吃饭拿筷子的手轻松自如来往于餐桌上，像女性织毛衣轻灵的手去找感觉，平时注意松柔周身大小关节以及随意肌和不随意肌的肌肉群。

拿起物品时，不要想着去拿东西，能不能找找用手轻轻扶东西的感觉？具体操作并不难，在家中方便的地方挂上一件衣服，经常扶推，或是扶推窗帘、挂着的毛巾等物。在室外扶推弹性好的树枝，也是出功夫的好办法。

（三）轻　扶

轻扶"八方线"，一要真扶，在看来似乎没线的地方扶出

"八方线"来，这要看你是否能坚持住。在盘拳时站在"八方线"中心点上，身前身后、上下左右四面八方，也确确实实有"八方线"。开始练功手上有拙力本力不要紧，日久拙力本力会退掉的。二要扶住，行功走架扶住不要断，势断意不断，经常想扶着，断了很快再扶上。

盘拳轻灵圆活无二法门，只要认准了这种太极功法，不疑不动摇，久之自有不可言状的兴趣。"轻灵圆活"这句拳中术语，如果拆开讲可破解一谜。在太极拳修炼中唯有轻，手上方可退去本力，手才可以松净；只有松才可以扶"八方线"。轻扶日久，手上自然知晓阴阳变化。重手、力手难以达到轻扶的效果，太极功夫无缘上身。唯有灵，各个大小关节方可虚灵，气血才畅通不僵不滞。有了轻和灵，方能将拳盘圆，只有将拳盘圆才可能得到太极功夫，周身上下从表及里全部活了。所谓活，也就是开合，身上灵活，也可以说全身开啦。周身大小关节松开，随意肌和不随意肌群也统统放松，肌肉全松开。谈到开，有心神意气开，有肢体开，开也是阴阳变动行拳轻灵，胸中不滞周身不僵，一动周身轻灵，没有走不开的地方。再深究一步，一动，周身大小关节都是圆环，也就是螺旋劲出现。如果较技揉手（推手），轻轻扶上对方来手，对方发不出劲来，脚下发飘，丢掉重心，也就失去了进攻能力。

当初，杨老拳师改进教学，是为了使教与学更符合太极拳轻灵圆活的规律。因而"八方线"理论从此诞生了。一个新的理论问世，创造时并没想其功效如何，但经过半个多世纪，两代拳人的实践证明，"八方线"是培养太极拳人才的最佳拳法。

四、手脚不离"八方线"

凡修炼太极拳的人，无不渴望得到真谛，从而自由自在地遨游在阴阳变化之中。有的拳友虽决心很大，却苦于找不到通往太极拳高深功夫之门，而杨禹廷的"八方线"正是这方面的指路标。

今天向拳友们着重介绍运用"八方线"的法则。前文向读者介绍了杨禹廷"八方线"，其关键功法是"轻扶'八方线'"，主旨是轻扶，一套拳从起势至收势，要轻扶不断，手脚不离"八方线"。

（一）再释轻扶

前文介绍了"轻扶八方线"，一要轻，轻扶，真去轻扶。太极拳与其他拳种不同，有它自己的特性。讲究虚实、开合、松柔、用意不用力，这些功夫不要说练，单说认识、理解也是很难的，有的似乎摸不着看不见，这便是太极拳的特性。

还有一点，太极拳盘拳时前边有人似无人，无人似有人。通俗解释为盘拳练功时，原本是一个人静静的习练，侧旁无人观看无人干扰。修炼要设计一个人在你前边看，在阻挡你练拳，或动武向你袭来。这时你要"带着敌情"与之搏斗，将其来势化解。相反，练拳时前面真有一个人看你练拳或阻挡你行拳，你要以意念视而不见，有人似无人，该怎么练还怎么练，不要受到干扰。从这一特性看，太极拳修炼难度是很大的。

太极拳套路路线似一个立体的架子,你在什么地方盘拳,你所站立的位置实脚便是"八方线"的中心点,你的周围便有一个看不见、摸不着,但又确实存在的"八方线"立体的拳架子。盘拳时要以实手食指轻轻扶着架子盘拳,在看不见摸不着的空间,轻扶出一个上下左右前后都有的太极拳拳架子。注意一定要轻扶,拙力手重扶是没有什么拳架子的,这是太极拳的特性,太极拳的手应该是有太极阴阳特征的空手,也就是太极手。任何带力的手,都不是太极手,也摸不着太极拳之拳架子。

二要扶,轻和扶是一种技法的两种操作程序。有轻才有扶,轻扶符合太极拳之拳理拳法。前文要求要真扶,扶住,认认真真,方能扶住,行拳中断了再去扶,日久成为习惯,就不会断扶了。

轻扶,首要是轻,手上松柔轻灵才能谈轻。轻不是要去扶"八方线"才提出来的。拳论明示"一举动,周身俱要轻灵",练太极拳周身都须轻灵,手上更应该轻灵,轻灵是太极拳拳法中首要之技法。拳论明示"形于手指",形于手指不是力于手指,手指像树上的叶片一丝力不着,你什么时候摸它,用力便翻,只能去轻扶。太极拳博大精深,不是每天去打300次沙袋。不要用常人的想法、常人的眼光去看。精深到手上没有一点力,像树叶一样在轻风中飘荡。什么时候,你练拳,别人看你的手似在空中飘荡,不是在抡拳,你的阴阳变化功夫就已经相当可以了。

(二) 手脚不离

所谓"手脚不离",是指我们在练拳过程中手脚离不开阴阳变化、虚实变转、动静开合。具体讲,脚下有实脚"八方线"，虚脚"八方线"；手上有实手"八方线"，虚手"八方线"。你的脚下和手上有了"八方线"，阴阳变化、虚实变转、动静开合就不再是抽象的看不见摸不着的玄奥之物，而是阴阳、虚实、开合在你的掌握之中，清楚明白地运用在手，变化在脚，周身全体动静开合自如，再也不练糊涂拳。

太极拳人都会说"虚实""开合"，怎么虚，怎么实，什么是开，什么又是合呢？一问摇头，再问傻了。"虚实""开合"说易真正懂了甚难，不好理解。笔者在北京东三环附近一个文化公园里与众多拳友研究拳技，"八方线"拳法一说能明白，但摇头不会用。地上用树枝画上一个"八方线"图，一说也能明白，但不知怎么个练法。不是不会练不能练，而是不习惯。杨禹廷老拳师说过"拳打千遍其理自现"，很多人都知道熟练能生巧，多练，多看，多琢磨没有不成功的。

在行拳过程中，手脚不断循四正四隅方位运行，离不开阴阳变化、虚实变转，拳势的种种动作要有正确的方位和起止点，没有"八方线"很难把握准确。就像公园随处可见的练拳人，没有阴阳，看不到虚实变转，表面在练拳，胳臂动，手也动，但没松开关节僵紧，像两根肉棍子，站在那里盲练瞎抡，这种练法哪里有一点太极拳的韵味！他们不知道，练太极拳必须遵道而修，按照太极阴阳学说，循拳理拳法和太极拳松柔、阴阳变化的规律习练。有悖于阴阳之理者，难以功成。修炼太极拳，动须有虚实、开合、阴阳变转，否则怎可能将拳盘得轻灵圆活？拳练到轻灵圆活是拳家练功的目标，要达到此目标，"八方线"便是最好的"拐棍"。所谓手脚不离"八方线"，拳家脚下寸步不离一个米字。四正四隅四条线八个方位，恰似一个米字。米字周边画上一个外接圆，正是一个"八方线"图。

(三) 轻扶亦分阴阳

　　手脚有了"八方线"还不够，为了把握太极拳阴阳学说，还要将每个式子分解成若干动作，分清每个动作的起止点。如杨禹廷八十三式太极拳，起势四动，揽雀尾八动，单鞭二动，为了阴阳变转，每势均为双数（阳）以便接单数（阴）。如单鞭，右手掌变勾为单动（阴），左手拉单鞭为双动（阳）。阴动接阳动，阳动为实，实中再实一次，而变成阴动；阴动变阳动时，再阴一次，便达到"变转虚实"的要求。

　　按"八方线"盘架子，就要将以往与拳论"一举动，周身俱要轻灵"相悖的习惯在盘拳中——都克服掉。轻扶"八方线"，手就不能有力，轻轻扶着套路路线行拳，从习惯上手用力到不着力，别有一番奥妙，这种轻手就是练拳所需的太极手。脚呢，太极拳人当然要有一双太极脚。按"八方线"修炼，手轻扶，脚下有力不对，踩地不可，五趾抓地与拳理相悖。一举动，周身都要轻灵，脚当然也要轻灵，脚是根，脚下轻灵，周身自然轻灵，这个道理十分浅显。所谓太极脚，就是两脚平松着地，五趾舒松，脚与大地融为一体。脚松着地，站立自然牢稳，也就是人们常说的桩功稳重。脚平松，膝自然虚灵，松胯空腰。说到空腰，腰是从脚到手九大关节中间承上启下的主宰，不要以腰扭转带动躯干四肢。松肩，垂肘，任何动作都要空肘，肘尖永远向下，腕也要时时注意舒松。在练拳时，手不着力，虎口撑圆，掌要舒展开，不是强直伸开。还要注意一个细节，在轻扶"八方线"时，为了扶有感觉，实手的食指要轻轻扶着起止线的"意念点"，开始时这个点不明显，熟了，伸手就有一个意念点，手扶点走，点走手扶，自自然然功夫就出来了。在重心转移时，要渐变，不是突变。掌变拳小指先松拢，然后依次无名指、中指、食指、拇指松拢为空心拳；拳变掌，从拇指开始，依次为食指、中指、无名指、小指逐渐舒展；实勾和虚勾亦然。脚下虚实变换也是渐变，实脚变虚脚，从实渐虚；虚脚变实脚，渐变实，不要以胯横移。弓步变坐步，要严格按方位用功，如面南坐步，右虚脚对正南，脚趾上扬；坐步变弓步，右虚脚变实，脚尖仍下落向南，一弓一坐，脚趾一扬一落，恰恰画了一个上下的圆，日久脚下便有了螺旋劲。

太极拳拳理只有一个标准，谁也不能违背。"八方线"符合拳理拳法，认识、理解"八方线"，学习、掌握"八方线"，手脚不离"八方线"，最能体现拳理。如果练拳多年苦于找不到太极之门，"八方线"是最佳的选择，一年半载或两三年你就将领悟到太极功夫的真谛。老子曰："道法自然""天道无亲，常与善人。"只要抱定修炼的决心，没有不成功的。

"八方线"篇，暂写到此。

在"松功篇"中，对于阴阳、虚实、动静有讲解。其实并不难理解，阴为意之隐，阳为意之显，循阴阳变化规律，虚实动静就不难理解了。虚为阴，为静，为意之隐。怎么隐，不是躲闪，不是身形上的隐，而是无形无象中意念的隐，神之隐，视线的隐。视线隐，能明白不难做到，将两眼视线，从印堂穴向内视下至丹田即完成这一动作。虚、神隐的操作比较难，理解起来也困难。前边笔者已经强调过，太极阴阳功夫是周身上下从里及表的综合功夫，单独去习练讲解是困难的，也讲不清楚。例如讲腰部的空松，不说溜臀、裹裆、收腹、圆背，就难以说明白腰与上下关节之关系。

还是那句车轱辘话，太极拳功夫是周身综合修炼而功成的。

第十一篇 太极拳修炼篇

怎样练好太极拳，是天下所有太极拳人共同要解决的关要。过去千百年来，一代人中有几位能练好拳呢，人数寥寥。除了封建糟粕陋习丑规外，学练的方法、个人的悟性也影响着太极功夫上身。凡未成功者，学练方法是主要因素。本篇将破译学习方法，解练拳之秘。

一、要有百折不挠的毅力

圈内人称练太极拳叫"打拳"，确切说叫"盘架子"。因为太极拳的特性要求走弧线，"盘"是圆形，与拳的弧线最为贴近，盘架子的叫法就显得形象、贴切。经常盘架子可以出螺旋劲。练一套太极拳比较容易，如果悟性好，在明师指导下有几个月就可以把套路学会，但要想得到太极功夫就不是几个月的事情了。

《太极拳论》中说："由着熟而渐悟懂劲，由懂劲而阶及神明。然非用功之久，不能豁然贯通焉。"

从以上拳论不难悟出，学练太极拳不是一件容易的事。"太极十年不出门""拳打千遍其理自现"，这里所说的"十"和"千"都不是实际数字。这要看学练者文化素养如何，是不是有悟性，还要有一位明师指导，学练人要执著追求，锲而不舍，废寝忘食，排除一切干扰自觉练拳。

首先，正如著名的太极拳大师吴图南指出的，练拳要有百折不挠的毅力，要有脱胎换骨的精神。随便翻开记述拳师苦练太极拳功夫的书，便会看到，当代太极拳名家学拳练拳的经历，并不是轻松的。江南有一位拳师说要向前辈拳人学习，他自幼习武到长大工作，每天坚持练拳两三个小时，走七八趟拳，从不间断，一气下来，中间不休息，练得坐下不想站起来，站起来不想坐下，全身像上了刑具一样难受。他要求学生花上一二十年功夫坚持练，一辈子不停地练。这种练法一般人很难做到。没有百折不挠的吃苦精神，想攀登太极拳的艺术殿堂是困难的。

二、太极拳是艺术

其实，学习各种门类的艺术都是一样的，不下苦工夫都得不到艺术的真谛。画家学画要到各地写生，画几万个人儿，才能画好人物。太极拳人一生要练一万两万遍拳和拳的单势，且循规蹈矩，才能找到拳之精华和真谛，这叫功夫，是从吃苦耐劳中而得。

有人说，太极拳是立体的画，是流动的诗，是无声的音乐，是优美的舞蹈。行拳盘架如行云流水，太极拳有太极拳的韵味。太极拳是文化品位很高的拳术，你用力去练拳脚，就失去了它的文化内涵。太极拳习练者的心态应该在习拳实践中不断调整，以适应自身对太极拳拳理的认识再认识。

太极拳不仅具有养生、保健、技击功用，从事太极拳锻炼还能使人从中得到文化的艺术的审美的体验。它开发大脑，增进智慧，使人体中的血液、经络、气道得到通畅。

三、要有追求，要有精神

在太极拳领域内，人要有追求，也要有一点精神。如果没有追求，又缺乏奋发向上的精神，只停留在一般习练的状态中，是不可能成功的，更成不了明师。

其次，练拳还要排除干扰，坚持不懈地苦练。得到太极功夫绝不是一朝一夕、短期内可以奏效的。要经过刻苦努力艰苦磨炼，甘于寂寞，反复进行单调乏味的操练，才有可能走上太极拳大道。

如果你选择修炼太极拳，弘扬太极文化，那么，你就要有准备付出相当多的时间去努力，将全身心投入进去，要坚信自己一定能够登上太极圣殿，一定能够达到太极功夫的最高境界。

四、排除一切干扰

排除不甘寂寞的干扰。在学练太极拳的过程中，除了集体向拳师学拳外，绝大多数时间都是一个人苦练。当欢声笑语之声传来时；人家漫步在树荫下、小河旁，沉浸在幸福的甜蜜中时，你却在美好的时光里或万籁俱寂的夜晚，独自一人在一招一式演练太极拳，寂寞得连一点声音都没有。心躁不静，练不下去了，忍受不了这种吓人的孤独，这样你就前功尽弃了。

　　从前辈拳师那里我们可以了解到一些练拳的信息。要得到太极功夫，不是阶梯式、步步高，下几年工夫就能登上太极艺术的殿堂。而是在长期修炼中，从理论到实践弄懂了一种功法，感觉到身上有了某些变化。但是常常好景不长，明白了不多时日，兴奋还未过去，就又落入迷雾之中，对所练的功法糊涂了，身上又不明白了，有经验的拳师会告诉你，这叫"三明三昧"。就是说，太极功夫的增长不是直线上升，从不知到知，从知之甚少到知之丰富，最终若干年后全都懂了，毕业了，拿到一张全知的证书，今后你走出大门便成为全知拳师了。其实根本不是那么回事。在修炼过程中，在糊涂、明白之间前进，经过多年修炼后，你会感觉到太极拳是无边科学，很多未知的东西在前边等待我们去认识、去理解、去破译、去获得。

五、太极拳有多种练法

　　传统太极拳有多种练法。太极修炼不是只盘一套架子。像寿星太极拳艺术大师杨禹廷老人家，学拳、教拳八十余年，到晚年仍然坚持练拳不辍。他每天练拳四五个小时，有正反两遍拳，单手正反两遍拳，无手正反两遍拳。这样练拳，太极功夫能不上身吗？如果不能踏踏实实地练拳，扎扎实实地练功，就像我前面说的那样，即使练30年也没用。

（一）太极拳是科学

　　太极拳是科学，拳理深奥，拳法严谨，学练者必须循规蹈矩习练，方可登阶入室进入太极门。只刻苦也不成，要读书明理，否则，几十年也练不好太极拳。有的拳师收了弟子，甚至都还不明白什么是太极拳，主要原因是对拳理、拳法研究不够。学练太极拳必须循序渐进，"认识—理解—明白—懂"，方可得道。拳论云："由着熟而渐悟懂劲，由懂劲而阶及神明"，这是学练太极拳的一条科学的规律，舍此无近路可寻。在祖国各地，不分南北东西都出现过神童，十二三岁便因成绩优秀而被大学破格录取，成为少年大学生。而学练太极拳却没有这样的神童。有人吹嘘7天学成什么，20天达到高手，是新天方夜谭。圈内有一句名言："太极十年不出门。"实践证明，由于太极拳博大精深，十年虽然很长，但也不一定就能学成出门。出什么门？家门、村门、县门、市门、省门还是国门？这个十年不是三千多天的概念，是术语，是对习拳者的一种考验，如果听到"十年"就望而却步，说明练拳者信心不强，毅力不坚，恐难学成。

（二）传统太极拳的多种练法

初学太极拳，需要怎样"入门"呢？又怎样一步步由浅入深呢？依笔者之见，逐一简述如下。

定式：初学太极拳要先学练定式。定式顾名思义，是在原地不动练拳式。这样学练姿势准确，功底扎实，桩功牢固。每个式子分解成若干小动作，一动一动的教，而每一动停留三口气至六口气，再练第二动。一年下来学习十几、二十几个式子，这样练功功底扎实，从不返工。如果图快，跟着老师划道，一个月练一个套路，学得快忘得也快，根本谈不上功夫，像煮夹生饭。基础打不好，改拳之难难以想象，甚至一辈子也改不好一套拳。

原地式：在定式的基础上原地练习，一个式子可反复原地练，因原地不动，老师便于纠正动作，收效甚佳。

原地可以练习一个拳式，也可以练两个或多个拳式。现在工作繁忙生活节奏快，一天到晚没有大块时间、也没有较大空间练拳，原地式就能解决这种困难。正所谓"拳打卧牛之地"，练拳不拘时间、地点随时可练。如"揽雀尾"和"单鞭"，在原地练，东西南北四正方向，十几分钟可练12个揽雀尾，13个单鞭，单鞭和揽雀尾是最吃工夫的拳式，这样练功底也扎实。

联式（动式）：从字面上看，联式就是将学到的拳式联起来练，这就需要场地，第一段二十五式有2米宽6米长一块长方形空地就足够用了。二十五式练完17分钟，如果每个式子做到位，一招一式还要增加几分钟。练时要注意将拳式走圆。太极修炼从理论到实践，都是以练拳为主，没有别的出路，是需要埋头苦练的。每个拳式都做到位，在虚实变转的当口更须一丝不苟，每天至少打六趟拳，双手正反，左单手正反，右单手正反，共盘六趟架子，大约四个多小时。

默练：默练就是站在原地或坐在椅子上，不做动作，默想拳架。从脚到手从手到脚行拳，静坐不动"以心行意，以意导体，以体导气，以气运身"，达到动静相兼、身心双修、健身养生的目的。默练时，在头脑中要有拳的形象，像放电影，一次有一次收获。

默练可解决因为工作忙抽不出大块时间练拳的问题，在火车上、飞机上、短暂休息或工间操时间，均可默练。将拳默想一遍，手脚结合，上下相随，从上到下默练拳后，浑身热乎乎，也能达到动式拳的效果。

单手练：先辈拳师在长期修炼中，为了得到太极功夫，创造了多种练法，以解寂寞、枯燥之苦，也为了提高和巩固所学的拳艺，其中一法为单手练。

单手练也是很重要的方法，分左单手和右单手两种。所谓单手练，就是在盘架子时，只由一只手动作，另一只手下垂不动，如右手作为实手，则左手下垂，跟平时盘拳一样。下垂不动的左手不是完全不动，而是随套路运行路线走意念，静中求动，左单手右单手同。

无手练：无手练与有手盘拳一样。按套路一招一式一丝不苟，只是左右手下垂没有动作。在盘拳进行中所有动作运行线路与有手练的动势一样，无动作的左右手仍然要分清虚实带意念，视线、阴阳与有手联式同。

松肩练：肩是气之"气门"。松肩，气顺向下，如含肩、耸肩将牵动气，使气向上冲，全身不易松柔。修炼松肩是十分必要的，松肩练是功夫拳。

修炼松肩有很多练法，但在盘拳中松肩最为重要，应引起拳人的关注。盘拳的每个动作，起始动作之前必须先松双肩，每动先松肩，将一套拳练完，就完成了松肩练的功夫拳。

垂肘练：松肩垂肘是相辅相成的，只顾松肩不管垂肘，上肢仍然僵滞。推手、技击因为肘松不下常受人制。松肘习惯上叫"垂肘"，上肢没有动作肘自然下垂，上肢动作时肘亦应自然下垂，绝对不得挂力。盘拳、推手时拳人必须做到"松肩垂肘"。"垂"字顾名思义是自然下垂之意，肘上不能有意，更不能有力，就是用肘发人肘上也不允许着力，而是指梢上的功夫。盘拳时每个动作要垂肘，跟松肩练相似。不过肘的训练只注意肘自然下垂，每个动作如此反复，天长日久功夫自然上身。那里你的肘很松沉，两位年轻人也很难抬起你的一只胳膊。

松腰练：腰在太极拳锻炼中占主宰地位，是十分重要的。

先辈拳师在腰的训练和运用上是十分出色的。可惜先辈们没有给我们留下照片等可参考的影像，只留下不少关于腰的论述和拳经。然而由于几代拳师文化修养不同，对拳论理解不同，各家各派传下来的"腰理论"和用法就不大相同。我承学杨禹廷大师的八十三式，在修炼中体会到在腰的运用上以"腰隙"为妙。

训练腰可以单练，也可以在盘拳中练。在盘拳过程中，拳理要求虚实变转时，在式与式的衔接处松一次腰。在二十多年的实践中我感觉这是上乘的练法。具体做法是在盘拳过程中，每一个动作做完，就是动与动之间的阴阳变转，欲做下一个动作时松一次腰，久而久之，养成了习惯，一个套路打下来呼吸极为顺畅，身上备感舒服。如果不是这样很可能截气，要患病，而动作也做不好。在平时活动中亦应该在动作之前松腰，松腰在身上的变化，其妙无穷。

以上我们讲了太极拳修炼中的拳法，也讲了传统太极拳的多种练法，是不是这样修炼下去即可大功告成修成正果呢？我们讲也是，也不是。如果只是一般健体、强身、祛病、延寿，每天按以上要求盘拳会收到相当不错的效果。但是，要想得到太极功夫还远远不够。要进一步修炼太极功夫，还要在身形、手势、头部、脚下、心脑、眼睛等"四法四功"上下一番工夫。这在"松功篇"中已经讲得比较详尽。

六、眼神（视线）

太极拳有"手、眼、身、步"四法。前辈拳师将眼神列为四法之一去训练，可见对眼的要求和训练是很看重的。

运用眼神（视线）时，不可强视也不可斜视，更不可不视，也忌不分阴阳动作，始终注视一个方向，一种姿势。黑眼珠在眼眶中的位置应保持中正，不要左右转动，也不要仰视或低视。眼神的变化也是随着拳势的动作而决定的，不能根据自己的习惯，当然更不可一边练拳一边东瞧西望、左顾右盼、心神不专注。心神不专注身便散乱，身散乱拳也练不好。俗话说："眼是心灵之窗。"一个拳师的气质如何，是否有威慑力，要看他的眼神是否有咄咄逼人的光芒。这种眼神不是一般人所具有的，而是太极拳修炼功夫的积累在眼神中的反映。记得上世纪80年代末，一次我在杨禹廷老人家中听他说拳，距他一米外，我站在他老人家面前，我欲向前，他看着我，我无法向前迈步，这是眼神所起的作用。眼神在技击中起着决定性的作用，你眼光内收从印堂收到下丹田，对方被你拿起来，眼神顺对方远视，对方被发放出去，这是眼神特有的威力。

眼神的活动与拳势变动有着直接的关系，根据拳势的要求，每个式分为若干动，按阴阳分为单动和双动。单动、双动为奇数和偶数，为方便习练，以一、二代替，一为阴，二为阳。凡一动，视线追手；二动手追视线。虽然说得很简单，但如果运用不当，会影响全身的松柔和僵滞。初学者先不要管视线，自管将拳架盘熟练即可。

七、不要主动

练太极拳叫打太极拳，也称为盘拳。初学太极拳的爱好者，由于对拳的特性学习认识不足，理解不够，太注重"练""打""盘"。就是练拳多年和资深的太极拳师，有些也没有完全脱离练、打、盘。

将太极拳作为全民健身的群众体育运动，怎样练都没有错。但如果要修炼太极拳功夫，练拳就不能有随意性、主动性，一定要遵拳理拳法。"道法自然"，练拳刻意去练、去打、去盘，主动则僵，意大定滞，有悖道家"中空道通"之理。

（一）习拳明理

习拳须明理。首先，明拳理，明拳法。知道太极拳修炼方法，以及太极阴阳变化之理。明白这些拳理拳法，不会再有动意在先。练太极拳有常说的三大忌，即不可有动意，不可主动，不可妄动，其中最忌主动。

行拳循套路路线，顺其自然行功。因为拳之路线由不同的环组成拳架子，你站的位置，实脚便是拳架子的中心点。中心点的四面八方是一个圆形架子，看不见，却摸得着。看高手拳师盘拳，便能看到拳师周围的拳架子。盘拳行功过程中，由于用意不用力，空松双手轻扶拳架子盘拳，手似在空中飘浮，循拳架弧形线行功，到极限处，手自然返回。明此理后，盘拳能体味到太极拳的"味道"，有一种圆活趣味，妙在其中，玄在其中，奥在其中。这便是太极拳别于其他拳种的特性。

（二）遵道而修

练太极拳一定要遵道而修，按照太极拳学的阴阳学说，循太极拳拳理拳法，一动一式，扎扎实实，循序渐进，不要贪功求快囫囵吞枣做夹生饭，费时盲练。

所谓遵道而修，是每个拳势按阴阳变换一动一动练习，用意不用力，在反复练拳训练中，逐渐将拙力、本力退去；注意轻扶"八方线"，轻扶不断，断了接上，要不忘轻扶。重心变转，先减后加，阴阳变化要渐变，不可突变，不要主动，不要妄动；动意大、动意在先都是练家之大忌，习练者不可不悟。脚平松落地，不可力踩。不要小看局部拳法，都是大道。

（三）安舒中正

前文已经叙述过"中正安舒"，因为这是一种功法的内外双修，有再重复的必要。有人认为身体正直便是中正安舒，这仅仅从外表、从身形看到了身形的中正，而更为重要的修炼是心神意气的安舒，先安舒才有外形上的中正。准确地说，这个功法应称为安舒中正，没有心、神、意、气的安舒，不可能有身形上的中正。

身形中正是拳架结构的中定，从中定演示出前进、后退、左顾、右盼。拳的结构是大工程，是拳法中的上乘功夫，是修养高深的拳家研究的课题。对于初学者，需要知道这一拳法，在头脑中要有拳结构的概念，在练拳时注意身形的中正，不要练半个身子拳，不要练歪邪拳。如果你悟到安舒中正的奥妙，再到周围看拳友练拳，那歪斜半个身子拳多有显现，这证明你的拳艺水平大大提高了一步。

八、用心脑练太极拳

怎样练好太极拳？首先要"练"。有人甚至当了拳师都不提倡下工夫练拳，而是练习单操手的"太极功"或"站桩"。我不反对练习单操手和站桩，因为这是一项辅助练功活动。但是，太极拳的功夫是每天循规蹈矩认真练拳得到的。很多身怀绝技的人都是每天练拳不辍，从不间断。

练太极拳,也称打太极拳,确切地说叫"盘架子"。因为太极拳的套路自始至终走弧线。有人说,太极拳套路是由大小不同的环组成,故称"乱环拳",弧线是盘出来的。练拳开始,切记走弧线,忌直来直去走直线,否则得不到太极拳特有的圆活趣味和深层的功夫。

怎样走弧线呢?传统太极拳的拳理拳法规定,盘拳一定注意方位,所谓方位为南、北、东、西四正位和东北、东南、西北、西南四隅位。拳者面南而立,严格按四正四隅行拳,杨禹廷太极拳大师称此为"八方线"。如正单鞭,左实手从正西起,运行至正南,终点正东,整走了一个弧线形。从起势到收势均如此。经常练拳走弧线,身子周围形成一个圆形意念圈或一个球形,在与人试手时,对方很难攻破这个"球"。初学者和练拳多年的人都应该遵循太极拳这一特殊的训练方法进行修炼。

在盘架子之初先要排除杂念,做好预备势,等心神慢慢安静下来,手脚四肢空松,也就是说心安静,手要净,胸部虚灵,做到无思无意,无我无他,安舒中正身上不带拙力(这叫"澄源清流"),方可往下盘架子。

盘拳时做到"一举动,周身俱要轻灵,"不可有僵滞之处。伸手提足注意虚实,也就是阴阳。有人说,阴阳是拳母,松柔是拳魂,不知阴阳,没有松柔,拳是练不好的。

阴阳就是虚实,阴为虚、为静、为吸,视线收回;阳是实、是动、是呼,视线外放,这是始终不变的拳理,有了功夫修炼到高深境界也是如此。

盘拳时要求"轻灵",从起势到收势始终贯串轻灵,不可有缺陷、凸凹、断续处,"其根在脚""由脚而腿而腰,总需完整一气"。在行拳时,不管你练的是哪一派的太极拳,也不拘于有多少式,一定要将每式分出若干动。我练杨禹廷八十三

第十一篇 太极拳修炼篇

拳，老拳师将八十三式分成三段，每式分成若干动作（均为双数），如起势4动，揽雀尾8动……盘拳遇到单动（1、3、5、7)，脚引手走，视线追手；双动（2、4、6、8)手引脚走，手追视线。这样盘拳，可以达到"拳论"的要求，"上下相随""内外相合"。在每个动作结束练下个动作时，腰要松一下，"命意源头在腰隙"，这样做可以达到"全身似松非松，将展未展，劲断意不断"。在单动与双动的"接口"处，"拳论"讲是"变换虚实须留意"，单动为虚，虚变换实再虚一虚；双动为阳，阳变虚则再实一次。长久修炼，分清虚实，周身节节贯串，向太极功夫上乘最高境界发展也就不难了。

一般认为习武人四肢发达，头脑简单。其实，修炼太极拳恰恰相反，太极拳练的不是拳脚功夫，而是头脑和心灵的功夫。

初学者先不要注意呼吸、虚实、视线，首先要过"僵滞关"。初学拳的人，往往手脚上下不相配合，伸手提足四脚僵滞，甚至呼吸困难，胸口胀闷，这也是必然要经过的阶段。这时千万不要灰心丧气，先要静下心来，身心安静了再盘拳，每个式子每个动作力争准确，不可贪多求快，要扎扎实实地做好做准备每个姿势，轻松、自然地练拳，僵滞的四肢就会慢慢松柔下来。

太极拳是头脑和心灵的拳术，最后只是头脑的运动，意重则滞。再以后，主宰于神。神为主宰，就达到了前所未有的境界。

九、严谨细腻

　　松柔艺术大师杨禹廷八十三式太极拳，宗承吴式太极拳创业奠基人吴鉴泉大师之吴式小架。杨公禹廷在吴式太极拳守静运化、紧凑舒展、松柔圆活、身静体空的拳艺基础上，匠心独具，循规蹈矩，创造性地进行教学改革。以讲义教学，改变千百年来师承口传心（身）授的教学方法，在身心中正、方位方向上创造了"八方线"教学法。确定了太极拳中正安舒心静体净的手轻、脚下阴阳变化的教学法，是太极拳教学的创举。

杨老拳师以一生的教学经验确定了单腿立柱、从脚到顶的中轴线式的重心，变转阴阳极为灵活。拳法拳艺极为严谨细腻，将拳势的阴阳分成单动、双动，阴为单动，阳为双动。一个拳势分为若干动，如单鞭2动，搂膝拗步12动，阴阳以1、2、3、4……加以区分，1、3、5……为阴，2、4、6……为阳。1为阴，为虚，为开，是视线追手；2为阳，为实，为合，眼神视线在先，手顺视线行功，也是手追视线。重心阴阳变化，先减后加。行功盘架，空手轻扶"八方线"，行动不快，不慢，不间，不断，如行云流水。

盘拳修炼要循规蹈矩，按规矩练拳，一招一式，从脚到手，从手到脚，大小关节上下节节贯串，不可主动。严谨细腻，似钟表的表芯一个齿轮紧扣一个齿轮，丝丝入扣。练拳不可瞒天过海，囫囵吞枣。应像书法艺术，从一笔一画写起。凡不练楷书的人，抢笔狂草，十个有十个失败。练家要认识再认识，反复认识，这是拳理，是拳法之理，是拳之真理，拳之真谛。

十、太极病

太极拳论对太极病有专题论述，这应引起拳人的注意，初学者尤其要注意，就是修炼多年的拳家也要时时警惕身上出现"病"变。

身上之病，见拳论："勿使有缺陷处，勿使有凸凹处，勿使有断续处。""每见数年纯功，不能运化者，率皆自为人制，双重之病未悟耳。"清代陈鑫大师《揭手三十六目》之36种不合太极拳拳理拳法之病手，清代杨式传抄老谱《太极轻重浮沉解》，应引起我们的关注和学习。我们后来拳人从初练时就要警觉勿出病手。避免病手之关要，就是练拳时注意千万不要用力。初练时手上力大无关紧要，随着时间日久，功夫增长，手力要退掉。开始重力手，以后轻力手，渐无力成轻手，功夫高深时达到空手。千万不要急躁，一切顺其自然，功到自然成。

关于明白。修炼太极拳到一定时候，对太极拳机理、阴阳学说，自然明白。这个明白不是口头的、理性的，而是感性的、从长期修炼中体味到的，也就是身上明白。也有人称为"体悟""身知"。一个拳人明白不明白，不是理论上的明白，而是对太极拳的拳理拳法、阴阳变化，从身上反映出来。也就是"由着熟渐悟懂劲"的懂劲，"由懂劲而阶及神明"的神明。这是太极拳的深层拳理，不可不知，不可不悟。

附：

三十六病手

一、抽：是进不得势，知己将败，欲抽回身。

二、拔：是拔去，拔回逃走。

三、遮：是以手遮人。

四、架：是以胳膊架起人之手。

五、搕打：如以物搕物而打之。

六、猛撞：突然撞去，贸然而来，恃勇力向前硬撞；不出于自然，而欲贸然取胜。

七、躲闪：以身躲过人手，欲以闪赚跌人也。

八、侵凌：欲入人之界里而凌压之也。

九、斩：如以刀砍物。

一〇、搂：以手搂人之身。

一一、揝：将手揝下去。

一二、搓：如两手相搓之搓，以手肘搓敌人也。

一三、欺压：欺是哄人，压是以我手强压住人之手。

一四、挂：是以手掌挂人，或以弯足挂人。

一五、离：是去人之身，恐人击我。

一六、闪赚：是诓愚人而打之。

一七、拨：是以我手硬拨人。

一八、推：是以手推过一旁。

一九、艰涩：是手不成熟。

二〇、生硬：仗气打人，带生以求胜。

二一、排：是排过一边。

二二、挡：是不能引，以手硬挡。

二三、挺：硬也。

二四、霸：以力后霸也。如霸者以力服人。

二五、腾：如以右手接人，而复以左手架住人之手，腾开右手以击敌人。

二六、拿：如背人之节以拿人。

二七、直：是太直率，无缠绵曲折之意。

二八、实：是质朴，太老实，则被人欺。

二九、勾：是以脚勾取。

三〇、挑：从下往上挑之。

三一、掤：是以硬气架起人之手，非以中气接人之手。
三二、抵：是以硬力气抵抗人。
三三、滚：恐己被伤，滚过一旁；又如圆物滚走。
三四、根头棍子：是我捺小头，彼以大头打我。
三五、偷打：不明以打人，于人不防处偷打之。
三六、心摊：艺不能打人，心如贪物探取，打人必定失败。

第十二篇 太极拳架深研篇

练拳、打拳、盘拳叫法不同，同是修炼太极拳，三种称谓含三个层次。太极拳界有一句大家都说的话，太极拳"博大精深"，京城一位拳家说得轻松，他说："太极拳就是两个动作，一阴一阳一通百通。"练拳练个准确，打拳打个灵气，盘拳盘个悟性，半个世纪的共识，传统太极拳难出人才，什么原因？方法不对，不按规矩练。其实太极功夫在脚下，太极出不来功夫也在脚下，差之毫厘，谬以千里。

一、再认识太极拳

在谈太极拳架的修炼之前，我们要进一步认识太极拳。太极拳的根基，本源是"太极者，无极而生，阴阳之母，动静之机也"。什么是动静之机？阴阳。动为显，静为隐，动则分阴阳，阴不离阳，阳不离阴，阴阳相济。伸手直来直去只有阳，这是违规，只要你练太极拳，动前一瞬间要阴，太极拳术语叫开合，然后再走手，这才符合阴阳动静之机。初学或学练一二年还不能要求开合，但学练者必须知道，太极拳不光是外面看得见的举臂提足，还有太极内涵丰富的太极内功。

（一）拳之特性

太极拳有拳的特性，什么是太极拳之特性？对习练者的练拳要求，便是拳之特性，例如行功练拳，阴阳变转、松柔轻灵、动静开合、虚实隐显，用意不要用劲；中正安舒、顶上虚灵、脚下变转阴阳、手上空灵等等。练拳之前宜明拳理，知拳法，了解拳艺。如拳分单动、双动；单动为阴，双动为阳；单动脚引手，双动手引脚。

（二）习拳先读书

习练太极拳要求初学者先明拳理，清末陈鑫大师在"学拳须知"中要求："学太极拳先学读书。"书理明白，学拳自然容易。

在练拳之前要粗知太极拳是哪个种类中的拳术，太极拳在武术中的地位和价值，以及拳之特性、理论基础等等。可以到公园看别人练拳，这是直观认识；访问拳家、练家，听他们讲述对太极拳的认识、理解、体会，这些对初学者都会有极大的帮助。

对太极拳的拳理拳法有了初步认识后，还要对拳之特性有所了解。在初学者的头脑里已经储存了对太极拳从理论到立体的练拳形象的认识，即可着手准备习练啦。

（三）选择拳式

要学练太极拳，选择练什么式的拳呢？就北京而论，公开对外接待传授的有陈式、杨式、武式、吴式、孙式等，各家拳虽拳理同一，但各有特色，都有名家掌门。笔者学练吴式太极拳，只能谈一些习拳体会。

杨式拳继承和发展了传统太极拳，杨露禅大师对太极拳的贡献，并不仅在于他的技击艺术高超，击败各路英豪有"杨无敌"之美誉，他的重要贡献是打破传统学艺的封建主义框框，敢于改革创新，改变传统练法，从村野山沟走向京城，并开设武馆公开传授太极拳武艺，从此太极拳改变了面貌，从封闭到公开，从保守到开放。杨露禅之后，有了吴式太极拳。太极拳从此红火起来，从京城跨越长江，向全国推广进而使太极拳走向世界。

吴式太极拳没有高难动作，适合各年龄段的男女老少习练。经过几十年的努力，由杨禹廷大师不断改革和完善。吴式拳别于杨式拳的特点是步幅较小，架势小巧，阴阳变化灵活，单腿立柱式身形，练拳和技击运用十分自如。八门五步十三势的方向方位，以"八方线"中心点向四面八方辐射，合理利用空间，习练杨禹廷八十三式太极拳是很好的选择。

二、习练前的准备

习练太极拳之前做准备是必不可少的，像小学生入学前，要有书包、铅笔、本子等学习用具。初学练太极拳时在物质上准备不多，有双合适的鞋及宽松的服装已经够了，而重要的是思想准备。

（一）载 体

习练太极拳，要有一个练太极拳的躯体。拳论云："天地为一大太极，人身为一小太极。人身为太极之体。""可言乾坤为一大天地、人为小天地也。"初涉拳场者要认清、摆对自己之位置，人是太极之体，则应以太极之体习练太极拳。再进一步阐述，学练太极拳者，其躯体不能像平时上班劳作的身体、走路的双腿、劳作和拿东西的双手；习练者的躯干、四肢、头脑将是太极拳功法之载体。这是习练太极拳所必须要做的准备和先决之条件。所谓"载体"，似空火车厢，空汽车、一张白纸、一只空杯。火车厢可载人，亦可装货物。汽车同样可坐人和装东西。一张白纸可以写字，写字便是书法艺术；也可画国画，一张画可以作为国礼赠送给国家元首，也可被各国美术馆收藏，如果不涂抹上彩色，也仅仅是一张白纸而已。杯中可注入水、饮料和酒，装上什么颜色的液体，这只玻璃杯就变成什么颜色，这便是载体效应。但是，如果载体里有物件，有水，白纸上胡乱写画着什么，还会有前边说的效果吗？杯中有水，什么饮料、美酒也装不进去，火车厢内有货物，怎么坐人？道理一样，你不是一个太极之体，头脑满是名利杂念，如何可以收进太极拳理？身上僵紧，太极拳的拳法，阴阳、虚实、松柔等等太极拳的东西就难以进入你的躯体中去，道理十分浅显。

初涉拳场的或者练了二三年拳的朋友，可到公园、体育场看一看，凡练太极拳不懂此理者，练拳十年八载不会有大进展，初练太极拳者要有"载体"意识，先静体净身再去练拳，这是筑基功，不是多余的、可有可无的。一时静体净身有难度，不要急躁，慢慢会如愿。但一定要有载体意识。

（二）自　然

老子说："道法自然。"拳论曰："返璞归真""自然轻灵。"先贤告诉我们后来者习练太极拳要自然用意，不要用劲。初学难以自然，越说自然越不自然，心里想着不要用力，动手全是力。通俗地讲，这也是太极拳的博大精深之处。老师要求一天打沙袋200拳，容易。老师要求出手空不用力，难，几年力也去不掉。太极拳就是返璞归真，自然轻灵，回归到先天自然。对初学者要反反复复讲这个浅显而难以做到的道理，做不到不强求，但要有自然轻灵、返璞归真的意识。这样想这样做，你将获得健康，功夫上身也快。

怎样练拳可以达到自然不用力的要求呢？在拳势运行中，不要想着用意不用力，越想不用力，心里越拿着劲，出手僵紧一时难以松下来，也难以自然。练拳时应像平时穿衣服系衣扣，像吃饭时用筷子夹菜，像用勺喝汤，像持两根竹针织毛衣等等动作，这些日常生活的动作都是用意不用力，做得很好，很松，很自然。看报的人也没有一位跟报纸较劲的，都是轻松自然。请到舞场看一看，清晨在公园的光滑场地上两个人双双起舞，是那么的轻松、自然、和谐。两个人如此轻松自如，为什么一个人练拳反而僵紧松不下来呢？

练拳以自然轻灵为好，如果用力，是练不好太极拳的。

三、练 拳

练前准备就绪，该进入实际操作阶段。

（一）脚　型

拳论云"其根在脚""由脚而腿而腰"，脚在拳中是根，是基础，要注意脚的地位和重要作用。立身中正为立柱式身形，重心在一条腿上，从脚到顶，上下一条线，另一条腿为虚腿，虚腿要虚净。

1. 自然步

两脚平行站立，脚尖平齐，两脚内侧相距一脚宽。（图12）

2. 平行步

两脚平行站立，脚尖平齐，两脚相距与肩同宽。（图13）

图12 自然步

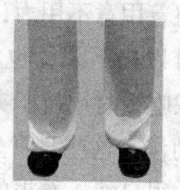

图13 平行步

3. 坐 步

后脚承重，臀部尾闾"坐"在后脚跟，膝尖下垂线不得超过脚尖大趾的大敦穴，脚尖、膝尖、鼻尖三尖相对，承重脚为实脚，应实足；前脚是虚脚，在后脚一侧约30°，虚脚要虚净，脚后跟虚着地，脚尖上扬。（图14）

图14 坐步

4. 弓步

前脚承重，前腿屈膝，脚尖、膝尖、鼻尖三尖相对，成上下一条线，反映出自然太极拳立柱式身形之特性；后腿舒伸不绷力，后脚为虚，虚净，脚底平着地。（图15）

图15 弓步

5. 马步

两脚左右分开，脚尖平齐，两脚内侧相距约两横脚宽；两腿屈膝，身体后坐，两膝尖对正两脚尖（又称骑马蹲裆式）。（图16）

图16 马步

6. 隅步

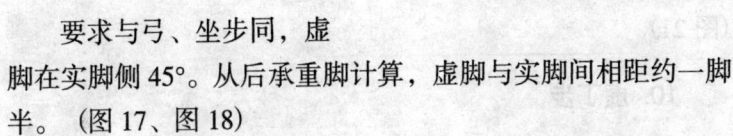

要求与弓、坐步同，虚脚在实脚侧45°。从后承重脚计算，虚脚与实脚间相距约一脚半。（图17、图18）

图17 隅位弓步　　　图18 隅位坐步

7. 倒八字形

转身式，虚步开脚，脚落平。虚实脚过渡双重时的一瞬间，成"\/"字步。（图19）

8. 侧弓步

左右脚分开相距约三横脚宽，一腿屈膝承重，另一腿舒伸不绷力，虚脚虚净，脚底平着地。（图20）

9. 点 步

重心脚不动，立柱式身形，虚脚向前向侧出脚，大趾尖虚点地。（图21）

10. 虚丁步

实脚重心不变，虚脚虚净，脚跟虚靠实脚内侧，脚尖虚着地。（图22）

图19 八字步

图20 侧弓步

图21 点步

图 22　虚丁步

11. 一字步

两脚一前一后，两脚内侧在一条线上，前后相距约一脚长，坐步式，实腿实足，虚脚虚净，脚尖上扬，脚跟虚着地。

12. 歇　步

右（左）腿屈膝半蹲，左（右）虚腿屈跪，前脚掌虚着地，身形中正。

（二）手　型

1. 掌（立掌，平掌）

五指微分开，虎口自然张圆，舒展伸张不可强直，松柔自然。（图 23）

图 23

2. 拳

五指自然松拢。掌变拳，小指、无名指、中指、食指、拇指逐一松拢，空心。拳变掌，拇指、食指、中指、无名指、小指逐渐松展。（图24）

3. 勾（虚勾，实勾）

虚勾又称提勾。掌变勾，小指、无名指、中指、食指、拇指逐一松拢，拇指指肚与食指、中指指肚虚合拢，勾尖下垂，空掌心。

实勾：五指逐一松拢，呈梅花瓣形，勾尖向上，空心。（图25）

图24　　　　　　　　图25

四、重　心

　　在多种门派的太极拳中，杨禹廷八十三式太极拳别具特色，顺其自然，没有人为练习的痕迹，太极阴阳学说之特性，时时显现。而重心的转变，是太极拳拳术和技击功法的筑基功，学练者一定要打下牢固的基础。

（一）身形与步幅

　　八十三式拳重心的主体是立柱式身形，即单腿重心。在整套拳八十三式326动中，主体重心为单腿重心，双重仅是重心过渡。双脚的步幅为30°、45°、60°三种。30°相当于一肩宽，盘拳、推手习练、技击都适用，步幅适中，阴阳变化灵活。隅步为45°，马步、侧弓步60°，相当于横跨两步或小一些。有人练拳步幅大，超过两个肩宽，个子小的习练者变式就比较困难，所以步幅以一肩宽为宜。步幅大在技击中不一定是优势。步幅太大就不灵活了。京城杨式拳汪永泉大师，技击的步幅也是一肩宽，他说："这样灵活。"

（二）减加法

　　重心变转减加法。即实腿变虚腿先减后加，实腿为10，要渐变如10、9、8、7、6、5、4、3、2、1。减到5为双重，脚仍继续减，手有变化，原来右实腿，左手实，双脚减加到5，仅仅是瞬间过渡，手渐变为右实手，这是交互神经的作用，顺其自然。虚腿变实，从0渐变到10。虚变实和实变虚都要掌握渐变、不要突变，减加要清楚。注意实变虚须跪减，虚变实跪加。开始时可能不习惯，习惯后轻松自如，功夫牢固，将来实战技击一想即是。

重心变转是十分重要的拳法，是"母势"，请初学者一定要重视，在母势、筑基功上苦练，下苦工夫，将来功成便知筑基功之神奇。

(三) 减加步

拳法要求两脚松平落地，脚与大地融为一体，不断以意念松脚，神经渐渐"渗"入地下，所谓"神经插地"，日久桩功十分牢固。

以弓步变坐步、坐步变弓步为例。坐步实腿变虚后，前实腿松脚到顶，虚脚自然提步上脚，这时脚不沾地，自然从虚脚内侧空悬靠实脚内侧后再出步。这种步法保持两脚在地面上的稳定性，使肢体活动达到最大范围的灵活性，向前弓步（没有向前之意）、向后坐步（没有向后坐之意）、侧开隅步，运用自如，有利于身体屈伸变换，既保证了立身中正，又使人感到平稳安舒。

五、关于有力

太极拳的特性之一是用意不用力。

陈长兴：无往非劲。

李亦畬：用意，不要用劲。

初始练拳很难去除本力，出手有力，动作机械，四四方方见棱见角，全无圆活可言。这时，教者、习练者都要静下心来，不可急躁，免生逆反心理而厌练。习者要尽量像穿衣系扣那样自然轻灵练拳；教者耐心辅导启发习练者不要急躁，练熟了本力自然退去。习练者不要在练拳时总是想着不用力，越想越僵，越想心里越努劲，时间长了就会变成毛病。松着练，不要总是去想，轻轻松松练拳就是了。

六、忌快贪多

学会四个势，慢慢练，太极拳功夫都在拳里边，一阴一阳、一动一静准确地习练，不要贪多求快，日久自然找到太极拳轻灵的感觉。也别想着找近路，练单操手，练点什么功走捷径，练拳的关要是"练"，苦练加酷炼。我们的先贤拳师一门心思在拳上下工夫，一招一式循规蹈矩，遵太极拳学，循阴阳之道，在"八方线"圈里找安舒中正，安静心神、意气，在手、眼、身、步上找开合。

太极拳常练常新，要慢中求熟，熟中求松，松中求退掉本力，练出轻灵，平衡阴阳气血畅通，中空道通，为将来功成无形无象全身透空打下良好基础。

七、打 拳

练拳有一定基础后转入打拳修炼。这一阶段没有明确的线，不是练拳多少年后，到练拳的尽头，升入打拳。不是。练拳、打拳本应是一回事，为了初学和习练多年的区分开来，在这之间画一条线，只是为说理传道有所不同而已。

（一）关于认识

松柔，是太极拳的拳魂。初入拳场的习练者粗知拳理，少知拳法，不明拳艺，拳套路不熟练，练拳动作机械，从里到外僵紧，动则拙力，谈何松柔？初学太极拳者很难从习练不熟练的套路中体会出"轻灵"，只能在他们的理解和体会中去习练。因为打拳是在练拳多年、套路熟练后，方可认识到太极拳松柔、轻灵、阴阳、虚实、开合之特性，体验轻柔、轻灵、阴阳、虚实、开合在拳中的作用。对太极拳的诸多特性的认识和理解并不是一次完成的，太极拳常练常新，打一次拳有一次体验；对太极拳的特性，要在打拳修炼中加深认识和理解，在不断深入认识、理解中体验一举动周身四肢要轻灵，在动与动之间的阴阳变化中去体验开合。

（二）中正学

关于中正安舒和安舒中正的辩证关系，笔者在"松功篇""练拳篇"中都有叙述，但在实际操作时，再说明操作之方法是很有必要的。

中正安舒是太极拳、技击体用结合之"母势"，是筑基功，从初学太极拳时就要注意苦练苦修。练拳初始对套路生疏不熟，难以顾及，到打拳阶段要特别注意中正安舒。中正为直观的外形，自己可以检验，而安舒是精、气、神，是内心的思维活动。从人体功能系统阐述，"中正"由运动系统支配，从外形看得见，但仍是由看不到的骨、软骨、关节、肌肉、韧带、肌腱等组成，这些部位统统都应该松弛下来，这是太极拳特性对体能的要求。安舒的心、神、意、气操作要比中正复杂得多。呼吸系统、循环系统、神经系统等各个系统协调配合，方可达到拳势要求的中正安舒。中正安舒在太极拳圈子里修炼多年的朋友中有一个共识："安排好自己。""安排好自己"话虽简单，但内容十分丰富，包容无极状态以及心、神、意气，手、眼、身、步四法四功。其实太极拳家一世苦苦追求的就是中正安舒，可惜这一点并未引起许许多多的拳友、练家，甚至有些当代大家、大师的重视。中正安舒到高层功夫，便是"无形无象，全身透空"。真正能准确操作中正安舒，实际为先安舒后中正。

打拳中能做到安舒中正、呼吸顺畅，循环系统、神经系统、气道血道、经络都可畅通无阻，可谓中空道通，功夫自然上层次，体质增强，这是毋庸置疑的。

那么怎样练拳能准确操作中正安舒呢？练拳初始，老师不用强调运用"八方线"，也不教导学生认识和使用"八方线"，只令习练者注意方向和方位。到打拳阶段要把握和运用、遵循"八方线"（详见《"八方线"修炼篇》）。

"八方线"将太极拳的八门五步十三势更为科学地展现在习练者面前，八方线图是立体的，从不同方向均可直观的教学，便于掌握练拳的步幅尺度，前、后、左、右、屈、伸更有分寸。打拳人站在"八方线"中心点上，能照顾到四面八方，很好地利用空间，这种情况是打拳者中正安舒的最佳状态。

练拳、打拳都应该在身形上注意中正安舒，这是太极拳学的规范，只有遵循，不可瞒天过海。初学者要从筑基功开始注意修炼中正安舒。如果留心观察，社会上习练太极拳者，很少人中正安舒，甚至练拳多年的资深拳家也缺少这一课。其原因为初练时老师未能顾及到，习练者贪多求快。一座大楼根基不牢要出麻烦，遇技击高手，"英雄气短"便显现出来。有人说站正直便是中正安舒，那么动势时难道不该中正安舒吗？奉劝练家注意中正学说的研究。

中正安舒是中正与安舒的辩证关系，没有神、意、气的安舒，绝对没有外部身形的中正。所以说，站直并不一定是安舒。做到安舒中正，别人不敢轻意出手，即使出手碰到安舒中正者身上的某一部位，也会即刻跌出或站立不稳。如果站立中正者别人一碰便歪斜，那就不是真正的安舒中正。太极拳功夫就是如此残酷。不管你是什么师什么家，如果中正安舒功夫没有打好基础，就应该回过头来甘当小学生，心和气顺从头修炼。这层窗纸一捅即破，太极拳博大精深仅仅一层窗纸而已。

（三）怎样修炼中正安舒

谈到中正安舒，可以说修炼，也可以说是指令性规定。有了"八方线"为依据，中正安舒就有了明确的准绳。初练，神、意、气内功难以把握，单单习练中正为佳。

中正，指在无极桩功的基础上保持身形的中正，即所谓从脚到顶的上下一条线，这种身形只限于杨禹廷八十三式太极拳的立柱式身形，别的门式诸如两脚重心四比六，五比五双重，若要做到中正较为困难。

"八方线"规范习练拳势者的中正。如"太极起势"的1动左脚横移，右腿承重，为右脚与顶的上下一条线，这是身形中正。2、3、4动重心在两脚之间与顶上下一条线，身形仍为中正。"揽雀尾"的1动"左抱七星"右腿承重，右脚尖、膝尖、鼻尖上下"三尖"相对，尾闾右移"坐"在右脚后脚跟上，是右脚至顶的上下一条线，身形中正。2动"右掌打挤"，弓步左腿承重，左脚尖、膝尖、鼻尖上下三尖相对，尾闾"坐"于左脚后跟上，身形中正。8动由7动过渡而来，这个动作重心转换复杂多变，从面西变面西北，扣脚面向南，而后面南又变至面向西南隅位，从左脚承重变右腿承重弓步，身形仍然为"三尖相对"，但面向西南，左右肩在东南、西北线上，不变的是身形中正。

初学者对中正学一时难以把握，到打拳阶段，练家就应该明白中正学的拳法和拳理了。身形的上下一条线贯彻拳套路始终，不得有偏斜，否则你练的是"半身不遂"拳，毫无增长功夫的可能。试想连拳之中正都没有把握住，谈何太极拳功夫？伟人毛泽东的草书令人叫绝，一个字尽管龙飞凤舞，但中心不变。怀素大师的狂草令人叹为观止，在眼花缭乱的狂草中，作为字魂的中心起着支柱传神作用。太极拳的中正就如同字的中心一般十分重要，太极拳艺术没有中正便失去灵魂，还能谈特性和拳魂吗？那样只是病态的空拳架而已。

如何把握中正呢？实手是中正位置的表象，两肩和实手呈三角形，便是太极拳的中正。拳势在运行中，方向方位经常变化，但万变不离其宗，双肩与实手的三角等边不能变，头和实手的位置不变，这种态势保证了练拳者保持中正，这便是太极拳的中正学。

重心脚和顶上下一条线，任何式子都是循这种规范动作来保持身形的中正。打太打拳把握了中正安舒，日久便有了中定功夫。传说杨露禅在技击实践中有"站住中定往外打"的说法。

太极拳练家不确定太极拳的中正学，难以在拳艺上有所突破，也无须再谈论技击。将拳走中正是起码的基础功夫。一座大楼平地起几百米高，凭什么不倒？因为有牢固的地基。根基十分牢固，从哪个角度看，都是中正。如果地基差之毫厘，上边自然谬以千里，是豆腐渣工程，没有不趴下的。练拳和建楼一个理，无二法门。

（四）立柱式身形

杨禹廷八十三式太极拳重要的拳法是立柱式身形。立柱式身形是极为科学的。八十三式拳套路，326动，163阴动，163阳动，具体到拳之重心说法，左右腿重心变换326次，这中间双重仅仅是瞬间过渡。重心变转就是虚实变转，虚要虚净，实要实足，这是立柱式身形的一大特点。拳法要求单腿重心从脚到顶上下一条线，要实足。如坐步、弓步的实腿靠一条腿支撑重量、保持重心，虚腿虚净，虚脚虚松着地。坐步的虚脚脚跟虚着地不可挂力，虚脚为0，这个坐步十分稳固，可做实验。甲坐步，按拳法要求坐好后，乙以脚尖顶在甲虚脚的脚心处，以脚后跟作为支柱，一人之力难以挑动甲之虚脚；如果甲为了加强坐势之牢，虚脚不虚净为0，而添加一点点力，1/9、2/8、3/7脚可以吗，一碰即翻，绝对"坐"不住，松功便是如此现实。

立柱式身形是杨禹廷八十三式太极拳所独有的一种拳法，是继承和发展传统太极拳的典范。立柱式身形，立身中正，阴阳清楚，便于学子把握，虚实变换灵活，根基牢固，体用结合极为方便，特别在技击运用时，脚下阴阳变化，不易被对方察觉。

（五）虚实变转

重心变转是太极拳阴阳变化之关要，拳论明示："变转虚实须留意。""劲起于脚跟，变换在腿。"

重心变换就是重心阴阳变换，虚实变转。对于初学者和资深拳家都是很重要的课题。变转虚实在技击运用中是立于不败的中定学，如何变换重心已在前面多篇中有所讲解，但不够详尽。在打拳修炼、技击实践运用中，重心变换决定着身形中正和上下一条线的优势地位。不注意脚下筑基功夫的稳固，有悖于拳法的规范，难以进入高层次的修炼。深一步阐述太极拳的动静之机，不能离开脚下的阴阳变转。"太极者，无极而生，阴阳之母"，离开阴阳，就没有太极拳。如何变转脚下虚实，在《太极脚篇》中有论述，现再一次论述，以加深练家认识。

虚实腿变转以减加法进行阴阳变化。弓步变坐步、坐步变弓步、前进后退操作方法一样，均为先减后加。实腿为10，从10逐渐减为0，不着力而虚净；虚腿变实从0起，逐渐由1加到10为实。请记住虚实变转为渐变，这是太极拳虚实变化的规律；左右腿倒换重心是突变，不可突变。变转脚的操作，实脚变虚脚，一定由大趾、二趾、中趾、四趾、小趾逐渐变化，再前脚掌、脚心、脚后跟而左后下，右脚为右后下。虚脚变实脚起始于脚后跟，从脚后跟再前脚掌、脚趾舒展。

这种脚法艺术，是所谓的"太极脚"，日久功夫增长，进入高层次，脚下阴阳变转无须再去后、中、前掌逐一舒展，熟能生巧一想即逝。对方进攻，空接手，脚下为阴，以拳势为1动，左脚左后下，右脚右后下，对方脚下有左旋或右旋之感，站立不稳。如对方攻来，接手为1动。续走2动，攻者即出，这是无数次实践验证过的。请练家注意，在脚法修炼中，不可用力踩地，小力踩亦不可；脚底以拳法规范，脚平松着地，与大地融为一体；脚下要轻，自然轻灵，脚似离开地面有"离虚"之感。功夫日趋长进，体能空松，手上空灵，进而脚下有"腾虚"之感。从此，日复一日，随心所欲，运用自如。

（六）再说无极状态

无极状态是拳法的要求，是太极拳学的规范，不是拳师教练的规定。笔者在"松功篇"中对内外双修的体能身形有"九松十要"之要求，下面再简要地强调。

身形的"九松"是从脚到手九大关节的必须要达到的体能标准。不达标难以将拳练好，到"打拳"阶段更是如此。

笔者在第一篇里，将习练太极拳分为两个阶段，第一阶段为"外求学"，第二阶段为"内求学"。如果将太极拳习练过程假定为小学、初中、高中、大学四个层次，则外求学阶段相当于小学、初中，而内求学阶段相当于高中、大学。这种分层议技不是标准，是为了叙事方便，论述简洁，以求用简单的话语讲明较为复杂的拳艺。

修炼到"打拳"阶段，已经进入"内求学"境界，再向外学练下去，一个人一种体验，一个老师一个传授，正理歪理混杂，捡适合本人的"拿来我用"，自己不能适应的不用。这时该"由着熟而渐悟懂劲"，谁也帮不了多大忙，只能自己去练，练中求悟，这个"悟"是科学的内求学。其实，深层次的太极功夫，多为悟道而成，拳的理论也是如此。很多拳论、拳经、拳诀都不是摆在桌上的现成饭，是先贤从苦炼苦修中悟道而出，再流传给我们后人。

老子传道不传艺，给后人留有极大的空间在实践中去悟，他又告诉我们"道法自然"，别复杂，科学的东西其实是简洁的。但任何事物都有它自身的规律，不能违背，从艺更是如此。太极拳拳法要求习练者的体能先处于"无极状态"，不能达标，便是小学生，仍应从"起势"始练，没有捷径和近路可寻。

太极拳的体能要求是"九松、十要"，周身放松，不达标则周身四肢僵紧。人体骨骼是周身放松的关要，是"高中生"所要达标的重要内容。

"九松"即脚、踝、膝、胯、腰、肩、肘、腕、手等九大关节要松开，先辈拳师讲九松的体会时，说"关节间有气泡"，有没有"气泡"不知道，解剖学中也无此项科研发现，但可以下述方法检验。拳师蹲下，一位壮汉双手按住其双肩，如果轻松、不用力站起来，经检验，证明他的九大关节松开啦。全身的骨骼大关节松开，小关节才有可能松开，这是链，一弛皆松，一紧皆僵。骨骼是人体支撑主体，是大厦的钢筋，要将"钢筋"松弛开，又不能让"大厦"坍塌，难度之大可想而知。在太极拳圈子里未能突破松柔关者多多，只能在"初中"蹲班留级。在太极拳技艺论中，年头不能说明松功程度，也不能说明体能是否达标的层次，现实就是如此残酷。只能静下心来练中去悟、悟中去练，以"内求学"去解决。

"十要"即裹裆、溜臀、收腹、拔背（圆背）、空胸（一说含胸）、弛颈、收左右胸窝、收吸左右腹股沟。

"十要"和"九松"有内外之联系，不可也不可能单独操作。如松腰必然牵动裹裆、溜臀、收腹、收吸左右腹股沟、背部的圆背、弛颈以及顶上虚灵。太极拳对体能要求是综合周身松柔功夫，当周身松柔达到全身透空境界，某一部位有可能单独操作。在体用结合运行中，收吸左右胸窝、收吸左右腹股沟，对周身松柔有着十分重要的价值。

上身的胸窝和下身的腹股沟一般不被练家注意，在必修课程中也未被列为教学和修炼的课程。如果稍加注意，在武术期刊上大量的太极拳练家的拳照中看不到胸窝和腹股沟功夫的显示，而更多的是大腿与小腹呈平下坡形，膝凸出脚尖外成为重心的支撑点，这样日久双膝容易发生病变。练家只顾含胸，双肩前合，背后拔，前后阻塞气道，僵而不畅，胸部内功的空松不易上身。在打拳行功中，收左右胸窝，胸部自然内含，不淤不阻，"胸腹松净气腾然"。

立柱式身形为习练者提供了弓步式、坐步式膝尖不过脚大趾，上下与鼻尖遥对"三尖相对"的拳法条件。而习练胸部的虚灵，越含胸越僵，影响双肩的放松。有圆胸之意，两边的胸窝自然内收。在周身放松的习练运行过程中，上收左右胸窝，下收吸左右腹股沟是关要，影响着松肩、松胯。在周身放松的修炼中，各个部位的放松习练似一座钟的钟芯，一动无有不动，齿轮动一环套一环，环环相扣。打拳到此状态，在不觉中已进入盘拳的境界中去。

八、盘　拳

盘拳的称谓最形象、最贴切。太极拳套路循"八方线"行功走弧形线，在大小不同、方向不同的环形圆的"拳架"中，轻轻扶着"八方线"，似一圈一圈地盘。

(一) 体　能

经过练拳、打拳一段修炼后，进入盘拳状态的修炼。虽然这三个阶段没有明确的划分，但盘拳修炼已进入到另一个层次。在打拳中的不断磨炼，使体能已具备了太极拳修炼所需要的状态。

所谓盘拳层次和状态，其根在脚，劲起于脚。到盘拳的层次，脚下功夫十分扎实、稳固，脚平松落地与大地融为一体，脚下自然轻灵，即练家已具备一双太极脚，脚下双轻，有腾虚之感，脚下阴阳变化之功已成。

运动队有体能训练。传媒报道，足球队集训从体能测试开始，"外援"队员同样。体能测试通不过，不能上场踢球。早在清代对太极拳练家就有体能要求，但没有"体能"一词。在《四句要言》中，要求练太极拳者的身体状态为"关节要松，皮毛要攻，节节贯串，虚灵在中"，这是见诸于文字的对太极拳练家的体能要求。其实，练拳前肢体准备的"无极状态"就是对练家的体能规范，如果太极拳学对修炼者没有体能规范，太极拳就无从起始。《杨禹廷太极拳系列秘要集锦》一书，对练拳者的体能要求是这样规范的："周身通体上上下下、前前后后、左左右右、里里外外、平平静静、舒舒展展、安安详详地垂直矗立于地面上。如劲松般的挺拔，又好像一个适量的充满气的气球放在地上一样。"总之，体能的要求是"身心的松净和体态的舒展"。

对体能有了概念和认识，修炼太极拳必须具有太极拳学要求的体能去打拳，接受和习惯太极拳的阴阳学说和必要的规范动作，否则难以达到预定的目标。

（二）人体结构

修炼太极拳到盘拳阶段，人体结构发生了较大的变异，身躯四肢从里及表都有不少的变化。

循太极阴阳学说修炼太极拳，按拳理拳法规范自己的动作，人体结构的变化是必然的结果。如果不是遵道而修，训练心态和方法有悖太极拳的拳理拳法，你想着如何去改变身体结构也是不可能的。人体结构变化有什么好处呢？

其一，对保健、养生、祛病、延寿极为有益。太极拳运行中，以松、柔、圆、缓、匀行功，似行云流水，是极佳的有氧运动。常练太极拳，对人体的中枢神经系统、心血管系统、消化系统、呼吸系统、骨骼肌肉系统、益脑、健脑、开发大脑潜能都有良好的作用，对人体经络有极佳的通畅顺通之效应。

其二，改变人体结构后，有了"身上明白"功夫，在技击方面可达到出神入化、全身透空、立于不败之境地。人体结构变化之后，不再以常人的思维去想太极拳，也不以常人之目光看太极拳，眼前盲障已经搬除，能看到"太极门内"常人难以看到、难以理解的东西。

二人较技，身上空无手上不着力，对方无论来势凶猛还是试探来虚招，只是"一想"即解危难。仅仅是一想而已。人体结构发生变化之后坐在沙发里，呈半躺半卧式，一方以双臂将另一方压按在沙发里。以常人眼光看，按在沙发里绝对起不来，但这种想法是绝对的，一个人150斤，加上往下压按150斤，加起来300斤，沙发里的人，要有300斤一倍以上之力，也就是600斤，才有可能站起来。你用常人眼光看太极拳、看太极功夫，便有了误差。具有太极拳体能的练家，改变人体结构之后内心没有重量的概念，也不具重量概算的习惯，有的只是空无。只见他向按压者哈哈一笑，对方似按上弹簧，惊跳而起。

这便是改变人体结构后，具有太极拳规范体能后的妙、玄、奥、神的太极技击功夫。

（三）身上明白

"身上明白"这句术语，是杨禹廷公在授业课中对弟子、学生常说的。

这种应敌的方法在太极拳门派中是共性。拳论云："变化万端，而理为一贯。"陈、杨、武、吴、孙五派太极拳，都尊王宗岳的《太极拳论》以及诸多拳经、拳诀等太极拳理论。"身上明白""身知""体悟"，称谓不同，意思一样。是太极拳家功夫到高境界层次，遇外界突然袭击，身体的某一局部受到外来压力或受到刺激，在接触部位（亦称"接触点"）能自然地顺来势将对方击发出去。笔者在多篇文中曾提到"太极无手""浑身皆手"之论点。在技击动态中，周身所有部位接对方来力为"接触点"，点点俱打。这个"点"，具有阴阳相济的本能，遇外来压力化中有打，几乎没有时间差，在极短的时间内完成。

"身上明白"功夫难求，不是一般追求者可以得到的。练家拿出再多时间练单操手，或是什么功法，都无助太极功夫上身。到目前，笔者在练拳实践中还没有找到达到太极功夫最高境界的捷径。笔者多次重复京城太极拳松柔艺术大师杨禹廷公的一句最富哲理的名言："太极拳就是一阴一阳两个动作，一通百通。"只有循规蹈矩，遵太极拳学苦修酷炼付出艰辛，才有可能躯体结构起变化。京城太极拳大师吴图南先贤对我们后来学子明示，习练太极拳要有百折不挠的毅力、脱胎换骨之精神。如果太极功夫可以轻松取得，何必去"百折不挠"呢？何必去"脱胎换骨"呢？想不花气力轻松得到是不可能的。

太极拳大道很宽阔，奔波前进者络绎不绝，但不是每一位路行者都能达到大道的尽头，进入"太极门"。有人大道不走取小路找捷路，更有人不听先贤劝道，注意"斯技旁门甚多"，而误入左道旁门。走小路入歧途者代代皆有、比比皆是，无需惊叹。

九、精研拳理拳法

怎样练好太极拳，是多年来人们苦苦追求的目标，更是太极拳练家终其一生的追求。但是，不是每一位练家都能如愿以偿。

（一）细解拳理

老子在《道德经》中写道"道法自然"，又说"天道无亲，常与善人"。我们要慢慢咀嚼、细细琢磨老子对世人的善言，及其话中的深刻含义。老子传道不传艺，他的学说和思想是颠扑不破的，再过几千年甚或更多的时日，我们的后人仍然要去悉心研习老子学说。老子说的"善人"，在这里不是指善恶之人的善人，而泛指诚心敬业者。俗话"业精于勤"，对业不"勤"者，他们对太极拳不练、不修、不钻、不研，习拳似端着一杯"白开水"荡来晃去，最终无所得。

　　杨禹廷公一生修炼太极拳，真正达到"无形无象，全体透空"的境地，他原地不动不见有什么动作，能将人拿起一米多高，放出几米远，亲眼所见者大有人在。老拳师精研太极拳到炉火纯青的空无境界。尽管技艺如此之高，但他每天仍盘拳不辍，直到96岁寿终。他给我们留下金玉良言："不要到外边瞎推，要好好练拳，太极拳就是一阴一阳，一通百通。"

　　太极拳是高品位的拳术，是艺术。太极拳拳理源于《易经》《道德经》，其中有孔子的学说，亦可以找到孙武的思想。太极拳是中华民族珍贵的文化遗产，我们只有沐浴更衣，焚香叩首，诚心诚意去继承祖先传递下来的民族的光辉灿烂的太极文化。民族的也是世界的，只有原原本本地继承，然后才是发展。不认真习练，没有继承，甭谈发展，那只是亵渎。

　　打开太极拳理论宝库，太极拳的拳论、拳经、拳谱、拳诀、拳歌等经典著作不计其数，这是我们太极拳修炼者的福气。太极拳理论有的文字并不是纯说理，也讲释一些简要拳法，但仍然是传道不传艺，我们后来学子要细心咀嚼、消化和体验。

（二）怎样练好太极拳

　　怎样练好太极拳似乎是老话常谈，但实际上如果修炼者经常提出这么一个浅显而深刻的学术问题，练家在一起交流、切磋是很有意义的。

太极拳常练常新，这是中外太极拳爱好者的共同体验，是太极拳艺术的魅力，也是太极拳的迷人之处。怎样练好太极拳呢？说来十分简单，十分容易，其实十分艰辛，难以破译。修炼太极拳要遵太极拳的拳理拳法，循规蹈矩，按太极阴阳学说规范动作。以安静平和的心态，从心、神、意、气和手、眼、身、步上下工夫。盘拳修炼，不要想着练拳，那就什么也没有了。太极拳是艺术，是人体松柔动态运行艺术。一举一动，一招一式，切忌三动：一有动意；二主动；三妄动，像手表的表芯，一环套一环，丝丝相扣，一动无有不动，中正安舒，上下一条线，手上虚灵空手转，脚下阴阳有变，这样盘拳，空手轻扶着弧形线，手在立身中正的周围飘舞，到此，太极拳的"韵味"便显现出来，其妙无穷。

此书仅仅将练拳中不明之处、难解之式子，从修炼实践的角度给予解除不明和难解之点，以求解秘，搬除习练中的障碍。本书没有教授拳架（以后有拳架专著），只介绍常用的四个式子。

（三）深研四式

在研究太极拳的拳法、拳艺过程中，进一步深研太极起势、揽雀尾、斜单鞭、收势等四式，是很有兴味的。在做四式之前做好无极势，切记盘拳三原则：1.两脚平松落地，双脚不踩力，脚下轻灵，有离虚之感。2.奇数动为阴偶数动为阳，脚下变转重心，先减后加。3.两手空松轻灵不着力，轻扶拳套路弧形线。如一时扶不住，扶空气行动，不可扶力。奇数动脚引手，偶数动手引脚。以上三原则盘拳时贯彻始终，式中不再重复。

习练之前做好无极势。

无极势（原地静立）

原地静立是"洁源清流"。排除杂念，心脑安静，周身上下肢体松净，从脚到顶松开全身九大关节，即脚、踝、膝、胯、腰、肩、肘、腕、手。虚松躯体能看得见摸得着的十个部位，即溜臀、裹裆、收腹、吸收小腹左右两边的腹股沟、空胸，空胸是为了收吸胸两侧左右的胸窝（在两肩内侧）。胸部展开即是自然含胸，主动含胸意大僵紧难以放松，会影响胸窝的收吸，影响虚松身形。注意双脚不要踩地，平松落地，与大地融为一体，意念使双脚神经徐徐下渗（即神经插地）。练好无极势是习练太极拳和太极技击重要的筑基功。

全身放松，两脚相距半肩宽站好后，头顶正直，不可强直，舌尖抵上腭。双眼平远视，两臂自然下垂，指尖向下，掌心向内。重心在两脚中间，意在两掌食指梢。（图26）

图26

1. 太极起势（4动）

第1动 左脚横移

面南而立，双脚承重，两脚相距一脚宽，视线由平远视渐平内视（内视，从印堂穴内视丹田）。

松左脚，节节放松贯串到顶，松净大趾虚点地；右脚逐渐变实，脚不踩力，平松着地，大趾、二趾、中趾、四趾、小趾逐一松向前脚掌、后脚掌右后下；全身九大关节松，不可强提顶，应是虚灵神顶。

右腿重心，呈立柱式身形。

意在两掌食指梢。（图27）

第2动　两脚平立

松右脚，从脚踝往上膝、胯、腰、肩、肘、腕、手节节松；左脚大趾、二趾、中趾、四趾、小趾逐一落地，再松前脚掌、后脚掌平松落地，两脚同时从后脚掌逐渐向前趾舒松。重心在两脚中间。

视线平远视。

意在两掌食指梢。（图28）

图27　　　　　　　　　　　图28

第3动　两腕前掤

松脚，节节贯串松到两手手梢，松肩、垂肘，两掌指梢循弧线前掤向前上弧舒伸，两臂自然前起，边起臂，两腕边内转，至腕与肩同高同宽止，掌心向下，指尖松垂。

视线内视。意在两腕。（图29）

第4动　两掌下采

松腰，动分上松到手，下松到脚，屈膝松蹲。松蹲是从脚、踝、膝、腰松，不是身体往下蹲。膝不得超过大趾趾甲根部，顶上虚灵，没有随下蹲之意，溜臀，重心在两脚中间。

松肩，自然垂肘，两掌指尖前下舒展到45°极度时，松肩、垂肘，双手指尖自然回捋，食指似扶空气。拇指贴近两侧大腿胯部位，掌心向下，虎口向前。

视线平远视，意在两掌掌心。（图30）

图29

图30

2. 揽雀尾（8动）

第1动　左抱七星

面南。松左脚，右脚渐变承重，松脚，尾间（尾巴骨）"坐"在后脚跟上，成右坐步式。脚尖、膝尖、鼻尖上下相对，吸收左右腹股沟。左脚虚净向30°线舒伸，脚后跟虚落地，脚尖上扬。

左掌以食指梢引动向前上斜坡形舒展，掌心逐渐翻转朝内上，拇指遥对鼻尖；右掌以食指梢引领斜坡上，拇、食指梢虚贴于左臂弯处，掌心斜向下。

注视左拇指梢。意在左掌掌心。（图31）

第2动　右掌打挤

松右实脚、松腰节节贯串到左实手；左脚虚落平，右脚渐松减，左脚由虚渐变实，成左弓步式，右腿松净右脚舒伸平落地。

左手松，小指引动，微内收下松，与肘尖横平为度，掌心向内，指尖向右。右掌向左脉门处打挤，掌心朝外，指尖朝上，食指尖遥对鼻尖。

视线从食指尖上远视，意在右掌掌心。（图32）

第3动　右抱七星

面南转向面西。

视线回收注视右掌食指梢。

图31

图 32

左脚松，九大关节逐节放松贯串到右掌食指梢。右掌松向前上与眼平，重心在左前脚掌，然后右掌食指梢循外上弧轻扶右弦90°弧形线，运行至西南45°隅线；此动为阴、脚引手，以左脚后掌为轴向西转90°，左腿重心，成左坐步式，右脚虚，脚尖上扬。

右掌拇指遥对鼻尖，左掌虚，拇、食指虚贴右臂弯处，掌心向斜下。

意在右掌掌心。（图33、图34）

图 33 　　　　　　　　图 34

第4动　左掌打挤

渐松左实腿，右脚渐实平松落地成右弓步，右脚承重，左腿虚净舒伸，左脚平落于地。

右臂虚，小指引动，掌心向里，指尖向左。视线平远视，左掌虚变实，掌心向外，追视线向左腕脉门打挤，左掌食指对鼻尖。

意在左掌掌心。（图35）

第5动　右掌回捋

右实脚虚，节节贯串至右虚掌食指梢，右掌虚食指向西北侧舒伸，掌心向下，食指梢与右脚小趾上下相对；视线回收追右掌食指梢；左掌掌心向上，中指虚扶右腕脉门。

右腿渐松净，右虚脚脚尖上扬，脚跟虚着地；左腿实成左坐步；同时，松肩，垂右肘，右掌外弧回捋，肩与肘垂直，松左脚，右掌虚，食指引中指、无名指、小指、拇指，渐成掌心向下，中正身形，右掌与左脚上下遥对，视线注视右掌食指梢，左掌掌心向下随之。

意在右掌掌心。（图36—图38）

图35　　　　　　　　　图36

图37

图38

第6动　右掌前掤

左脚渐松净，实右腿成右弓步，随即松右腿，渐成为虚，左腿渐加为实，成左坐步，右虚脚脚跟虚着地，脚尖上扬。

视线从右食指向西北、北侧平远视。右掌循西北、北上弧追视线，至极度，左虚掌随。

意念在右掌掌心。（图39—图41）

图39

图 40

图 41

第 7 动　右掌前舒

面北转至西南隅。

右脚虚，随式变换向南，扣前脚掌，成八字步。

右实手掌心向上，掌指向北，渐渐变换为立掌，掌心向南；左虚手中指轻扶，右实手脉门。

意在右掌掌心。（图 42）

第 8 动　右掌右展

虚松左腿，右脚渐加实，脚尖、膝尖、鼻尖三尖相对，视线向西南隅平远视，右实立掌追视线，左掌虚随。

图 42

第十二篇　太极拳架深研篇

235

意在右掌掌心。(图43)

3. 斜单鞭（2动）

第1动　右掌变勾面西南。

右脚实坐步，左虚脚虚靠右脚内侧。

右掌小指引动逐指松拢变虚勾，拇指与食指、中指相合，五个指尖向下松垂，空掌心。腕提升至与眼平，视线注视腕之凸出部位。左掌指背贴右腕，掌心向内。

意在右腕。（图44）

第2动　左掌弧捋面向东南。

右腿坐步不动，松腰，左脚沿西南至东北隅线后伸，松右脚，收吸右腹股沟，落左脚，身形渐变东南隅位。左脚大趾、二趾、中趾、四趾、小趾逐一落地成马步。左掌循外弧形线向左后隅位弧形捋动，渐渐变掌心向南，再变为掌心向东，掌心斜向下。右虚手虚勾不动。

图43

图44

意在左掌掌心。（图45、图46）

图45

图46

4. 收太极势（2动）

第1动　右勾变掌

松左右脚，节节上松贯串到手指梢。右勾变掌，掌心向下，视线追右掌，注视右食指梢，左掌掌心向下；松左脚，右脚渐实，成右弓步，右脚脚尖向内扣，脚尖向前。

意在右掌掌心。（图47）

图47

第 2 动　两掌合下

松实脚，九大关节松，空掌，松肩，垂肘，两掌以食指引动向里合，视线随右食指梢，两掌合至胸前，身形中正，头正直，视线平远视，左脚右收至右脚旁，与右脚相距约一脚宽，渐变双重，然后松双脚立身，两掌松垂于身体左右两侧，掌心向内。

调息，静心净体。（图 48—图 50）

图 48

图 49 　　　　　　　　图 50

十、精妙八练

读者已经注意到，本篇一再论述如何习练"太极起势""揽雀尾""斜单鞭""太极收势"四个单式，道理极深。这四个单式，从初学到精研，不是只从动作上加以说明，而是从身法的手、眼、身、步，功法的心、神、意、气去精研。

所谓"精研"，并不是到此为止达到上乘，因为这四个单式是"母式"，母式研究通了，一通百通，故而需精研。太极拳是极为规范、严谨、学无止境的科学。透析杨禹廷八十三式太极拳，八十三式拳被杨大师以阴阳分为163个阴动和163个阳动，共326动，在盘拳修炼中，每动又分为几个小动作。如果用乘法，盘一套八十三式有几千个动作。习练者必须严格遵道而修，不得有悖离拳理拳法之不必要的动作，亦不可减少中间某一个环节。总之，须循规蹈矩，按规矩习练，不得有随意性。

怎样求索方可循规蹈矩不走弯路呢？精研习拳之道，每练习一个单式，在手、眼、身、步、心、神、意、气的四法四功中讨分寸。一个拳式有八种练法，通俗解释为八种技艺。从起始习拳到上乘功法，一个拳式有八个层次的功夫，十分精妙。

（一）粗 练

所谓"粗练"，指初涉拳场，对太极拳的拳理拳法知之甚少，或粗知、浅知。老师此时无须深讲开合、虚实、阴阳、动静……只教授动作，使学生先学会"划道"。为了便于学生记牢每个动作的姿势和起止点，不要画葫芦似瓢。要一招一式做准确，不要落入"学拳容易改拳难"之境地。如果有时间，可以先学练"定势"，待定势熟练后，再练"联势"。

（二）严　练

严练是严格要求，循规蹈矩，要教授"中正学"课程，也就是练拳注意中正安舒。即使不能达到心、神、意、气的内静，也一定要达到外形的中正。拳法中正关系到将来向高层面的修炼，身形中正对于推手、技击也是优势。所以在练拳起步之时，必须注意身形的中正。

（三）心　练

中正和安舒是相辅相成的辩证关系。心、神、意、气不安舒，很难达到外形的中正，故内修安舒，外示身形中正。有位拳家说，"心意松，肢体松"，以达到"神舒体静，刻刻在心"之境界。

（四）中正练

每个动作都应该注意重心。"揽雀尾"（8动）阴阳重心变换八次，始终保持单腿重心，即立柱式身形，在盘拳动态运行之中，重心脚始终与顶保持上下一条线。不可双重，双重为病，从"小学"开始，行功要避免双重。拳论明示"每见数年纯功不能运化者，率皆自为人制，双重之病未悟耳"。初学不要"带病"练功。

（五）被动练

吴式太极拳的重要特性是三不动：没有动意、不主动、不妄动。盘拳不要主动，而是似手表表芯的齿轮，一个齿轮带动另一个齿轮，丝丝相扣被动运转。在运行中体验势与势，也就是阳动止、阴动起始的阴阳、虚实、动静、开合的微妙变化，以体验一个动势的阳运行到终点，自然变转的一刹那，怎样变转为阴式的起点，这是太极功夫的积累和修炼。

（六）意　练

练太极拳"用意，不要用劲"。每个单式均"以心行意"，意动神随，"以意导体"，顺其自然，循套路动静规律，沿弧形线运行，运行到每一动的止点，起点自然显现。虚中虚，阴动变化，自脚下起，脚引手；阳动变转，实中实，自手上始，手引脚。变换重心勿左右移胯，以松脚到顶变换，走一个"∧"字型，似拱门。

（七）松　练

为了使体能适应九大关节在行功时节节放松，在盘拳练功中根据个人修炼进修程度，可选择松脚练、虚提膝练、松胯练、松腰练，上肢松肩练、垂肘练、展指舒腕练。为了早日把握九大关节放松的技艺，可分为身体上部、身体下部两部分进行训练。

下肢：每动之前，松脚往上，踝、膝、胯节节松。几乎在松脚的同时，松脚到顶。

上肢：松腰往上，肩、肘、手、腕节节松。

可以分上下训练，但要注意上下的"完整一气"。

（八）细　练

细练指修炼者从理论上对太极拳的认识和理解，反映在盘拳实践中的脚下双轻而自然轻灵，脚下双沉的自尔腾虚，手上空灵轻扶，松柔运行始终保持单腿重心，节节上松到顶，维护行功中的安舒中正。此阶段，在盘拳过程中退去身上本力，身体松空，达到了关节要松、节节贯串、虚灵在中的体能。

八种精妙的修炼体验太极拳，不在乎练拳结果达到什么师什么家头上的光环，而重要的是过程。在松柔动态运行中日复一日，年复一年，在阴阳变动中得到健康，在开合动静中找到平衡，在虚实变化中精神愉悦，内外双修，五脏六腑舒畅通空。太极拳松、柔、圆、轻的匀缓运行，可打通微循环系统，使修炼者脸上的微细血管加速循环，减缓皮肤老化，对妇女练家有美容之奇妙效果。

十一、人体结构变化

关于练功持久人体结构发生变化，先贤早有说法。拳论老谱中有"以气周流全身，意到气至""妙手空空""无形无象""上下相随""一举动，周身俱要轻灵"等等论述，这是人体结构变化的表现。武术家身体结构不改变，是无法完成"二指弹"的。排球运动员亦然。一个扣球加大速度，几十磅重，能接回去，普通人手指没有结构的变化，难以应付。杂技演员能敏捷地钻筒、钻圈，一般人只能望圈兴叹。这一切都证明唯有身体产生了适应性的结构变化，方可做出常人难以想象的高难度动作。

习练太极拳，循规蹈矩按拳理拳法规范修炼，日久，身体结构自然发生变化。养成一种举动轻灵的习惯，经常在脚下起于阴阳变化，会有一双太极脚，脚下有腾虚之感，外力按上便有上浮之意。遭遇外力，瞬间引外力解于脚下而转危为安。太极拳人有"涌泉吻地"之说，久练太极拳，脚下阴阳变动，行动走路十分自然稳重，一般情况下老年人不会跌跤。

习练太极拳改变人体结构，是可能的，不是不可求的。人体结构改变对养生长寿有益，对增长功夫进行技击的作用更是不言而喻的。

第十三篇 《太极拳论》浅析篇

在武术界，王宗岳和他的《太极拳论》受人瞩目，影响极大。《太极拳论》成为武术理论的母论，从中派生出诸多拳诀，成为指导性拳论。全文如下：

"太极者，无极而生，阴阳之母，动静之机也。动之则分，静之则合。随曲就伸，无过不及。人刚我柔谓之走，我顺人背谓之粘。动急则急应，动缓则缓随。虽变化万端，而理为一贯。由着熟而渐悟懂劲，由懂劲而阶及神明。然非用功之久，不能豁然贯通焉。虚领顶劲，气沉丹田。不偏不倚，忽隐忽现。左重则左虚，右重则右杳。仰之则弥高，俯之则弥深；进之则愈长，退之则愈促。一羽不能加，蝇虫不能落。人不知我，我独知人。英雄所向无敌，盖皆由此而及也。斯技旁门甚多，虽势有区别，概不外壮欺弱，慢让快耳。有力打无力，手慢让手快，是皆先天自然之能，非关学力而有所为也。察四两拨千斤之句，显非力胜。观耄耋能御众之形，快何能为？立如平准，活似车轮。偏沉则随，双重则滞。每见数年纯功不能运化者，率皆自为人制，双重之病未悟耳。欲避此病，须知阴阳。粘即是走，走即是粘。阴不离阳，阳不离阴，阴阳相济，方为懂劲。懂劲后，愈练愈精，默识揣摩渐至从心所欲。本是舍己从人，多误舍近求远。所谓差之毫厘，谬以千里，学者不可不详辨焉（原注云：此系武当山张三丰祖师遗论，欲天下豪杰延年益寿，不徒作技艺之末也)。"

　　浅析王公的拳论，实为抛砖引玉，它是在习练中对太极拳在阴阳变化、松柔动态运行中的一些体验。王宗岳的太极拳论短短四百多字，将太极拳的来龙去脉以及修炼方法、目的，说得一清二楚，拳理深邃，拳法透彻，哲理服人。此论的影响在世界上引起极大的关注。德国亚琛有一位东方文化的痴迷者，为了寻找太极拳的发祥地，他来到中国杭州，使他兴奋的是，他得到了一幅中国书法家写的《太极拳论》书法，挂在他的东方文化工作室，可见他对东方的这位哲人的尊敬。

　　王宗岳是一位中国古典哲学家，有人考证他是清代人。太极拳师吴图南在《国术概论》一书中考定王宗岳为明朝人，这一考证将其生平向前推了多年。从此可以推论，太极拳在明朝已经开展得具有相当规模，在民间早有"四两拨千斤"的争论和质疑。

　　王宗岳《太极拳论》的精华之处，是开首的"太极者，无极而生，阴阳之母，动静之机也"。余下的论述属于拳法，拳法诸论也是上乘指导性的。

　　太极拳是绝学，绝学就需要后来学子以绝学的眼光去看太极拳，以绝学的思维去理解太极拳。若以常人的想法、常人的眼光去看太极拳很难看懂拳的奥妙，更难以理解它的博大精深。一般人认为武术以刚武为主，训练时以打狗皮、戳木板、撞石条、击沙袋是正常的。而太极拳师则训练弟子"一举动，周身俱要轻灵" "用意不用力"。还有的拳师在屋中悬挂一件衣服，令弟子每天去推，日久衣服不动而自身被打回来，身上

第十三篇 《太极拳论》浅析篇

245

已经有了松柔的体能,这在常人眼里是不可思议的。以常人的思考和认识去评论《太极拳论》是难以准确的。太极拳诀有"妙手空空""妙手一着一太极"之论。这在常人是难以理解的。如果评论王公的"拳论",还有"发力"的说法,这也是常人对拳论的不理解,不理解评论怎么可能准确,等于小学生指指点点大学课本。

今天浅析《太极拳论》,是坐在巨人的肩头看巨人,"博大精深"似乎退去,"返璞归真"显现出来,"道法自然"更为清晰了。

一、太极者,无极而生,阴阳之母,动静之机也

对于太极拳爱好者来说,《太极拳论》是终生受用无穷的教科书。

初学太极拳,是《太极拳论》吸引着我进入拳场的。拳论是一篇不到五百字的短文,比白居易的《长恨歌》少了一半,深入浅出,通俗易懂,读来触动魂魄,大有"水清河静,翻江播海"之势,令人叫绝。有人说,《太极拳论》抽象难懂,奉劝大家坐下来粗读、细读、精读,然后默然思考,会悟出许多道理来。

拳论开宗明义,有生于无。离开阴阳,就无法将太极拳演练下去,更甭谈太极功夫。在自然界、生物界以及一切学科,都存在着阴阳,电也有阴电阳电。人的手心手背有阴阳之分,行走也是阴静阳动。世界上万物皆为阴阳并存,阴阳相济,这是大自然的规律,没有阴阳便是死的世界。太极拳理源于老子的道,老子说:"万物负阴而抱阳。"阴阳是矛盾的正反两个

方面，又是一个统一体。太极拳的动作以阴阳支配运行，阴隐阳显，阴阳交替，从而内动外静，内静外动，动静相兼，演绎出波澜壮阔，其大无外，其小无内，在阴阳变化中的松柔动态运行艺术。

王宗岳老宗师对太极拳的认识极为精深，有独具匠心之解。据传，远在《太极拳论》诞世之前的很多年就已经有了太极拳，那时或许不叫太极拳，而是为了防身和养生练的用意不用力的松柔之拳法，但拳之经论不多。《太极拳论》弥补了此缺憾。王宗岳凭着对太极拳的精深研习，以亲身练拳之体验，写出此妙言绝论。

太极拳的理论源于《易经》，易学认为一阴一阳谓之道，这是宇宙之根本规律。自然界的地震是阴阳不平衡而造成的，人体阴阳不平衡也会造出病来。我们习练太极拳就能达到体内阴阳平衡，气道、血道、经络畅通，健体强身，免除灾病。阴阳平衡是一种养生。

我学拳的初期，杨禹廷大师问我："咱们的拳有多少式？"我顺口回答："八十三式。"老拳师举手伸出两个手指，然后语重情长地说，"就是两个动作，一阴一阳，一通百通。"从此我牢记老拳师的谆谆教导，用心记下：太极拳就是"一阴一阳"。阴是什么？阴是意之隐，是虚、是空、是开、是静、是松柔、是虚灵、是舍己从人，是《四句要言》中的"关节要松，皮毛要攻，节节贯串，虚灵在中"。阳是什么？阳是阴的对立面，是意之显，是实、是有、是合、是动、是坚刚。在太极拳的修炼中要阴阳相济，阴不离阳，阳不离阴。阴阳在拳架中体现得最为深刻，是实实在在的，不是抽象的空洞理论，拳人看得见摸得着，能体验到阴阳的存在。以杨禹廷八十三式太极拳为例，老拳师将每个式子分出单双动，单动为阴，双动为阳，八十三式326动，163个阴动，163年阳动，不多不少，阴阳平衡。如"白鹤亮翅"（4动）1、3动为阴动，2、4动为阳动。从单双动可以明白"变转虚实须留意"。太极拳的动作是在阴阳变化中运行的。拳法修炼，技击与盘拳不同，推手以阴柔舍己从人，阴虚松净，审敌听劲。

《太极拳论》的精华在开篇之句，"太极者，无极而生，阴阳之母，动静之机也"。拳论是指导性的理论，是拳之母，拳之魂，偏离就没有了太极拳。凡太极拳练习者、研习者，首先应"拳理不离口"，次之是"拳不离手"。因为理论指导实践，只有加深对拳论的认识和理解，才能明白，最终是懂，也可以说是读懂太极拳，悟懂太极拳。

太极拳是绝学，绝就绝在阴阳变化、用意不用力等等的特性上。

二、动之则分，静之则合，随曲就伸，无过不及

凡有几年拳龄的人，都知道"动之则分，静之则合"的说法。在学拳过程中常听拳师讲此话，也曾听资深拳家说过，但如何分，怎样去合，能讲透者寥寥。

太极拳讲究身形手势，笔者在《太极松功修炼篇》中也详细论述了对周身每个部位的要求。"动则分"的拳理极为科学，避免了双重之病。《十三势行功心解》云："有上即有下，有前即有后，有左即有右。如意要向上，即寓下意。"盘拳有虚实手，虚实手是分着的。不能左右手同时化、拿、发、打，向左采对方，其意向右，否则双重，大家可以演练。

拳人身上有三大病：缺陷、凹凸、断续。手上有四大病：顶、偏、丢、抗。在推手当中要十分注意勿犯太极病。如果对方身上出现缺陷之病，一定要将对方填实，他凹，我伸，将他凹进的一块填实，占领他的"领地"，制敌于死地。发放、打击对方时，手不可着力，轻轻扶着他，由脚下变动。俗称太极无手，有手不是太极拳，就是这个理儿。

"动之则分"在每个拳势中多有体现，以杨禹廷八十三式拳为例，起势4动，揽雀尾8动，斜单鞭2动。单动为阴，双动为阳，在上一章中已有解释。此势结束为阳，接下一动为阴，动与动之间是阳与阴或阴与阳之变转。拳论《十三势歌诀》云"变转虚实须留意"，提示我们在势与势接头的当口（学术名称为变转，变是动，是变化），一定要分，动之则分。怎么分，细说，指尖与指根分，指根与掌分，掌与肘分，肘与肩分，也含指与肩分，手与脚上下分，脚与膝分……总体上是腰为主宰，腰起到承上启下之作用。动之则分，从腰分，腰是坐标点，上松到手，下松到脚，全身都开了。动分腰不好求，要在练拳中慢慢体会。理论上要先认识到动则正体松腰；实践时，每次练拳，一势练完再练下一势的接头，先松一次腰，天长日久，定能找到动之则分的感觉。

"静之则合"以拳论解释合，就是"完整一气"。盘拳阳变阴有一瞬间的"实中实"，所谓"实中实"是在阳动结束、阴动起始的瞬间变转之前，再实一次，也就是阳动手引脚到终点，手再引脚，是手脚的意念舒展，手为1脚为2。这是周身瞬间的完整一气，神、意、气、躯干肢体短暂的整体内外相合。在技击运用时，合为周身肢体的短暂的完整一气，是高层次的浑圆一体。与对方的接触部位，"粘连黏随不丢顶"最忌主动、妄动，一丝一毫的主动、妄动也会破坏周身整体的完整一气，所谓的"一羽不能加，蝇虫不能落"，练家一定要注意这精妙之处。

体用结合，"过犹不及"，特别是每天盘拳，弓步时膝不可过大趾甲根，也不可不及，"三尖相对"为准确，不及受制，过亦被动，且伤膝。在技击中最能显现过犹不及之病，也就是周身手脚凹凸、缺陷之病。欲避此病，平时练拳修炼加以注意，按规矩练拳，循规蹈矩，别无他法。

三、人刚我柔谓之走，我顺人背谓之粘

"人刚我柔谓之走"，从字面上很好理解，善于研究拳理的人，都能说出个一二三。太极"由着熟渐悟懂劲"，懂劲就是明白太极拳之道理，理论与身上的实践结合，方可明白人刚我柔谓之走的深奥拳理。能讲出深一层拳理的人就不多了。

"走"，怎样走，哪里走？躲闪、走动、逃走、避开……我们在公园里常见二人推手一来一往，如果不是生推硬搡气喘吁吁，甚是好看。攻方掤来、防方侧身将攻方来手化出去，自己转危为安。攻得清楚，走得明白，这也是走。但这是外形的走，有形有象的走，看得见摸得着的走。这种是本能的，是先天自然之能加上后天的着法。拳论说的"走"，不是这般容易的走，是看不见摸不着的走。

拳论中的走是微观拳艺，对方以刚攻来，防方以柔化解来势。这一来一化，是在双方接触点上进行的较量，旁观者很难看出。因为刚柔双方没有外形上的动作，而是在双方接触点上的微小变化。在观摩太极高手推手较技时，只能微观看技艺，不是宏观看热闹。话说起来容易，真正做到在接触点上"走"

开，不经过刻苦修炼，千万遍盘架子，是做不到的。"由着熟渐悟懂劲"，着熟仅仅完成功夫的一半，还有一半，也许是最重要的一半，"渐悟懂劲"，功夫在"悟"字上。真正提高太极拳技艺，不是练出来的，而是悟出来的。练是功夫的基础，悟是功夫的大成，要经过磨炼。如何艰苦磨炼，吴图南大师有一句名言："要有百折不挠的毅力，脱胎换骨的精神。"拳师常讲"三明三昧"，拳艺在糊涂明白，明白糊涂，明昧之间提高。如果没有高深的太极功夫，就不能完成在接触点上化解对方的攻击。所以说这里的"走"不是有形有象的走，而是无形无象以柔化解攻来的刚，这是太极深层功夫的"走"。有一位拳师说得极对："有形有象皆是假。"

那么"我顺人背谓之粘"，又怎么理解呢？顺、背有没有互换？

这句也是说攻防双方的辩证法，我顺对方背，对方顺则我背。攻防双方在接手之前，跟下象棋一样楚河为界，各自有各自的"领土""领空"。双方都想占领对方的领土、领空，就是拳人说的"抢位"或"抢中"。怎么个抢法，在说清楚这个问题之前，先讲什么是太极拳的打法。

太极拳是武术，武术有什么打法，太极拳理应有什么打法。但是太极拳还有它的特殊性，它的理论基础源于《易经》，太极拳理注意并十分重视运用阴阳。太极推手不是太极拳的打法，或者说不是太极拳唯一的打法，推手是太极拳教学的一种方法，以推手训练拳人的掤、捋、挤、按、采、挒、肘、靠八法，以及训练拳人手上触觉神经的审敌听劲能力、粘连黏随的太极功夫。那么，什么是太极拳的打法？太极拳的打法是：

（一）以心行意，以意导体，以体导气，以气运身，用意不用拙力；

（二）以静制动，无形无象，上下相随，后发先制；

（三）以柔克刚，刚柔相济，以点制面，化中有打；

（四）以小胜大，以弱制强，引动四两拨千斤。

太极本无法，动就是法，太极打法也不止四种，仅仅归纳而已。我们明白了太极拳的打法，那么怎样方可"我顺人背呢"？上边我们已经探讨过双方接触以"楚河为界"，双方在接触前谁也没威胁谁，在双方接手的一刹那间，功夫深的一方，周身松功较好，或早已在神、意、气上"吃"住对方，使对方精神、呼吸、身体均感不适；或者通过接触点侵入对方的"领土""领空"。武术有一句俚语"脚踏中门裆里钻"，这句话是有形有象的动势。太极功夫高明之处，同样是脚踏中门裆里钻，但是这里并没有任何形或形象去"迈腿""脚踏"的动作，而是以意念通过接触点，"吃"进对方的来势。也就是化解对方接手时的意或劲，自己的意渗入对方的腰，使对方不适，也就是"背"。这就是我们说的"抢位"抢对方的"中"，使对方失重，谓之"以小胜大，以弱制强，引动四两拨千斤"。

"中"是什么？中是中心，也是我们的重心。有经验的拳师在双方较技时，先打对方的中心，也就是抢中，破坏对方的中心，动摇对方下盘的重心，对方就垮了。同样地，在打对方的中心之时，也是自身暴露中心之时。因此在打对方中心的时候，要隐藏自己的中心，即拳家常说的"藏中"。棋经有一句名言："已病不除不可强攻。"这是经典之句，拳人要牢记。

"动急则急应，动缓则缓随"，在处理上，凡懂劲的拳人都明白，太极拳很少主动进攻，双方接手，先是审敌听劲，不管对方攻来是急是缓，以阴柔吃掉攻方的力和劲，采取后发制人之战术，提前到达攻击目标。这种应变能力只有在实践中去体验，在双人训练中使之得到娴熟运用。

四、由着熟而渐悟懂劲，由懂劲而阶及神明

太极拳理源于《易经》《道德经》，所以它的文化底蕴深厚，内涵丰富。

"拳打千遍，其理自现""太极十年不出门"，这是前辈拳师练拳的总结。《太极拳论》字数不多，拳理朴素，激发学子学拳要有恒心。拳要多练，达到着熟，熟能生巧，渐悟懂劲。同时告诉我们，太极功夫一要练，二要悟。怎么练，怎么悟呢？杨禹廷老拳师谆谆告诫弟子，练拳有四多：多练、多看、多问、多琢磨。

（一）多 练

练拳为了健身，以拳代操，每天只打一遍，无可非议，练则有益，动则健康，全民健身，每天坚持难能可贵。如果通过盘拳修炼，就要再下苦工夫，上面说的"千遍"和"十年"，仅是形容，真打"千遍拳"练"十年功"，不是按拳理拳法循规蹈矩，即使二十年、万遍拳也拿不到太极真功夫。

上海一位拳师提倡每天盘七八遍拳，北京一位拳师每天练拳仅上午就七小时，这是多么大的工夫。下这么大的工夫不是为了凑时，练遍数，而是一招一式按拳理拳法盘拳。盘拳要极为精确、到位，一势也不能马虎，该运行到多少度则按要求到达多少度。如，"云手"从左90°始，向右90°终，不能打到45°。四正位、四隅位，到位准确，也不得偷工减料，瞒天过海。

(二) 多 看

看，是观摩学习。观摩学习在我国各行各业广为流行，甚至不吝差旋费，组团到异地学习，以改进工作。学拳也如此。我们拳人将这种学习称之为"流学"，流动学习也。休息日到各个公园练拳场，看各家拳师是怎样练拳的，观摩同辈拳人是如何练拳的，观摩有益于自身修炼。看到不足之处，以警示自己，此处注意，不要重蹈错着。

看，看前辈拳师身形、手势，阴阳虚实，最为重要的，是看他们的神意，以及那看不见摸不着，但能感觉到的气感。看拳人练拳是立体的，每招每式可直接感受，拳人是带着内功行功走架的。每招是否到位，是否是用意盘架子，还有用力，这一切的一切，使旁观者清清楚楚，看个明白，像一面镜子照见自己，找到不足，提高拳艺。

看，看前辈拳师的拳照。有很多著名的太极拳大师早已仙逝，我们晚生后辈虽然不能直接观摩他的拳艺风采，但看他们的拳照，也是极好的学习。看拳师照片，势与势、阴阳是怎样变化的，看拳师的手脚是怎样结合的，看身体的中正安舒，看他们的神意……看照片的时间长了，能将死片"看活"，将照片看成动势，从而受益匪浅。

看书。坐下来读名家的拳谱、拳论、拳诀、俚语、要言等等，提高理论水平，以拳理指导练拳实践。前辈拳师留下的太极拳理论著作，经过几代拳人的积累、口传、笔录，成为今天我们看到的印成书的理论。篇篇理论是前辈拳师的切身体验和修炼的经验总结。有的一语双关，有的极为深奥，不去用心体会，从盘拳中琢磨，是难以理解的。如拳论中提到："多误舍近求远。"从字面看，多数拳人舍近而求远，远到何方？"谬以千里"。这个问题,先要有一位明师指导,学子要循规蹈矩,两者密不可分。如果老师糊涂,学子也难以明白。当今糊涂老师不是没有,太极拳师不明阴阳者大有人在。

当代拳师的访谈文章不可不读,看他们是怎样修炼的,对太极拳功夫是怎样认识、怎样理解的。读后往往使人茅塞顿开,眼前一片光亮,对学拳极有辅助、指导作用。

(三) 多 问

为了准确掌握太极功夫,还要多问,边学边问,不厌其烦地问。问明师,问师兄弟,问高水平的理论家,以便改进套路姿势,提高对太极拳拳理的认识,以求解惑。

"听劲",太极拳别于武术其他拳种。拳师讲腰,为了使学生能更快掌握技艺,让弟子摸他的腰,这叫听劲。这是太极拳训练学生的一种特殊性手段,其他拳种是没有的。听劲也称问劲,以弄清楚对方劲的来路去向。听劲是一种很精明的"问",实践的问,会少走很多弯路。解决许多太极拳难以用笔墨、用语言说清楚的技艺难度大的问题,一听一问即可迎刃而解。

(四) 多琢磨

多琢磨,也称之为"默识揣摩"。何谓多琢磨,琢磨就是"悟",严格地说,太极拳练到一定程度,功夫是悟出来的。大家所熟悉的拳论中的"渐悟懂劲",可以说一语中的。修炼太极功夫,首先要练、苦练、下工夫练,然后是悟,看他人练拳,在扎实的拳理拳法的基础上,去琢磨,去揣摩,去悟。

悟什么?悟阴阳。拳论云:"每日细玩太极图,日久自能闻真香。"什么是真香?真香是太极功夫。所谓细玩太极图,"玩"是练拳注意阴阳,"细"是悟,悟一招一势的虚实。虚实即阴阳。虚实宜分清楚，一处有一处虚实，处处总此一虚实。虚中有实，实中有虚，即阴不离阳，阳不离阴，这不仅仅是理论，练拳推手均如此。拳人每天练拳修炼阴阳，"学者悟透其中意，一身妙法豁然能"，功夫不负练功人，总有一天"悟透其中意"，太极妙法上身，修炼大成，达到最高境界。但是，太极功夫"学无止境"，这句话是太极拳人的共同的心声。

"四多"是身心双修。从"四多"中求懂劲，从"四多"中修阶及神明，从"四多"中求心、神、意、气的安静，肢体躯干的虚净，获得太极拳之真谛。

在太极功夫修炼中，"四多"对习练者来讲，是不可缺少的最为重要的拳法。

五、虚领顶劲，气沉丹田，不偏不倚，忽隐忽现

"虚领顶劲"，跟"尾闾中正神贯顶"联系在一起研究。"虚领顶劲"也叫"提顶"，头顶百会轻虚地往上领起，似头顶着一个分量不大的物件，跟臀部的尾骨成垂直，这是身法中正的首要条件。

看了不少理论文章，多从字面去解释。如果从太极修炼的深层研究，显得深度不够，或者说前辈拳师受历史局限说得不够详尽，影响初学者准确掌握顶的技艺。拳论关于顶的提法，共有"虚领顶劲""神贯顶""提顶""顶头悬"四种。四种顶的技艺，领、贯、提、悬，都属阴阳之阳，意大容易出劲。悬为阴，如果上边有一根绳提吊着还是阳。《现代汉语辞典》解，虚，空也；领，有十种解，动词，带领；提，提拿；悬，挂也。从太极拳角度理解，领为阳，虚为阴，虚与领是一对不

可协调的矛盾、不易统一的矛盾。从动作解，头顶被领出劲和意都大，不利修炼。头上顶一个分量轻的物件，哪怕一张纸，意也嫌大。笔者认为，从身形解，按拳理要求，顶应称之为"虚灵神顶"，就是将神意虚灵顶上。太极拳对身法要求有四句要言，"关节要松、皮毛要攻、节节贯串、虚灵在中"。拳人的周身虚灵无处不在，顶也要虚灵。不可提、领、贯，只有一个状态，是虚灵神顶。这个"神"视拳人修炼时间、功夫高低、理解能力而论。这个神可以是自己的精神，也可解为头顶上有太极阴阳图，还可以解释自己的精神显现在头顶上，主管阴阳。总之，从练拳第一天起始，头顶永远保持虚灵。武禹襄在《十三势行功心解》中有一句拳之真谛，他写道："一举动，周身俱要轻灵。"以此我们可以推论，练拳、推手、技击一举动轻灵，符合太极拳拳理拳法规范的用意不用力，不轻灵有悖太极拳规律。在太极拳圈内有自封的大师、太极拳家，他们根本不懂太极拳，也不研究拳理拳法，身上僵紧，举动无轻灵可言，自我感觉良好。身上僵紧的朋友坐在椅子上，按住他，他就是起不来，轻灵能站不起来吗？轻灵也是虚灵，叫法不同，内涵一样，周身轻灵，从脚到顶都要虚灵，顶上虚灵便是，为什么还要去领顶、贯顶、提顶？不同层次的功夫修养，有不同的理解。顶上虚灵这一功法不能改变，否则难出功夫。

  关于"气沉丹田"，我向各家各派一些修养高的拳师讨教过，也向从嵩山少林寺下来的"德"字辈大师讨教过。他们从练拳实践中，认为"气沉丹田"是不全面的，气不应停留在丹田，而是经过丹田沉在脚下，从"涌泉"入地，用气时，再接地气从"涌泉"上至丹田。少林寺德字辈大师认为："练劲丹田不存劲，练意丹田不存意，练气丹田不存气。"丹田绝对不可存气。气是活动的。"气遍周身不稍滞"，以气运身，不偏不倚，保持身形的"中正安舒"。"忽隐忽现"就是阴阳，阴为隐阳为显，是看不见的，但能感觉到。

在学习拳论的过程中，不能单从字面上理解，要从实践中从自己身上体验，符合的朝着正确的拳理拳法修炼，不符合，要走出来，琢磨、思考、请教明师、和拳友商榷。不要钻进死胡同出不来，变成拳呆子。

对待前人留下的经典，一定要继承、消化、发展。前人的大环境与当代相去甚远，历史背景不同，文化素养不同。通讯手段靠口头传播，有可能以讹传讹，或中间加入传播人的体会，甚至予以篡改。我们在继承、消化、发展中，要有一点辩证唯物主义观点。

六、左重则左虚，右重则右杳

左重则左虚，右重则右杳。仰之则弥高，俯之则弥深。进之则愈长，退之则愈促。一羽不能加，蝇虫不能落。人不知我，我独知人。

以上诸论说的是太极技击功。双方交手，切记不可犯手上双重和脚下双重之病。对方按上左手，左手不给对方当拐棍。攻方来手为阳，防方接手为阴，及时变虚，对方左按空或采、捯空。右手变实手，攻击对方，防方右杳，胳膊仍在但变虚，对方什么也摸不着。这是从字面上理解左虚，右杳，虚和杳都是阴、化、拿。在技击技术方面，太极拳技击跟兄弟拳种的虚一样，阴中有阳，虚中有实，化中含打。左虚右杳，以阴虚对待攻方的阳攻，但是以阴化解，对攻方没有威胁，应化中含打，不可手软。

"仰之则弥高，俯之则弥深。进之则愈长，退之则愈促"，此四句是前辈拳人从实践中体会的高深功夫，写出来点拨后人，在修炼过程中要修大道、不可近视，只看到眼前尺把远的距离。修大道就要意念在先，仰、俯、进、退，只有退不可太远，只是意退形不退。以自己的阴吃掉对方的意、劲，使对方不敢贸然进攻。而仰、俯、进是阳，以意念引导，仰无限高，俯无限深，进无限远，视线所及，意有多远，视线有多远。这也是太极拳的穿透力功夫。这种功夫只有在平时盘架子日积月累，一分一秒的积累，不是两三年唾手可得的，要静心修炼。这里还要着重和拳友商榷，关于仰、俯、进可以仰之无限高，俯之无限深，进之无限远，要以自身功力而定，如果你的仰、俯、进只有三米的功力，不可仰、俯、进四米，那就丢了，这要在双人训练中自己去控制。还要请拳友们注意，神、意不可在一个点上。当你发放对方时，神看三米，意放三米，十次大概有十次失败，这是高层次功夫，不是几句话可以解释明白的，不到懂劲的高深层次，很难用笔墨说清楚。太极拳手与人较技，双方接手，高手功夫高在于他周身松柔、透空，接手听不到他的来向和劲路，他早已将对方身上劲的来路去向听得一清二楚，对方一动将受制于高手。"一羽不能加，蝇虫不能落"，指太极高手们周身松净透空，各个关节松开，浑身汗毛立起（皮毛要攻），轻轻加羽毛、蝇虫般的力也进不去。个人练拳时，举动轻灵，亦是一羽不能加；双人训练推手，技击进攻方也须轻灵，身上、臂上、手上也应一羽不能加，加羽毛之力，将破坏自身的平衡和稳定，练家不可不察，不可不悟。

　　高手松净后，你在高手面前站立感到不稳，甭谈发力，就是想进手，也只能等待挨打，绝无还手之力。

这是人不知我、我独知人的功夫，在修炼中自然而得，一心想得到，而难以得到，这就是绝学。

七、察四两拨千斤之句，显非力胜

从字面解，这句话已经很清楚，告诉你太极拳不能以力取胜。有一位大学老师业余习武，认为"没有万斤之力不能拨千斤"，这种说法也是对太极功法知之尚浅。正确的说法是"牵动四两拨千斤"（《打手歌》），"牵动"一词极妙地说明了太极功夫的深奥。

"四两拨千斤，显非力胜"。这说得极对，行功较技，用意不用力，用力永远不明何为"牵动四两拨千斤"。拳论说得极为明白，"斯技旁门甚多，虽势有区别，概不外壮欺弱，慢让快耳，有力打无力，手慢让手快，是皆先天自然之能"，这几句告诉习练者，不管你什么拳，也不管你用功多少年，你的本力不扔掉，你的功夫仍然没有离开"先天自然之能"，身上手上没有功夫，最好的功夫也就是本力加招法，离功法相差甚远。

那么怎么去"牵动四两拨千斤"呢？前文已讲过，最妙的招法是"抢位"，抢占对方上下空间使之失重。攻防双方对面站立，互相接手，在接手的一瞬间，微妙的变化就开始了，接手双方审敌听劲当中进行抢位。抢什么位？双方对面相站，双方的位置在一平米之内，每人半平米，双方接触的瞬间，高手的劲通过接触点渗进对方的骨里，甚至更远。抢占对方地盘，逼使对方失重。在对方失重的情况下，达到"牵动"的目的。对方在失重的状态下，进攻的速度停不下来而扑空，防方拨动他，使他听你的话，得到的结果是"任他巨力来打你，牵动四两拨千斤"。这里还有一个技艺问题，当对方失重时，你与对方的接触点要脱离，拳家碰到这种胶合状态，常喊一声"撒手"，对方自然跃出，如果仍胶合在一起，等于给对方当拐棍或用身体支撑对方失重的躯体，仍不能达到"拨千斤"的目的。

　　拳论有"察四两拨千斤之句"后面又有"本是舍己从人，多误舍近求远"，两句立论不同。"四两拨千斤"为阴阳之阳理，"舍己从人"为拳之阴理，舍己从人为上乘太极功夫，"拨"就易于出力。

　　《打手歌》中有"牵动四两拨千斤"之句。根据王宗岳宗师《太极拳论》，可以推论，遇对方来力，应以"舍己从人""引进落空"为上乘拳法，使对手扑空失重。这是"从心所欲"的"人不知我，我独知人"。

　　在技击中，"牵动"和"拨"并不是上乘之法。"舍己从人""引进落空"极符合拳理拳法。王公说到"察四两拨千斤"是有条件的，如果没有条件，真要去以万斤拨千斤了。条件如下，"显非力胜"，也就是不允许用力，不用力怎么去"拨"？要"立如平准，活似车轮。粘即是走，走即是粘。阴不离阳，阳不离阴，阴阳相济，本是舍己从人"。掌握了以上条件可谓上乘功夫，没有以上许多上乘功夫，四两是无法拨动千斤的。王宗岳是极为严谨的哲学家，他在撰写拳论时，轻易不会有漏洞，将"四两拨千斤"写进拳论之前，这句脍炙人口的句子也许已在社会上广为流传，并可能引起了争论，因为一般功夫的练家难以体验深层次功夫的四两拨千斤。故王宗岳在拳论中明示"察四两拨千斤，显非力胜"。

　　"四两拨千斤"已争论了几百年，今后是否还要争论下去？争论是好事，真理越辩越明。

八、每见数年纯功不能运化者，率皆自为人制，双重之病未悟耳

凡技艺，包括拳艺在内，绝不是耗时间，铁杵磨成针、功到了自然成？不一定。因为艺不是物质，有了铁杵就可以磨成针，恰恰相反，有了时间艺不成者大有人在。以京剧为例，一个世纪，几代人的汗水，才浇灌出梅、尚、程、荀四大名旦。太极拳界更为艰难，杨露禅、杨澄甫之后，多少年来，大师级拳人屈指可数。不得明师真传难成正果，但有了真传未能悟到，到时也是一场空。有的学生自己悟性差，没从老师手里拿到真传，说老师保守。为什么对师兄弟不保守？一龙生九种，九种不相同。有人学练太极拳多年，不能与人交手，交手就输，其综合原因很多。不懂劲、易输手，欲去此病，在根基上找原因。武禹襄在《十三势行功心解》中，就如何去身上之病时指出："有不得机得势处，身便散乱，其病必于腰腿求之。"从脚、腿、腰找毛病，要做到脚平松着地，腿松、腰隙，而主要的是"须知阴阳，阴不离阳，阳不离阴，阴阳相济，方为懂劲"，因为不懂劲，不知对方劲的来路去向，劲真的到自己身上，又难以化解，结果落得不能运化，受制于人。

拳论的这句话是指技击的，如果只求养生，从拳中得到乐趣是很有兴味的。如果练拳追求技击术，没有别的途径，只有静下心来，按拳理拳法刻苦修炼，用心去悟。否则太极功夫不会上身，这是自然朴素的拳理。我们前文已经说过，太极拳属于武术，武术有什么打法，太极拳亦应有什么打法，但是太极拳有它的特性。太极技击别于兄弟拳种，不是先发

制人刚猛激烈向对手进攻，而是以静制动，后发先制，以小胜大，以柔克刚，牵动四两拨千斤。当然，这些打法在双重状态下是无法取胜的。太极拳讲究阴阳、虚实、动静、开合、松柔，没有这些特性也就没有太极拳技击。跟对方较技，双腿实实地站在那里，双手平均用力，这是上下双重，一碰即翻。太极技击，应该将太极拳之特性运用在战术中，与对方交手时，应该运用以静制动的战术，在较技中运用阴阳、虚实，对方刚来，你要柔化，对方实来，你要虚接，如此交手，不能制胜，也不会一败涂地。

九、本是舍己从人，多误舍近求远。所谓差之毫厘，谬以千里，学者不可不详辨焉

有人说"请神容易送神难"，不敢贸然"舍己"。20世纪京城三位著名的太极拳大师——吴图南、杨禹廷、汪永泉，我有幸认识他们，受到他们的点拨、授业、传艺、解惑的恩泽。在大师面前伸手就感觉空，人一失重，六神无主，只有本能地去拉抓，拉抓不到任何救身之物，只好空跌出去。上前伸手，对方舍己空了你，失重跌出，这是技击最近的路，所谓"出手见输赢"，就是这个理儿。

但"舍己从人"说起来容易，做到很难。是修炼多年的周身全体内外双修的手、眼、身、步、心、神、意、气的综合功夫，用《授秘歌》的拳诀形容，是"无形无象，全体透空"的松柔功夫。欲修炼如此功夫，有以下几难。

（一）周身松柔难：周身放松，从脚到顶，关节要松，皮毛要攻，节节贯串，虚灵在中，尾闾中正，神在头顶。过了这

道难关，身上不怕力，方可"舍己从人"。

（二）审敌听劲难：双方接手审敌听劲，一般功夫还不具备听劲能力，不明对方劲路的由来和走向，还达不到"舍己从人"的功夫，不敢贸然引进。引进落空是较全面的太极功夫，只能引进，无法使对方落空，最终仍是输手。

（三）敢于舍己难：有的拳人已练拳多年有一定基础。当对方来手时，其实，轻轻一扶对方请他"进来"，即可化险为夷。知阴阳有益于舍己从人，但有人不走此路，舍本求末，舍近求远。去进攻，往对方身上用力，最后，互抱角力，与舍己从人背道而驰，永远也不知舍己从人是怎么回事。

最后录一段《打手要言》："静是合，合中寓开。动则俱动，动是开，开中寓合，触之则旋转自如。无不得力，才能引进落空，四两拨千斤。平日走架，是知己功夫，一动势，先问自己周身合上数项合否？稍有不合，即速改换，所以走架要慢不要快，打手是知人功夫，动静固是知人，仍是问己。自己安排得好，人一挨我，我不动彼丝毫，趁势而入，接定彼劲，彼自跌出。"

所谓"差之毫厘，谬以千里。学者不可不详辨焉"，这句话倒是要多费笔墨，但也不一定说得清楚。太极拳技艺是学而时习之，苦练而得，也是悟而知之，归根到底是在学而习知的基础上悟道得之。凡习练者在修炼多年之后，如果基础不扎实，身上的毛病会时不时显现出来。关于太极拳之病，前辈宗师早有明示，身上有缺陷、凹凸、断续三大病，手上有顶、偏、丢、抗四顽疾。清代除鑫大师有《三十六病目》之语，将《三十六病目》的例子举到我们面前。还有双浮、偏轻偏重、半浮半沉、半浮偏沉等诸病，困扰着众多练家顺利功成正果。

其实，从初入拳场习拳，在明师指导下，遵拳理拳法，按太极阴阳学说的教旨，循规蹈矩练拳，绝对不会派生出身上手上的毛病。凡练家有病身者，动则出病手，就是基础功不牢而致。按规矩练拳是练家必须遵从的守则。拳病和人体患病一样，"冰冻三尺非一日之寒"，因为平时练拳不注意规矩，日积月累病入膏肓。拳场谚语"学拳容易改拳难"，确实如此，其结果是"谬以千里"。

那么，怎样去纠正谬误呢？在根基上找原因。太极拳论中多篇都谈到，"其根在脚"，请在脚下找原因。脚下差之毫厘，结果是谬以千里。

请注意脚下，太极拳功夫在脚下。

十、欲天下豪杰延年益寿，不徒作技艺之末也

在《太极拳论》最后结束语中，武当山张三丰祖师遗论："欲天下豪杰延年益寿，不徒作技艺之末也。"

此遗论是太极拳论的结束，也是拳论之精华。《十三势歌诀》云："益寿延年不老春。"企盼习武之人追求养生、延年、益寿之道，不徒追求打人之学，那是技艺之末。但是恰恰相反，凡研习太极拳养生长寿者，门庭冷落，可以罗雀，而只要能打，用力用招不管怎么个打法，头上冠以"太极拳"，便门徒众多。拳人中盛传"杨无敌"，少有人传颂一代宗师张三丰。为何？三丰宗师打人的故事寥寥。

唐朝药圣孙思邈，是唐代武林高手，但他心怀悬壶之志，在民间行医为民治病，九十岁开始写"千金方"，活到百又四十余岁飘然仙逝，他身后留下众多为民济贫治病的故

事。当代太极拳松空艺术大师杨禹廷是 20 世纪太极拳技艺达到巅峰的神明高手，打人的故事很少。他在拳界一生谦虚、口碑极佳，没有门户之见，与各派拳家友好相处，武德极为高尚，一生与医药无缘，96 岁无疾而终，是三丰宗师"舍己从人"的追随者，为太极拳界的寿星，令人敬慕。

练拳习武不可本末倒置，修炼太极拳，应该遵循三丰宗师指引的道路，目不歪视走到底！可惜，目不歪视走到底的练家少而又少，令人不安。本来太极拳习练之大道很宽，但太极之门在道的尽头，遥遥难以窥见。路上人多，但并不拥挤，道路上无障碍，无红灯，无拦路打劫者，只管向前走。老子说话了，他说："大道甚夷，有人好径。"王宗岳公跟在老子其后也发话了，他说："斯技旁门甚多。"太极大道上，左道有门，右道也有门。你会看到，走在大道上的人走着走着不正经走了，东张西望，走入小径去找捷径之路，还有人往前看不到太极门，左侧有门，右边门也多，一脚踏进去，入了左道旁门十年八载退不出来，弄得半途而废，一世盲练。君不见很多练家追求技击，他们又不明打人受伤之医理，而过早地离开人世，练太极拳易，修太极拳道难，这是练拳场上一大憾事。

循规蹈矩，按规矩练拳是很艰难的。老子说："道法自然。"太极拳大师，不是用力，而多以意行功，而健康长寿；凡用力硬功者，结果极有可能是摇头晃脑吃饭都困难。

三丰祖师之遗训是我们太极拳习练者不应忘记的座右铭。

外一篇 太极浑元入道篇

编者：《太极浑元入道篇》是祝大彤先生的师兄孙继光先生精心之作。他以七言八句七首练功诗言，奉献给读者，画龙点睛地为《太极解秘十三篇》增光添色。

孙继光先生系药王孙思邈三十六代传人，中医中药大师、武术家、作家。孙继光先生著作颇丰，有诗歌、小说、文学剧本、文集、药医养生专著等千万字面世。前年又完成"药王孙思邈家学记实"宏篇文稿（280万字）。他的"太极浑元入道篇"为我们太极拳爱好者提供了修炼内功的门径，在当今传统文化深奥、神秘难于理解的文风劲吹之时，他以通俗朴实、幽默的语言，深入浅出地道出了武学深层的哲理，其中又以中医药学、养生学指点太极修为者的迷津。所以我们将此篇编排在本书之后列为外一篇，以飨读者。

为了便于研究"太极浑元入道篇"，又请祝大彤先生破解此篇的七首诗言，与读者共勉之。

"太极浑元入道篇"为七言八句诗，诗在太极拳理论上称诀，故称七诀，其一初入境，其二双彷徨，其三识浑元，其四归医道，其五苦相争，其六要当王，其七归自然。

其一　初入境

少小不谐世间法，老大方知天地情。
人有天伤和地残，寻医问药在理中。
忽知人寰连环络，乾坤云手可延命。
男儿膝下有黄金，岂肯屈膝且试行。

少年习武，老师教孩子学，这一时期对人世间的喜事、烦事都不知，是最好的练功习武的时光。

人类从降生开始，父母给孩子们遗传下来诸多病患，这是"天伤"，现在称基因，无法选择，只有顺其自然。有人一生都在治病，有人不知有病，一旦发现病患，已经到晚期……经济飞速发展，人民生活水平不断提高。以北京为例，私家轿车100多万辆，尾气污染，蔬菜农药超标，注水肉、死畜肉，假食品，假药……不胜枚举，总之干什么都不放心。德媒体报道"中国有毒食品"几及道德底线，很多人处于亚健康状态。这些现象，诀中称为"地残"，有人口袋里富余了，于是吃、喝、赌、毒、黄等不良生活给健康带来烦恼。

北京市预防控制中心公布最新调查结果，拉响了生活方式病警报，说北京6岁以上人群中有各种生活方式病的市民比例达到31.8%，文章说：

发现6岁以上人群中患生活方式病的人按患病水平排序分别为血脂异常15.1%，高血压11.7%，肥胖症10.7%，糖尿病4.4%，冠心病3.8%，脑卒中0.8%，肿瘤0.7%，慢阻肺0.4%。综合起来看，患上述8种与生活方式密切相关疾病的人群总患病水平为31.8%，比2000年抽样调查时的27.3%的慢性病患病水平又增加了4.5个百分点。其中男性患病高于女性，城区高于近郊区和远郊县。但农村人口生活方式病的增长速度非常快。

在调查中还发现，与上面8种生活方式疾病密切相关的生活方式和行为因素包括：有高血压或糖尿病或肿瘤家族史、少活动或不参加锻炼，存在心理压力困扰、咸食摄入、高脂饮食习惯、体重超重、吸烟。如果排除了家庭史这一不可干预的因素，具有其他6项危险因素的6岁以上人群按一人拥有一项的方法统计的话，那么我市生活方式疾病的高危人群覆盖面将达到95.5%，所以慢性病防治一定要从干预生活方式中的危险因素入手。

得病了自然要寻医问药，面对如此严峻的生活方式病，怎么办？"乾坤云手"不分男女提挈天地，"云手"为运动的总称，练功习武，在运动中找回自己的健康，当然还是太极拳好！

  其二 双彷徨
  本来筋骨硬且僵，还有妻儿累在房。
  世上功名何处去，晨练费神要思量。
  何况交友亦难事，意过丹田怎视光。
  大师仅吃炸酱面，不如转而做文章。

此诀提示青壮年练功习武时要处理好一切干扰。现代社会竞争激烈、人心浮躁，功名场上是是非非。俗话说活得很累，事业、住房、汽车、妻子、孩子。找个知心朋友都很困难。

练武也不是件易事，武者都说自己功夫好，胡吹海吹，几天能练出什么功来；要么七嘴八舌，难以阻挡各种功法的诱惑，学练太极拳不问不知道，一问祖传门派太多，不知如何选练。太极拳以"阴阳"为宗，王宗岳在《太极拳论》中开宗明义："太极者，无极而生，阴阳之母，动静之机也。"京城武术太极拳家王培生大师说："太极就是阴阳，阴阳就是太极。""太极拳应周身放松。"有人说，太极的松是"灭顶之灾"，又有人说"练紧不练松"，太极拳不能离宗，没有阴阳就不是太极拳。说太极练紧的人不是浅薄，就是对传统太极文化的无知!

　　练功人要排除干扰循规蹈矩，按规矩练，日久功成，进入高境界，过丹田，心知肚明，身心透明则辨真伪。练功六不存，地、水、火、风、意、力。力在丹田不可久存，否则存出病患来，弄不好丢了性命。如此不再是"生命在于运动"，出了偏运动会招致丧命。在江南我的忘年交朋友太极拳练得拔了萃，五十出头走上西方正路；无独有偶，京城一位小有名气的习练太极拳者刚到六十退休之年，先是头痛，后行动困难，再后来去找列宁了。什么都放不下，干扰太大，功夫就别练了，不如去做文章，不圆满可以编圆满。

　　晨练为易阳回春，肠鸣九转，用力练，力在脏腑捣乱，阻塞心、神、意、气通畅，练归练，但白练。所以太极拳提倡举动轻灵，阴阳变转，用意不用力。奉劝拳友，太阳不出山不要过早外出煅炼，否则不洁之气会影响健康。

　　吃炸酱面是提倡俭朴生活。黄酱是大豆制成的，大豆解百毒。但是豆类食物中植酸（嘌呤）含量高，不可多食，日本豆类小食品有防酸剂，很高明。

其三　识浑元

大极浑元是生像，五行仿生八卦掌。
拳家均是十三手，云合承转勾阴阳。
左行有顺云鹤翔，七星一线在何方。
天地中间夹着我，九功三转无人讲。

太极浑元是"无极而生，阴阳之母"，太极图腾的阴阳鱼是阴不离阳，阳不离阴，阴阳相济，太极图是太极拳的宗，是根本。我们的先辈早年练太极拳以八卦定位，东、西、南、北、东北、西北、东南、西南，八门也；金、木、水、火、土，五行也，太极练家归为八门五步十三势。近代东西南北中，五行称为前进、后退、左顾、右盼、中定，使后学者不糊涂。宗八门五步十三势，太极为十三手，千变万化阴阳开合十三手，运动的根是十三势。

心、神、意气运行左行右顺，练家将左行右顺这门阴阳变化悟道而应用，亦可走遍天下乐哈哈。天、地、人三才，人为中，练太极拳七星一线算找到了方向方位。太极拳修炼有成到一定境界找到自身毛病，不是大道也是正果中道。修大道不是自己说的，是从心、神、意、气表现出来的。每天呼喊修大道，永远不是大道，光说自己如何如何大道，张口自己好，出手动作大，绝不是什么大道，充其量往小道走去。拳诀云："大动不如小动，小动不如不动。"

九功三转，九功为天、地、人、时、音、律、风、星、野，太极本无象，动为象，无象生象。三转从无形到有形，到心形，象和着法在心里，功夫无程式。有老师讲技击如何如何，按程序打，十个有十个失败。要开悟，不悟难知，讲也无用。

悟道不单是心里明白，而关要是身上明白。松柔、松空、松虚、松无是太极拳的根本。三丰祖师上武当山，弃刚猛，创松空太极拳，视击打为"技艺之末"。迈出这一步相当的不容易，要改变一世的行为习惯。

其四　归医道

医易混淆莫一是，山青水草岂连拳？
世间楞有三十六，三教化一说乱禅。
多年练聚腹如鼓，化丹关阙中焦玄。
谁知性烈急如火，却幻睡梦即成仙。

自古医家门派林立，古代中医约分为三十六派，三十六为天罡吉数，植物药、动物药、吃石、炼丹。找草药上山、入水，没有功夫行吗？不管练什么功，习什么武，最终要归在医道上，此道为生象，为活路。有人练了几天拳脚自以为了不起，如是医家，知你有隐疾，出手要害处，不死也加重内伤。但医武大家武德高尚，愿挨几下打，也不去伤人。

功法高尚不过佛祖，道高尚不过老子，学问再好也好不过孔子。其三教被唐明皇合一，三教合一碑在少林寺。习武求养生是大道，要静心修炼，相安勿躁，不要急于求成。过去迷信带功报告，坐桩站桩凝血聚气，腹大如鼓，造出病来。京城太极拳大师吴图南、杨禹廷反对丹田凝气意守。气是流动的，聚气当然不科学且伤身体。武功是慢活，性烈急如火，不练死也出内伤。功夫是可求但不可强求的东西，带着功利心去练，很难成功。

其五　苦相争

绝学当然是金钱，旋转身形谁为先。
男子傲骨今仍在，疑神心贪放狂言。
菲薄衣钵谁传艺，邪惑利诱怕人烦。
舌头辨味寸关尺，内功意导不显山。

在市场经济大潮中，有一技之长，可以鹤立鸡群，如有绝学即高知识在身，身价倍增，可以说高知识也是钱。君子求财取之有道，不可将功利放在首位。可以有傲骨，但要谦虚静养，不可骄狂，若开口我修大道，看人家为小道，则练功成为说功。

修炼太极拳，不要浮躁虚夸妄言。有人将功法怎么玄怎么说，说得玄玄玄，绝绝绝，平民越看不懂。修道要求内心世界和谐畅通才能健康长寿，勿乱敲乱鸣聚气腹鼓，这样容易出问题。身子有恙，宜冷静下来寻医问药求康复。

其六　要当王

炎黄乃祖是上皇，当王自尊不为狂。
纷争只因意不畅，腿脚分极又何妨。
古来太极本无式，随心所欲为帅将。
不是修人是炼己，常错弓腰或舒张。

练功劳筋骨，勿伤精神。精神振奋认为自己是王，是最好的，练功时不仰头、不比人家矮，要居高临下与天公比高低，当然在社会上要谦虚，要有武德。一位中年练家，将一位在单位教拳者逼到墙角、无路可退，大大丢了面子，无法再留下教拳。当众羞人，夺人家饭碗，缺乏社会道德，一时痛快，最终自己心灵受伤。正如前辈说的，万事不修德，功法修不好。

外一篇　太极浑元人道篇

求拳人体质不同，文化背景不同，高矮胖瘦不一样。不可求同，步幅大小，只要学练人感觉舒服为好。单腿双腿也无妨，太极拳要求单腿重心立柱式身形，短暂的双重未尝不可。太极本无法，动则是法，不出招法，无形无象，出招即有象。双人推手也不去主动进攻他人，以静制动，后发先制，周身放松规置好自己，心、神、意气随心所欲，则精神先胜。

关要是修炼自己，增强体质，提高道德修养，不是去炼别人。

其七　归自然

提挈朴实忌四存，意力气重自道伤。
可恨人间不随念，怨恼常留且奋扬。
练功修德是仙根，心气平和见道场。
安贫乐富凭他去，会笑才是功夫长。

诗题归自然是对七首诗之总结，也是修炼太极拳的终极目的。练拳不是主动锻炼，而是循太极拳的运动规律和运行轨迹被动地练。在盘拳过程中将太极拳的阴阳变动、举动轻灵、用意不用力、虚实渐变等特性，溶入到每个动作中。

诗中奉劝练功同道，对生活对功法宜心平气和，不要期望值过高，且安贫乐富，勿怨弃烦恼。好天气、好心情、好时光，阳光明媚去练功。练功丹田四不存，即练劲不存劲，练气不存气，练意不存意，还有一存十分重要，生活中也不存气。人们日常生活，工作中和同事、朋友时有矛盾发生，工作中的不同看法大量存在，家庭生活也常磕磕碰碰，此时有气要向下意导，不可存气。

七首诗诀中，多处提到练功修德勿自伤，诸如腹如鼓、意不畅、硬且僵、累在房等地残诸象，均难于自然。

医武一家，医是武的根，如果习武人明医理，识药性，就不会因练致偏。我的老师孙继乾老人是中医药大家，又是武林高手；我的师兄孙继光谙熟人体十四条经脉和周身365个常用穴位，跟他较技很难得到便宜。

练功习武不管是哪家哪派，以养生为宗是上乘之功。我在吴图南、杨禹廷、汪永泉三位大师指导下推手（揉手），当被大师发放时，蹦跳出去三四米，甚至达七八米之远。这种蹦跳是被动的在思想无意识的情况下的神经活动，自然放松经络，动、静脉诸大小血管及微循环毛细血管通畅，气道顺通，周身上下内外很舒服。如果此时患有轻微感冒，被老师发放几次小疾小恙不复存在。可以说被老师发打是动中的养生。

二人较技微笑就是放松，含笑是心意松的表象。陈鑫修入大道，他说："外面之形，秀若处女，不可带张狂气；一片幽闲之神，尽是大雅风规。"

畅谈七首诗的境界，是一种精神享受。当然，笔者在诗解中会有遗漏或不详之处，留下空间请读者同道去悟，悟道更有兴味。

诗言志，有练功炼丹之悟，其实把功夫掰开了揉碎了说，练功的绝顶境界，不过是"朴实""自然"而已。我们在人世间受七情六欲牵制，又受儿女情长左右，早弄得人迷失了自己。练了半天，又是易学，又是医学，又是各种拳法练艺，闹了一场，不过是找回黄帝内经上的那几句话罢了："提挈天地，把握阴阳"，"恬淡虚无，真气从之，精神内守，病安从来，是以志闲而少欲，心安而不惧，形劳而不倦，气从以顺，皆得所愿。"只有这般修为，才能做到"故美其食，任其服，乐其俗，高下不相慕，其民故曰朴"。

看来，真正的功法、拳艺，不仅仅在动作上，而在修心修德上。武的最高境界归到文上，九流归一，这是真髓啊。

一个人，若能做到朴实、自然、无华，即使不练功，也等于修炼到了绝世神功。此无形朴实之炼，又不知高我辈所谓练家子几重境界呢。

参 考 书 目

[1] 老子. 道德经. 西安：三秦出版社，1995.

[2] 孙思邈. 药王全书. 北京：华夏出版社.

[3] 尚志钧，翟双庆，等，整理. 中医八大经典全注. 北京：华夏出版社.

[4] 郭化若. 孙子兵法. 北京：中华书局，1962.

[5] 杨禹廷太极拳系列秘要集锦. 北京：奥林匹克出版社，1990.

[6] 周一谋. 中国古代房事养生学. 北京：中外文化出版公司，1989.

图书在版编目(CIP)数据

太极解秘十三篇/祝大彤著．-北京：人民体育出版社，2007（2018.11.重印）
ISBN 978-7-5009-3216-1

Ⅰ．太… Ⅱ．祝… Ⅲ．太极拳-基本知识
Ⅳ．G852.11

中国版本图书馆 CIP 数据核字（2007）第 082093 号

*

人民体育出版社出版发行
三河兴达印务有限公司印刷
新 华 书 店 经 销

*

850×1168　32开本　9.25印张　213千字
2008年1月第1版　2018年11月第8次印刷
印数：35,001—37,000 册

*

ISBN 978-7-5009-3216-1
定价：29.00元

社址：北京市东城区体育馆路8号（天坛公园东门）
电话：67151482（发行部）　　邮编：100061
传真：67151483　　　　　　　邮购：67118491
网址：www.sportspublish.cn
（购买本社图书，如遇有缺损页可与邮购部联系）